Hl. Hildegard

GESUND UND SCHMACKHAFT KOCHEN

Hl. Hildegard

GESUND UND SCHMACKHAFT KOCHEN

Ratschläge und Rezepte
für ein gesundes Leben
nach der Hl. Hildegard von Bingen

herausgegeben von Ellen Breindl

Pattloch Verlag

Das vorliegende Buch wurde nach bestem Wissen und Gewissen recherchiert. Trotzdem kann keine Garantie für etwaige Anwendungen und Heilerfolge übernommen werden.

Unser besonderer Dank gilt SR Paula O.P., Diätassistentin am Marienkrankenhaus in Karlsruhe, für ihre Mitarbeit im Bereich „Hildegard-Küche" in der Gesundheitspraxis.

Pattloch Verlag, Augsburg

Gesamtredaktion: Artus Verlag, München, unter Mitarbeit von Volmar, Ingeborg Andreas, Manfred Stölting
Gestaltung: Karin Büchner, München.
Druck und buchbinderische Verarbeitung: Wiener Verlag, Himberg bei Wien
ISBN 3-629-00881-X

Vorwort

Die „erste deutsche Naturärztin", wie die hl. Hildegard von Bingen auch oft genannt wird, hat uns einen unerschöpflichen Schatz an Wissen und Erfahrungen im Bereich der Naturmedizin hinterlassen, den wir bereits in dem „Großen Gesundheitsbuch der hl. Hildegard von Bingen" vorgestellt haben. Mit jenem Buch hatten wir uns in der Hauptsache auf den naturkundlichen Teil sowie in einer Gesamtschau auf das Leben und Wirken der hl. Hildegard beschränkt. Jedoch ihre gesammelten Schriften enthalten noch sehr viel weitergehende Erkenntnisse und Empfehlungen, bis hin zu ganz konkreten Hinweisen zur richtigen Ernährung. Ein Kochbuch in unserem heutigen Sinne hat die hl. Hildegard nicht verfaßt, dafür war das 12. Jahrhundert noch nicht reif. Für uns ergab sich bei der Auseinandersetzung mit den Schriften der Heiligen dennoch eine logische Konsequenz: Ihre Ratschläge zur gesunden Ernährung, ihre ganz konkreten Unterscheidungen zwischen nützlichen und weniger nützlichen Nahrungsmitteln sollten zu einem Kochbuch aufbereitet werden. Der Begriff „Kochbuch" allein wäre dafür allerdings nicht ausreichend, gilt das Anliegen der Hildegard in erster Linie doch der gesunden Ernährung, der Steigerung des Wohlbefindens und der Linderung von Leiden durch die bewußte Verwendung von Kräutern und Speisen.

Ausgerechnet eine Gottesfrau des Mittelalters soll den richtigen Ansatz für eine „Gesundheits-Küche" gefunden haben? Das mag nicht so recht einleuchten, befassen sich doch heute Tausende von Medizinern mit nichts anderem als der „richtigen" Ernährung. Trotz allem – die einzig gesicherte Erkenntnis ist die, daß die Ursache vieler Leiden in der falschen Ernährung liegt. Wie anders wäre zum Beispiel die zunehmende Zahl an Stoffwechselerkrankungen zu erklären?

Die hl. Hildegard nimmt keine „Wunderdiät" für sich in Anspruch. Im Gegenteil, sie unterscheidet, geht bei ihren Empfehlungen auf den einzelnen Menschen und auf die unterschiedlichen Wirkungsweisen von Nahrungsmitteln ein. Sowohl für Gesunde als auch für Leidende gibt sie konkrete Ratschläge, ohne das besondere dieses Menschen und seiner Krankheit außer acht zu lassen.

So haben wir in diesem Buch Vorschläge und Rezeptempfehlungen gesammelt, aus denen sich jeder, gesund oder leidend, sein ganz individuelles „Gesundheitsmenü" zusammenstellen kann. Gleichzeitig wollen wir zeigen, wie einfach es ist, sich bewußt zu ernähren. In der Eigenverantwortlichkeit des Menschen für seinen Körper, darin liegt das eigentliche Vermächtnis der Ernährungslehre der hl. Hildegard.

Der Verleger

Inhalt

Vom Mittelalter bis heute:

Die Kochkunst im Dienste der Gesundheit

Kleine Historie der mittelalterlichen Küche

Über den Ursprung der Küche, wann und wie der Mensch zu kochen begann, wissen wir heute leider nur sehr wenig. Auch läßt sich der erste Gebrauch von Gewürzen nicht mehr genau rekonstruieren. Zumindest dürfen wir annehmen, daß Kräuter bereits vor der Nutzung des Feuers zur Essenszubereitung verwandt wurden, zunächst jedoch für kultische Handlungen. Bekannt ist auch, daß Gewürze seit über 5000 Jahren über die alten Karawanenstraßen aus dem Raum des heutigen China und Indien zu uns kamen.

Ein gesonderter Raum für die Zubereitung von Speisen, eine Küche also, ist seit rund 4000 Jahren bekannt. Die ersten, die den Ofenraum von der vorgeschichtlichen Herdstätte abtrennten, dürften die Babylonier gewesen sein. Bis dahin hatte die Herdstelle ihre angestammte Doppelfunktion als Heiz- und Kochplatz in vorwiegend einräumigen Haus- und Wohngemeinschaften. Bei den Griechen und Römern wurden Küchen dann um das 5. Jahrhundert v. Chr. angeführt. Im Mittelalter wurde in höfischen und klösterlichen Wohnkulturen schon großer Wert auf geräumige Küchen gelegt. So zeigt zum Beispiel ein alter Grundriß des Klosters von St. Gallen bereits um das Jahr 800 zwei abgetrennte Küchentrakte. Nicht selten wurden auch extra Küchenbauten errichtet. Erst im Spätmittelalter hielten dann auch in bäuerlichen und städtischen Wohnungen Küchen als separate Räume Einzug. Die traditionelle Mehrzweck- oder Wohnküche blieb allerdings bis heute parallel erhalten, vor allem in bäuerlichen Wohnkulturen.

Die Klöster als Wiege europäischer Küchenkultur

Wenn wir heute guten Gewissens behaupten können, daß das Kochen als Kunst und die dazugehörige „Tischzucht“ ihren Ursprung hinter den Mauern der mittelalterlichen Klöster hatte, so gibt es dafür sehr verschiedene Gründe. Doch betrachten wir uns zunächst einmal den Stand der Kochkunst um das Jahr 800, rund 350 Jahre vor Hildegard. Die einzigen Hinweise liefern uns da die Festmahle der Fürsten und Kaiser. Prunkvolle Mahlzeiten wurden zelebriert, achtgängige Menüs, davon allein vier Hauptgänge, waren nichts ungewöhnliches. So wissen wir zum Beispiel von Gastmählern Karl des Großen, die mit Musik und Tanz untermalt waren, Gaukler rissen ihre Possen, Troubadure sangen zur Laute. Auf die goldenen Teller kam das beste, was die Ländereien zu bieten hatten: Ochse vom Spieß, Hirsch, Rebhühner, Fasane und allerlei Fisch. Doch die höfische Küche war keineswegs typisch für mittelalterliche Eßgepflogenheiten. Denn an den derben Holztischen des gemeinen Volkes führte man sich anderes zu Gemüte: vor allem Brei, zum Beispiel

Die Klöster des Mittelalters waren auch Hospital und Herberge – entsprechend großzügig waren die Küchen ausgelegt

aus Hirse, derbe Kohlgemüse und Brotfladen. Das Stück Fleisch oder Wildgeflügel war keineswegs alltäglich. Wenn schon, dann war es ein Feiertagsbraten. Von Rezepten zu einzelnen Gerichten ist zu diesem Zeitpunkt noch kaum etwas bekannt.

Etwas mehr wissen wir über Tischsitten und das damals gebräuchliche Geschirr. Gegessen wurde in der Regel gemeinsam aus einer Schüssel, aus einer Vertiefung in der Tischmitte. Das wichtigste Gerät war dabei der Löffel für den täglichen Brei, das Messer diente lediglich zum Aufspießen und Zerteilen von größeren Fleischstücken an besonderen Festtagen. Schalen und Trinkgefäße bestanden meist aus Holz, seltener aus Keramik. Silber- oder Zinnbecher waren nur in vornehmen Haushalten gebräuchlich. Und selbst da mußten sich des öfteren mehrere Zecher in ein Gefäß teilen. Doch weiteren Aufschluß über mittelalterliche Speisen, ihre Zubereitung und Nützlichkeit erhalten wir auch beim „Volk" nicht. Bleiben also nur noch die Kloster- und Pfarrküchen. – Und diese geben uns schon einen sehr guten Einblick. Aber warum gerade die Klöster?

Einer der Gründe ist, daß die Klöster die ersten und einzigen zu dieser Zeit waren, die sich mit dem Sinn und Zweck der Speise, also auch mit ihrer Gesundheitsfunktion, auseinandersetzten. Hatten sie doch eine notwendige Doppelfunktion – als Hospital und Herberge. Medizin war ohnehin Sache des Klerus, die Schreibstuben der Klöster die Horte der Forschung. So war es ganz natürlich, daß die Rat- und Hilfesuchenden, die Armen und Kranken an den Pforten klopften. Es waren aber auch reisende Fürsten, weltliche wie kirchliche, Kaufleute und Pilger, die um Quartier nachsuchten, Gasthöfe waren selten und oft genug Räuberhöhlen. – Und beides hatte zur Folge, daß die Klöster stets für gut gefüllte Speisekammern zu sorgen hatten.

Mit der Gesundheitsfunktion der Speisen setzten sich erstmals die Klöster auseinander – auch in der Armenspeisung

Das fiel ihnen freilich nicht schwer, da sie durch Ländereien wie Wälder und Wiesen, Teiche und Ställe mit materiellen Gütern durchaus gesegnet waren. Zudem verhalfen Pachtzinsen und andere Abgaben zu einem leichteren Wirtschaften. Auch hatte man schon frühzeitig erkannt, daß eine gute Speise „Leib und Seele zusammenhält". Das war deshalb schon wichtig, weil die Klöster kaum Nachwuchssorgen hatten, im Gegenteil, teilweise sogar überfüllt waren. Bedingt durch den Kinderreichtum der Familien und die Tatsache, daß nur der Erstgeborene erben konnte, hatten sie auch Mitglieder in ihrem Konvent, die sich nicht unbedingt zum klösterlichen Leben berufen fühlten. Und gerade diese mußte man – auch mit Speise – „bei Laune halten". So waren gut bestückte Speisekammern und Keller durchaus auch Selbstzweck.

Während der Adel die Äbte und Äbtissinnen stellte, waren die Fratres und einfacheren Laienbrüder mit der Bestellung der Felder, Keller und Ställe betraut und hatten somit für den „Nachschub" zu sorgen. Das Kochen übernahmen dann wiederum Mönche und Nonnen, die sich auf „Rezepte" und Diätanweisungen bezogen, die in den Schreibstuben der klostereigenen Bibliotheken aus alten Büchern (Handschriften) übersetzt und weiterentwickelt wurden. So entstanden die ersten Aufzeichnungen und Rezeptsammlungen. Dennoch ist es nicht immer ganz einfach, die alten Schriften auch richtig zu verstehen, zu deuten. Viele der Küchenausdrücke oder Anweisungen sind sehr von Dialekten eingefärbt oder heute einfach nicht mehr übersetzbar.

Durch ihre ärztliche wie auch seelsorgerische Verpflichtung entwickelte sich in den Klöstern fast automatisch auch eine Art Gesundheitsküche. Denn ein wichtiger Bestandteil des Versorgungssystems waren neben Gemüsefeldern, Weingärten und Teichen auch die Gewürz- und Kräutergärten. Und immer mehr flossen Erkenntnisse über die Heilwirkung der Kräuter auch in die alltägliche Küche mit ein. Schließlich lag es nahe, die entsprechenden Kräuter gleich mit der Speise zu verabreichen. Daß sich dadurch natürlich auch geschmackliche Verfeinerungen der ansonsten eher langweiligen Speisen ergaben, war eine hochgeschätzte Nebenwirkung.

In den Schreibstuben der Klöster wurden nicht nur Wirtschaftsvorgänge, sondern auch erste Rezepte festgehalten

Der Speisezettel des 12. Jahrhunderts

Will man die Hinweise und Ratschläge der Hl. Hildegard von Bingen zu einer gesünderen Ernährung verstehen, so müssen wir uns vor Augen halten, von welcher Basis ihre Überlegungen ausgingen, welche Bedingungen in ihrem Jahrhundert herrschten. Auch das 12. Jahrhundert kannte nur wenige, und wenn, dann sehr vage Andeutungen und Empfehlungen zur Speisenzubereitung. Klösterliche Handschriften waren wiederum die einzigen Quellen, denen man Hinweise entnehmen konnte. Ein erstes „Kochbuch“, eine Handschrift mit dem Titel „Von guoter spise“ sollte erst 1345 entstehen.

Grundnahrungsmittel war, wie auch die Zeiten davor, der Brei aus Mehl und Korn. Darüberhinaus wurde sehr kräftig und deftig gekocht, Fett und Speck zu Hülsenfrüchten und Kohlgemüsen waren wichtige Bestandteile. Die Armen mußten sich gar mit Rüben und Kraut begnügen. Ein weiteres Volksnahrungsmittel war das Brot, genauer gesagt der Fladen, aus grobem Roggenmehl oder Gerste und Hafer. Er wurde jedoch nicht nur zu Milch, Käse und Eiern gegessen, sondern diente gleichzeitig als Tellerersatz, als Unterlage für andere Gerichte und zum Aufsaugen von suppigen Speisen. Lediglich zu besonderen Anlässen wurde das Brot mit Dörrobst (Zwetschken und Birnen) oder Honig verfeinert. Daraus entstanden dann auch die Zelten, Honigkuchen, Birnenbrot, Früchtebrot und Pfefferkuchen. Letztere waren übrigens ganz wörtlich zu nehmen, heute würden wir die harten und scharfen Klumpen als ungenießbar bezeichnen.

Fleisch lieferte eine recht gut entwickelte Viehzucht sowie das Wild der heimischen Wälder, jedoch war es kaum gemästet oder gut abgehangen. Fisch gab es in Flüssen und Meeren in einem heute schier unglaublichen Artenreichtum. Allein die Mosel soll um das Jahr 1000 rund 20 verschiedene Fischsorten beheimatet haben. Die in der Antike schon bekannte Fischsauce „garum“ war zu dieser Zeit auch in Mitteleuropa als „galei“ oder „galrei“ sehr beliebt. Würste wurden vornehmlich aus Hirn, Leber und anderen Innereien hergestellt. Ebenso kannte der Mensch des Mittelalters den Schinken, der zumeist in den großen Rauchfängen der Küchen durch räuchern haltbar gemacht wurde.

Womit wir gleich bei einem weiteren Problem wären, dem Konservieren der Nahrungsmittel. Schließlich hatte man auch die Winter zu überstehen, die es sehr schwer machten, von der Hand in den Mund zu leben. Das wichtigste Hilfsmittel war dabei das einsalzen und pökeln von Fisch und Fleisch sowie das Einlegen von Kraut und Rüben in Holzfässern, so ganz nach der Art, wie wir das heute noch mit dem

Einfache Mörser, Kessel und Schöpfkellen aus Kupfer oder Eisen waren oft die einzigen Hilfsmittel des Kochs

Sauerkraut machen. Weiter hatte man die konservierende Wirkung von sauren Essenzen erkannt, die unter anderem aus Wildbeeren und unreifen Trauben gewonnen wurden. Essig in unserer heutigen Form war noch weitgehend unbekannt. Für manche Speisen wurde auch Wein zum Haltbarmachen über kürzere Zeit verwendet. Eine beliebte Methode war neben dem Einkalken das Einsülzen. Dazu nahm man oft leimhaltige Brühen oder die Schwimmblasen von manchen Fischen, die gelatierende Wirkung hatten. Wegen ihrer leichten Verderblichkeit wurde auch nur sehr wenig Butter gegessen. Den Vorzug gab man Schmalz und Talg, die sich dann ebenfalls recht gut gegen allzu schnelle Verderblichkeit eigneten. Schließlich existierte schon eine Urform des Kühlschrankes. Im Winter wurden dafür große Eisblöcke aus den Seen und Teichen gesägt und in tiefe Gewölbe eingelagert. Diese erfroren dann allmählich zu richtigen Eiskellern. Sogenannte „Fischkalter" wurden in manchen Klöstern angelegt, so zum Beispiel im Kloster Hirsau für die eigenen Teiche. Klostereigene Wildgehege sorgten überdies für Frischfleisch in der „mageren Jahreszeit". Zu guter Letzt spielte auch das Trocknen eine wichtige Rolle, besonders bei Obst, Gemüsen und Kräutern aber auch bei Fisch und Fleisch.

So viel Mühe man sich auch gab, oft waren die Nahrungsmittel nur allzu schnell verdorben. Und da kamen die Gewürze gerade recht. Hatte zum Beispiel ein Stück Wild schon einen leichten Verderbnisgeschmack, wurde kräftig gepfeffert und gesalzen, um die schon widerlichen Gerüche und Geschmäcker zu übertünchen. Hilfreich für die bessere Verträglichkeit und Verdauung waren auch hier wieder die unterdessen zahlreich bekannten Kräuter und Gewürze. Neben den heimischen, wie zum Beispiel Majoran, Thymian, Salbei, Basilikum, Wacholder, Knoblauch u.s.w., kamen jetzt auch „Exoten" wie Pfeffer, Nelken, Muskat, Safran, Ingwer, Anis und Kreuzkümmel dazu. Als „Importeure" fungierten die Kreuzritter und Pilger, die immer häufiger die damals noch sehr teueren Gewürze von ihren Reisen mitbrachten.

Mit den neuen Gewürzen kamen jedoch auch neue Sitten ins Land. Die reisenden Kleriker und Kämpfer Gottes waren z. B. begeistert von der Kultur des Orients und zeigten sich nach ihrer Rückkehr durchaus aufgeschlossen. Handelsbeziehungen wurden ausgebaut, Kontakte gepflegt, Reisen unternommen. Fast natürlich, daß sich parallel die Tischsitten, die „Tischzucht", wie man sagte, verfeinerten. Die Mahlzeiten wurden nicht nur an den Fürstenhöfen zu gesellschaftlichen Ereignissen, auch die Klöster bekamen etwas von dem „frischen Wind" ab. Das gemeinsame Essen wurde zu einem erweiterten Gottesdienst, zu einer zelebrierten Danksagung an den Schöpfer, war das Mahl auch noch so spärlich. Hinter den Mauern der weltlichen Herrscher wurden die Tafeln mit Tischdecken versehen, die auch als Serviette dienten, das Geschirr wurde feiner, in der Verarbeitung wie auch vom Material her.

Mechanische Drehspieße gehörten zum Inventar jeder höfischen und klösterlichen Küche. Später übernahmen die Arbeit der Küchenknechte dann sogar Windkraft und dressierte Affen

Die Küche selbst hat sich nicht wesentlich verändert. Die Grundausstattung bestand nach wie vor aus offenen Feuerstellen, über die ein Kessel gehängt oder ein Dreifuß gestellt wurde, die Töpfe waren aus Kupfer oder Eisen. Ergänzt wurde das Inventar durch Roste und Spieße. Später ließ man sich für den Betrieb eines großen Drehspießes zum Beispiel „neue Techniken" einfallen: Windkraft oder dressierte Affen übernahmen die Arbeit der Küchenknechte. – Doch sollte man sich nicht täuschen lassen, alles war noch sehr einfach und arbeitsintensiv, verrostete und vom Grünspan übersähte Kessel waren an der Tagesordnung.

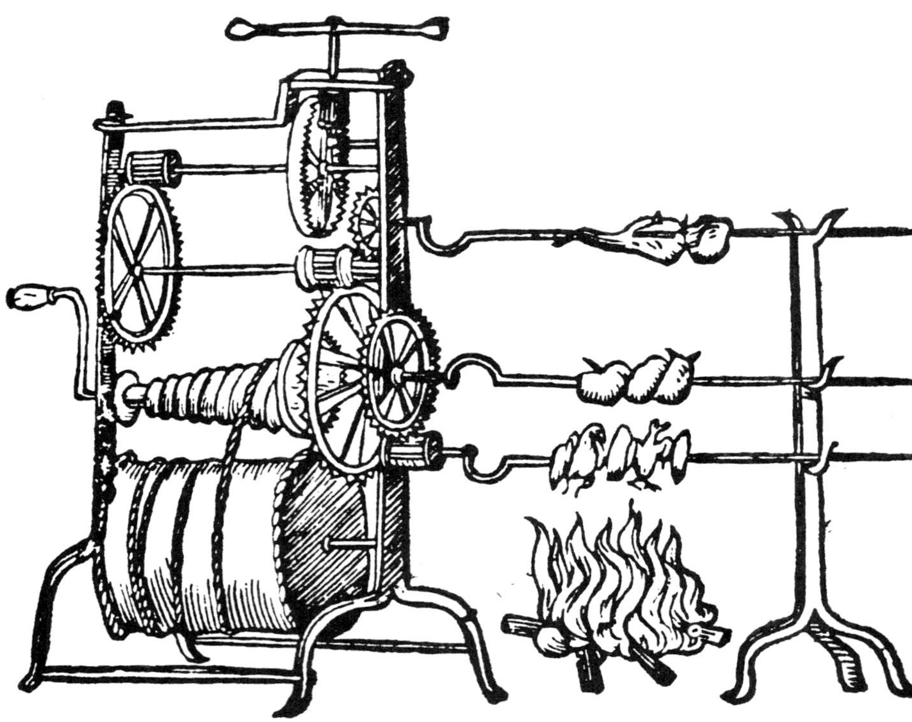

Kaum etwas geändert hat sich auch beim kleinen Mann. Kreuzzüge hin, neue Handelskontakte her – er sitzt nachwievor am derben Holztisch, trinkt Milch oder stark verdünnten Wein aus einem Holzbecher und ißt sich hauptsächlich mit Kraut und Rüben, Kastanien, Erbsen und Bohnen satt. Die Auswahl an Speisen ist immer noch recht armselig. Doch Not und Hungersnöte haben auch „erfinderisch" gemacht. So vertilgten unsere Vorfahren gar kuriose Leckereien, bei deren Anblick sich heute manch einem der Magen umdrehen könnte. Gegessen wurde so ziemlich alles, was irgendwie halbwegs genießbar war. So zum Beispiel Hühnerfüße, Hoden von Stieren und Widdern, Fischeingeweide und Fischköpfe sowie Dachs, Eichhörnchen und Igel, um nur einige Gerichte zu nennen. Otter, Biber und eine ganze Reihe von Vogelarten galten übrigens als begehrte Fastenspeise, da sie nicht zu den Säugetieren gezählt wurden. Doch auch diese Gepflogenheiten sind zum besseren Verständnis Hildegards notwendig. So zum Beispiel, wenn wir bei ihr nachlesen, daß der Strauß starken und dicken Menschen bekömmlich ist, da der Genuß von Straußenfleisch sie von ihrem „überflüssigen Fleisch befreit".

Überhaupt spielte im Mittelalter das Fasten eine gewichtige Rolle. Zum einen zeigte der tiefgläubige Mensch damit seine Bußfertigkeit, zum anderen hatte es wohl auch einen gesundheitlichen Aspekt. Konnte sich der durch sehr einseitige und fette Kost doch sehr strapazierte Körper dadurch wieder reinigen und regenerieren. Daß das Fastengebot jedoch nicht immer ernst befolgt wurde, davon künden noch einige Spotverse auf die den weltlichen Genüssen zugetanen „Pfäfflein". Ein Sprichwort sagt: „Da wird nicht scharf gefastet, wo sich die Mönche für ihre Bäuche den Tisch ausrunden lassen". Kein Wunder, eine heute noch sehr beliebte Fastenspeise, wenn auch leicht verändert, ist das speziell in Bayern gern gebraute Starkbier.

Zur Speise gehört auch der Trank

Wer kennt sie nicht, die überlieferten Bilder und Vorstellungen mittelalterlicher Zech- und Saufgelage – Hörner voll des süffigen Met und randvoll gefüllte Wein-Humpen machen da die Runde. Genauso wie bei den Eßgewohnheiten (und -Möglichkeiten) treffen auch hier zwei Welten, oder besser gesagt die Stände, aufeinander. Insbesondere in Weinbaugebieten waren die kühlen Keller der Klöster und Adeligen voll der edlen Tropfen. Schließlich waren es ja gerade die Mönche, die sich der Pflege und Kultivierung der Reben ganz besonders annahmen. Nicht zuletzt des Messweines wegen, der heute noch in hohem Ansehen steht. Doch die guten Weine, aus dem Eigenbau oder sogar aus Italien und Zypern, standen nur auf den Tafeln der Wohlhabenden oder lagerten in den Gewölben der Klöster. Im Alltag des Volkes spielte der Wein oft nur eine sehr wässrige und saure Rolle. Der sprichwörtliche „saure Tropfen" aus eigener Kelter (in Weinbaugebieten) oder Most mußte genügen. War er allzu herb, wurde er des öfteren auch mit Honig, Nelken oder Zimt zu einer Art Punsch verbessert, verwandt mit dem Met. Ansonsten waren Milch und Wasser die gängigsten Durstlöscher. Weniger zum Genießen als zum Heilen aller möglichen Zipperlein war der Kräuterlikör gedacht. Daß sich darum allen voran wieder die Klöster verdient gemacht haben, beweisen heute noch gebräuchliche Namen wie „Benediktiner", „Ettaler" u.s.w.

Wie bereits angedeutet, war die mittelalterliche Küche im allgemeinen eine recht eintönige und einseitige Angelegenheit und dürfte gerade im frühen Mittelalter ein ihres dazu beigetragen haben, daß die Menschen relativ früh starben, trotz fasten. Um so wichtiger waren die Erkenntnisse der Hl. Hildegard, die den Menschen als Ganzes betrachtete und somit auch eine ganze Reihe wertvoller Hinweise zur Bedeutung der richtigen Ernährung gab – für ihre Mitschwestern im Konvent, ihre weltlichen Zeitgenossen wie auch für uns. Denn eines kristallisiert sich immer mehr heraus, die Ratschläge haben zu einem großen Teil auch heute noch ihre Bedeutung. Wenn sich die Ursachen für Krankheiten auch weitgehend gewandelt haben, der richtigen Ernährung kommt immer noch eine bislang ziemlich ungeklärte Schlüsselposition zu.

Trotz der sehr kläglichen Alltagskost sei hier noch eine Menüzusammenstellung vorgestellt, wie sie im 12. Jahrhundert zu festlichen Anlässen in Klöstern und Häusern der Adeligen üblich waren. Nicht zuletzt auch, um ein wenig Appetit zu machen. Und sollten Sie bei dem ein oder anderen Gericht den Verdacht haben, daß es vielleicht zu sehr gewürzt ist, so denken Sie daran, im Mittelalter galt das Würzen nicht nur zum Übertönen leicht verderbter Speisen, sondern auch als Luxus. Es war geradezu eine Mode, den Eigengeschmack einer Speise bis hin zur Unkenntlichkeit zu überdecken.

Vorspeisen

Hirsebrei, Gewürzte Brühe mit Gemüsen,
Suppe von Vögeln mit Ingwer, Muskat und Pfeffer

Hauptspeisen

Fleisch

Hirschziemer, Birkhuhn, Rebhühner, Turteltauben
mit gebackenen Pflaumen

Fisch

Lampreten, Äschen und Hecht mit Nelken,
Zimt und Pfefferbrühe

Nachspeisen

Mus von Birnenquitten mit Honig, Melone mit
Minze, Wein und Pfeffer

Die seele liebt in allen dingen
das diskrete maß

wann auch immer der körper
des menschen ohne diskretion
ißt und trinkt oder etwas anderes
dieser art verrichtet
werden die kräfte der seele
verletzt...

In allen dingen soll sich
der mensch selbst das rechte maß
auferlegen

HILDEGARD VON BINGEN

Die Bedeutung der richtigen Ernährung für ein gesundes Leben bei Hildegard

Die Hl. Hildegard von Bingen (1098–1179) hat natürlich kein „Kochbuch“ geschrieben, dazu war die Zeit des 12. Jahrhunderts noch nicht reif. Dennoch hinterließ sie uns mit ihren Schriften „Causae et Curae“, „Physica“ und „Scivias“ (Wisse die Wege) nicht nur ihre Lehre vom rechten Glauben, vom Kosmos und dem Menschen, sondern auch einen Schatz an Ratschlägen, Hinweisen und Anregungen zu einer besseren und gesünderen Ernährung. – So finden sich unter ihren visionären Niederschriften ganz konkrete Aussagen und praktische Anleitungen zur Kräuterheilkunde, zur Bedeutung bestimmter Speisen und ihrer Wirkung auf gesunde und kranke Menschen, zur Diät und dem Sinn oder Unsinn des Fastens.

Das ist keineswegs verwunderlich, wissen wir doch, daß Hildegard den Menschen immer als Gesamtheit sah. Genauso wie die Elemente den Zusammenhalt der Welt gewähren, sind sie auch das Gefüge des menschlichen Organismus. Und ebenso wenig, wie sie die Ratschläge ihrer Kräuterheilkunde pauschal auf alle Menschen überträgt, läßt sie ihre Ernährungsempfehlungen für alle gelten; wie die Ursache von Krankheiten ganz unterschiedliche Aspekte aufweist, ist auch das Gebot der Lebensführung, also auch Ernährung, sehr differenziert zu sehen. Im Vordergrund steht immer der Einzelne, das Individuum mit seinen ganz persönlichen Anlagen und Lebensumständen. So universell sich uns diese große Frauengestalt des Mittelalters heute darstellt, als Seherin, Reformerin und Gottesfrau, so umfassend ist auch ihre Schau der Dinge, Ursächlichkeiten und Zusammenhänge.

Das rechte Maß ist das Maß aller Dinge

Fragt man nun dennoch nach einer übergeordneten Regel, nach einer umfassenden Empfehlung Hildegards zur Ernährung, so stoßen wir im „Liber Divinorum Operum“ auf eine grundlegende Erkenntnis, die ihre Bedeutung und Aktualität bis heute nicht verloren hat: „Die Seele liebt in allen Dingen das diskrete Maß. Wann auch immer der Körper des Menschen ohne Diskretion isst und trinkt oder etwas anderes dieser Art verrichtet (gemeint ist hier zum Beispiel auch das Geschlechtsleben), werden die Kräfte der Seele verletzt... In allen Dingen soll sich de Mensch selbst das rechte Maß auferlegen". – Das Gebot der Mäßigun oder des „Goldenen Mittelwegs" ist freilich nicht eine „Erfindung" Hilde gards, das „predigten" schon Philosophen der Antike. Neu, und für da 12. Jahrhundert geradezu „revolutionär", ist jedoch die Forderung nac der Eigenverantwortlichkeit des Menschen für seinen Körper. Und wen Hildegard von „Diskretion", also dem rechten Maß spricht, desse Nichteinhaltung zur Verletzung der Seele führt, so ist der Kreis im hilde gardischen Denken wieder geschlossen, denn eine kranke Seele ist auc verantwortlich für einen kranken Körper. „Discretio omnia temperat" die Diskretion mäßigt alles. Diese Erkenntnis ist Lebensprinzip, Vor- un Nachsorge zugleich, die Eigenverantwortlichkeit nichts anderes als Pro phylaxe, Vorbeugung, wie wir heute sagen.

Nun könnte man vermuten, daß hinter der Forderung einer Klosterfra nach dem rechten Maß übertriebene Enthaltsamkeit und mißmutiger weil erzwungener – Verzehr kärglicher Mahlzeiten steckt. – Doch wei gefehlt. Die Speisen sollen und müssen ja auch die Seele stärken – di Diskretion der Speisen wird auch zur Diskretion der Seele. Und wenn wi lesen, daß „die Speisen zur Erquickung im rechten Maß verteilt werde sollen, damit es der treuen Gefolgschaft nicht an Freude der Seel ermangele", so sind damit nicht nur die Mitschwestern im Konvent de Klosters Ruppertsberg gemeint gewesen, sondern alle Menschen, auc in ihrer Gefolgschaft und dem Glauben an Gott.

So darf die „Discretio" auch nicht mit Enthaltsamkeit im Sinne vo übertriebenem Fasten oder Askese verwechselt werden. Denn aus trok kenem Sand, so Hildegard in einem ihrer zahlreichen Briefe, erwächs auch keine Frucht, aus kargem Felsboden sprießen nur Dornen un Unkraut. Durch unvernünftiges Fasten entzieht sich der Mensch als selbst die Grundlage körperlicher und geistiger Gesundheit. Nicht nu das. Ganz klar hat sie erkannt, was wir selbst an uns beobachten kön nen: „ein Mensch, der durch zuviel Fasten seinen Körper unterdrückt, i dem steigt Überdruß auf, solcher Verdrossenheit gesellen sich meh Fehler zu, als wenn er seinem Körper die rechte Nahrung gegönn hätte".

Schädlich ist natürlich auch das andere Extrem, die Völlerei un Trunksucht. „Der Mensch, der ein königliches Leben... führen will, mu sich die Lust auf köstliche Schmausereien bei unangemessenen Mahl zeiten vergehen lassen, aus denen doch nur Ausschweifung entsteht". Ferner warnt sie vor Speisen, die keinerlei Gesundheitsfunktion über nehmen und nur zu „Reizmitteln" dienen.

Das rechte Maß liegt also in der Mitte, denn „der Mensch, der sei

Ausgerechnet eine Gottesfrau des Mittelalters soll den Ansatz für eine gesunde Ernährung gefunden haben? Das will nicht so recht einleuchten, wo sich doch heute mehr denn je Wissenschaftler mit der „richtigen Ernährung" befassen. Dennoch, Hildegard empfiehlt keine „Pauschal-Ernährung", sie unterscheidet, geht auf das Individuum Mensch ein.

Fleisch mit Maßen nährt, ist in seiner Art fröhlich und umgänglich". - Erkenntnisse aus dem 12. Jahrhundert, die uns heute noch geläufig sin und als logisch richtig erscheinen, die wir rein gefühlsmäßig jedoch nu allzu oft „modernen" Ernährungswissenschaftlern und Psychologe zuschreiben. So wird gerade heute wieder betont, wie wichtig es ist seine Mahlzeiten regelmäßig einzunehmen. Diese Forderung hatt bereits Hildegard erhoben, Ausnahmen von den Mahl-Zeiten ließ si lediglich für Alte, Kranke und Kinder gelten. Ob Obst, Gemüse, Eier Käse, Fisch, Wild und Geflügel, Wein oder Bier, die Nahrung soll auc abwechslungsreich und aufeinander abgestimmt sein, ihren natürliche Charakter bewahren. – Ist dies nicht eine Forderung der „Nouvelle Cui sine", der „Neuen Küche"? – Dann ist Hildegard sicherlich ihr Begrün der. Galt es doch im Mittelalter u.a. als Mode, den natürliche Geschmack einer Speise so durch Gewürze zu übertönen, daß von eigentlichen Charakter nichts mehr übrig blieb.

Ernährung und Krankheiten

Forscht man in den Schriften der Hl. Hildegard weiter, so trifft ma neben allgemeinen Ratschlägen zur Ernährung auch auf ganz konkret Zusammenhänge zwischen bestimmten Tier- und Pflanzenarten un ihrer Nützlichkeit oder Wertlosigkeit für Gesunde und Kranke. Di moderne Medizin ist sich schon längst darüber im Klaren, daß die Ursa che für viele Krankheiten in der falschen Ernährung liegt. Die „richtige konnte bislang jedoch noch keiner vorstellen. So sucht die Wissenschaf geradezu übereifrig weiter, die einen schwören auf Rohkost, andere au vegetarische Küche, wieder andere auf eine von zig-tausend Diäten. - Oft fehlt es schon am richtigen Ansatz. Pauschal wird da behauptet Vitamine sind gesund, also ist Obst gesund – Alkohol ist schädlich, als Abstinenz! – Hildegard macht es sich nicht so einfach, empfiehlt kein Pauschalernährung für alles und jeden. Sie unterscheidet, geht auch hie auf das Individuum Mensch ein, genauso wie auf die ganz besondere und unterschiedlichen Charaktere von Obst-, Gemüse- und Fleischsor ten. Überhaupt orientiert sich die Gottesfrau des Mittelalters eng an de Vorgängen im Stoffwechselbereich, da wo die Nahrungsmittel aufberei tet, verarbeitet und wieder ausgestoßen werden, schädliche Schlacke und „Säfte", seelische Mißstände entstehen.

So sagt Hildegard zum Beispiel ganz deutlich, daß „wenn ein Mensc Fleisch und andere Speisen mit zu viel Fett zu sich nimmt, oder auch z blutreiche Speisen (Blutwürste, blutiges, nur halb oder kurz gegarte Fleisch etc. Anm.d.Red.), wird ihm daraus eher Krankheit als Gesund heit zu teil, weil solche übermäßig fetten Gerichte wegen ihrer schlüpfrigen Feuchtigkeit nicht bis zur richtigen und gesundheitsförderlichen Verdauung im Magen verbleiben können. So soll ein Mensch nur mäßig fette und mäßig blutreiche Speisen essen, um sie bis zu einer rechten Verdauung im Magen zu behalten. Sie spricht nicht von fettloser Kost oder gänzlich „unblutiger" Speise. Auch hier gilt es, das rechte Maß zu halten. Durchaus gute und nützliche Eigenschaften schreibt Hildegard auch dem Wein und Bier zu, natürlich nur in Maßen, denn wer unverhältnismäßig trinkt, auch andere berauschende Flüssigkeiten, dem wird sein ganzes Blut verflüssigt... Im rechten Maße aber ist zum Beispiel der Wein wegen seiner „guten Wärme" und seiner Kraft durchaus wertvoll und heilsam. Wobei sie zusätzlich zwischen zwei Sorten unterscheidet: für Kranke ist derjenige bekömmlicher, der auf dem selben Boden wächst, wie gutes Getreide. Auch wenn der, der auf obsttragenden Böden gedeiht kostbarer ist. Ein weiteres Beispiel: Nimmt ein Mensch überwiegend kalte Speisen zu sich und gleich darauf warme, aber so, daß die kalten überwiegen, oder über das Maß flüssige Speisen und bald wieder trockene, aber so, daß die flüssigen überwiegen, dann hat der Mensch wegen der Unterschiedlichkeit dieser Anstürme im Magen oft unter Erbrechen zu leiden, weil er so keine rechte Verdauung haben kann. So empfiehlt Hildegard vor allem Speisen, die nur „mäßig warm" und „mäßig kalt" sind – also gut temperiert, nicht zu heiß und nicht zu kalt.

Von der Wirkung der Nahrungsmittel und Heilkräuter

Küche und Krankenstube, Gemüse- und Kräutergarten waren für Hildegard gemeinsame Basis ihres Denkens, ihrer Überlegungen, Versuche und Erfahrungen. Lag der Schwerpunkt ihrer Schau zunächst noch bei der Heilwirkung der Kräuter, so gingen diese Erkenntnisse doch fast automatisch in die Küchenpraxis über und bildeten somit auch eine zusätzliche kochspezifische Variante.

Wesentlich ist jedoch, daß sich erstmals jemand intensiv mit der Wirkung einzelner Nahrungsmittel und Heilkräuter auf das Befinden des Menschen befaßte. In ihren Schriften über die Heilkräfte von Pflanzen, Tieren, Elementen, Bäumen, Steinen und Metallen, bekannt unter dem Oberbegriff „Physica", wird jede Pflanze und jedes ihr bekannte Tier mit den entsprechenden Heilkräften oder auch Unverträglichkeiten beschrieben. So schreibt sie zum Beispiel über den Grünen Salat (Gartenlattich), daß er wegen seiner großen Kälte und ohne Würze gegessen den Magen des Menschen mit Krankheit füllt. Wer ihn essen will, solle ihn deshalb vorher mit Dill, Essig oder anderen Kräutern „temperieren“, also beizen. So ist er dann auch Kranken bekömmlich und bereitet eine gute Verdauung. – Überhaupt spielt das Beizen bei Hildegard eine große Rolle. Kein Gemüse und kein Kraut soll roh gegessen werden, sondern vorher immer „temperiert“ werden. Dies gilt auch für den Saft der Obstbäume, ungekocht ist er schädlich, gekocht ist er nützlich, weil er dann „mit dem Blute des Menschen zu vergleichen ist“.

Jede Pflanze, genauso wie Fisch und Fleisch, ist bei Hildegard entweder „warm“, „kalt“ oder birgt von beiden etwas. Die Wärme bezeichnet die Seele, die Kälte den Körper. So entwickeln sie sich dann jeweils nach ihrer Art, mit mehr oder weniger Kälte. Denn wenn zum Beispiel alle Pflanzen warm wären und keine kalt, so würden sie nach Hildegard bei dem, der sie nützt, Gegensätzliches bewirken. Wären aber alle kalt und keine warm, so würden sie dem Menschen ebenfalls nicht nützen, weil die warmen der Kälte und die kalten der Wärme des Menschen widerstünden.

Um die Warm-Kalt-Untersuchungen bei Hildegard besser verstehen zu können, sei hier ein kleiner Exkurs in die mittelalterliche Literaturgattung der „Regimina sanitatis“ angefügt. Diese Lehrschriften zu einer gesünderen Lebensführung erlebten zu Zeiten Hildegards ihre erste Blüte und waren weniger für den „Arzt“ bestimmt, Medizin spielte sich zu dieser Zeit ohnehin vornehmlich in den Klöstern ab, sondern für den Laien. Grundlage sind dabei die sieben „res naturales“, die natürlichen Dinge:

1. Die „elementa“, die vier Elemente Feuer, Luft, Wasser und Erde mit ihren Eigenschaften warm, kalt, feucht und trocken
2. Die „complexiones“, die verschiedenen Varianten und Vermischungen der Elemente und ihre Eigenschaften
3. Die „compositiones“, die vier Körpersäfte Blut, Schleim, gelbe und schwarze Galle
4. Die „membra“, die Organe des Körpers
5. Die „virtutes“, die im Körper agierenden Eigenschaften
6. Die „actiones“, die „Aktionen“, die durch die „virtutes“ bewirkt werden, z. B. Verdauung etc.
7. Der „spiritus“, der verantwortliche Geist für Kräfte und Funktionen.

Hildegard bezieht sich bei ihren Deutungen also jeweils auf die in ihrer Zeit herrschende „Elemente- und Körpersäfte-Lehre", verfeinert diese jedoch und bringt neue Aspekte mit ein. – Was sich momentan verwirrend und unverständlich anhört, wird dann in den Einzelbeschreibungen verdeutlicht. So lesen wir zum Beispiel zum Wal: Der Walfisch enthält feurige Hitze und eine feuchte Luft in sich... sein Fleisch ist so stark, daß es, wenn man es ißt, alle schlechten und schwachen Kräfte im Körper bekämpft..." Heilwirkung schreibt Hildegard zum Beispiel auch seinen Organen zu: „Der Genuß der Leber reinigt den Magen und beseitigt jeden Schmutz im Magen besser als der beste Trank". Gegen unterschiedliche Fieber empfiehlt sie gekochte Wallunge. Als „mehr kalt als warm" bezeichnet sie den Steinbock, „weil er in den Bergen und im Nebel lebt. Sein schleimiges Fleisch bekommt weder Gesunden noch Kranken, doch können Gesunde es vertragen". Zu Heilzwecken ist der Steinbock nicht verwendbar. – Nun gehören Wal und Steinbock zu den Exoten auf unseren Speisekarten, dennoch sollen sie hier als Beispiele verdeutlichen, wie unterschiedlich und aus uns heute oft unverständlichen Ansätzen heraus Hildegard die Tier- und Pflanzenwelt beurteilte. So haben wir uns in dem Rezeptteil dieses Buches auch lediglich auf eine Auswahl von Gerichten beschränkt, die zum einen heute leicht nachvollziehbar sind, zum anderen nach Hildegard auch einen Nutzen für die Gesundheit haben (ab Seite 70).

Die bewußte Auswahl von Kräutern dient auch der Gesundheit

Vom Dinkel bis zum Weißwein – Die wichtigsten Bestandteile der „Hildegard-Küche“

Längst sind Kräuter und Gewürze wieder fester Bestandteil unserer Küchen und haben somit auch viel von ihrer „Exotik“ eingebüßt. Ob nun der Kochkünstler in einem guten Restaurant oder die engagierte Hausfrau, mit etwas Fingerspitzengefühl und Raffinesse läßt sich selbst das einfachste Gericht zu einer eigenen „Kreation“ zaubern. Oft genug werden dabei die Kräuter jedoch ausschließlich des Würzens wegen verwendet, ohne daß sich der Koch dabei weiter Gedanken über ihren zusätzlichen Nutzen macht. Wir verwenden zwar Kümmel zum Schweinebraten, weil wir wissen, daß dadurch das in der Regel etwas fettere Fleisch bekömmlicher wird, und machen Gurkensalat mit Dill an, um ihn geschmacklich zu verfeinern. Meist wissen wir über die viel weiterreichenden, gesundheitlichen Aspekte nur sehr wenig.

Nun hat uns aber die Hl. Hildegard ihren reichen Erfahrungsschatz um die Heilwirkung und Nutzbarkeit der Kräuter hinterlassen – allerdings ohne ein Kochbuch zu schreiben. Da viele ihrer Beobachtungen und Anweisungen aber schon recht nahe an Küchenratschläge und Rezepte herankommen, ist es naheliegend, diese auch in die alltägliche Koch- und Küchenpraxis mit einfließen zu lassen und sie in die heutige Zeit zu übertragen. So dient die ganz bewußte Auswahl von Kräutern nicht mehr allein der geschmacklichen Abrundung von Speisen, sondern in hohem Maße auch der eigenen Gesundheit. Mehr noch, durch das Wissen um die Heilkräfte einzelner Pflanzen und ihren richtigen Einsatz lassen sich eine ganze Reihe von Leiden „behandeln“, ohne gleich zur Pillendose greifen zu müssen. Von der Vorbeugung ganz zu schweigen. Zum besseren Verständnis unserer Rezeptvorschläge, die sich übrigens ganz nach persönlichen Umständen und eigener Kreativität abändern und ergänzen lassen, seien deshalb auf den folgenden Seiten die wichtigsten Grundkomponenten und Regeln kurz erläutert.

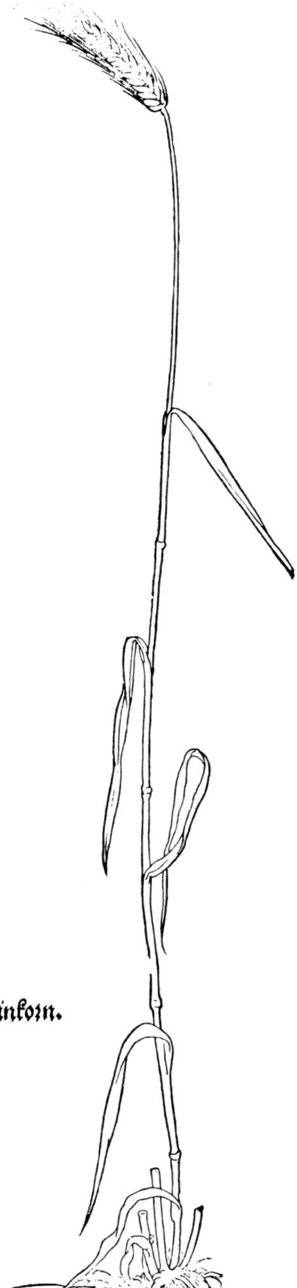

Einkorn.

Der Dinkel

Von den insgesamt 213 Pflanzen, die Hildegard beschreibt und kommentiert, nimmt der Dinkel eine herausragende Rolle ein. Sein Wert für eine gesunde Ernährung wie auch zur Behandlung gerade von Stoffwechselerkrankungen kann gar nicht hoch genug eingeschätzt werden. So ist er heute in der „Hildegard-Küche" ein wesentlicher Bestandteil für die Zubereitung von Brot, Back- und Teigwaren sowie Mehlspeisen und gebundenen Suppen. Bei Magen-, Darm-, Galle-, Nieren- und Leberleiden ist er aus der Krankenkost nicht mehr wegzudenken. Hildegard schreibt in ihrer „Naturkunde": „Der Dinkel ist das beste Getreide, er ist fett, kraftvoll und besser verträglich als andere Getreidearten. Er bereitet dem, der ihn isst, ein rechtes Fleisch und gutes Blut. Die Seele des Menschen macht er froh. Wenn einer so krank ist, daß er vor Krankheit nichts mehr essen kann, dann nehme man ganze Dinkelkörner, koche sie in Wasser unter Beigabe von etwas Fett oder Eigelb, des besseren Geschmackes wegen, und gebe sie dem Kranken zu essen. Es heilt ihn von innen heraus wie eine gute und kräftige Salbe."

Der Dinkel, auch Spelt, Spelz oder Schwabenkorn genannt, gilt als die Urform des Weizens und ist eine anspruchslose, winterharte Weizenart mit einer lockeren, überwiegend unbegrannten Ähre und einer leicht brüchigen Spindel. So wird er auch oft schon im grünen Zustand als „Grünkern" geerntet. War er im Spätneolithikum noch in ganz Europa verbreitet (der Namen der Stadt Dinkelsbühl erinnert heute noch daran), wird er heute fast nur noch vereinzelt angebaut. Vornehmlich in den regenreichen Lagen des schwäbisch-alemannischen Gebietes, im Voralpenraum (auch Schweiz) sowie in Belgien, Spanien und den USA. Das Korn enthält alle Bestandteile, die zum Aufbau und zur Erhaltung eines gesunden Organismus notwendig sind.

Von Fisch und Fleisch

Neben den Pflanzen beschäftigt sich Hildegard in ihrer Naturkunde auch eingehend mit unseren – wohlgemerkt heutigen – Grundnahrungsmitteln Fisch und Fleisch; im 12. Jahrhundert waren dies beim gemeinen Volk eher Festtagsbraten.

In ihren Betrachtungen „Über die Fische" (insgesamt 37 Kapitel) trifft Hildegard drei grundlegende Unterscheidungen, beziehungsweise teilt die Fische in drei Charaktergruppen: nach ihrem bevorzugten Aufenthaltsort, nach ihrer Vorliebe für Nacht oder Tag und nach andauerndem oder·unterbrochenem Laichen. „Es gibt einige Fische", so Hildegard, „die halten sich von Natur aus auf dem Grund der Meere und Flüsse auf und suchen dort ihre Nahrung, indem sie den Grund durchwühlen wie die Schweine die Erde. Sie fressen dabei gewisse Wurzeln von Pflanzen, wovon sie lange leben. Bisweilen steigen sie auch in höhere Gewässer auf, gehen aber bald wieder auf den Grund zurück, wo sie bevorzugt leben. Das Fleisch dieser Fische ist weich und kraftlos und nicht gesund. – Einige Fische lieben eher den Tag und das Sonnenlicht als die Nacht und das Licht des Mondes. Manche von diesen laichen fast ununterbrochen, sodaß sie, nachdem sie völlig frei von Rogen und Milch, dann geschwächt sind, weil sie das laichen beschleunigen. Andere aber machen nach dem ersten Laichen eine Pause und warten bis sie wieder zu Kraft gekommen sind... Es gibt aber auch Fische, die sich vorwiegend in den mittleren Tiefen und in reinem Wasser der Meere und Flüsse aufhalten und dort ihre Nahrung suchen. Dort finden sie auch an vorstehenden Klippen Pflanzen, die so gesund sind, daß der Mensch, wenn er sie fände, alle Krankheiten vertreiben könnte. Das Fleisch dieser Fische ist stark und gesund... Auch gibt es Fische, die sich vornehmlich an der Oberfläche der Gewässer aufhalten und ihre Nahrung im Schaum und Schmutz der Oberfläche suchen. Zudem werden sie von der Sonnenwärme mehr durchdrungen als diejenigen, die tiefer leben. Und weil sie sich auch in Höhlen aufhalten, in denen fauliges und stinkendes Wasser ist, ist ihr Fleisch weich, kraftlos und ungesund..."

Zur Verdeutlichung hildegardischer Überlegungen seien zwei Beispiele aufgeführt. So sagt sie über den Hecht, daß er mehr aus warmer denn aus kalter Luft besteht und sich gerne in mittleren Tiefen aufhält, zudem liebt er den Tag. Weil er reine Nahrung aufnimmt, ist er schwachen wie gesunden Menschen gleichermaßen zuträglich. Zudem schreibt sie seiner Leber verdauungsfördernde Kräfte zu. – Wenig hält sie dagegen vom Karpfen. Er hat die Hitze der Sümpfe in sich, von denen er sein weiches und schwaches Fleisch hat. Zwar ist sein Fleisch

Gesunden nicht gefährlich, wohl aber ein wenig den Kranken, schreibt Hildegard. Ferner, „als Heilmittel taugt der Karpfen nicht". – Heute können wir davon ausgehen, daß Hildegard mit den heimischen Fischarten wohl vertraut war. Dafür spricht schon die Lage der Klöster Disibodenberg (zwischen Nahe und Glan) und Ruppertsberg (nächst der Einmündung der Nahe in den Rhein). Im Gegensatz zu heute waren die Flüsse noch fischreich und boten reichlich Gelegenheit zum Fang. Zudem befaßten sich ja gerade die Klöster mit Fischzucht. Dennoch sind nicht alle aufgeführten Namen präzise auf die heutigen Arten zu übertragen. Da wo es eindeutig ist, finden sich dann auch einige Beispiele in unserem Rezeptteil.

Auf eines sei an dieser Stelle gleich noch hingewiesen. Wenn Hildegard zum Beispiel von der Nützlichkeit einer Hechtleber spricht, so kann dies heute nicht mehr ganz unumstritten bleiben. Werden doch gerade die Innereien (übrigens auch beim Wild) durch die zunehmende Umweltverschmutzung immer häufiger verseucht.

In Hildegards Schriften „Über die Tiere" finden sich auch alle gängigen Fleischlieferanten unserer heutigen Zeit. Neben Rind, Schaf und Schwein werden u.a. Reh, Hirsch und Steinbock auf ihre Nütz- oder Unnützlichkeit hin betrachtet. Daneben spielen auch Vögel eine Rolle, für Hildegard sind sie ein Sinnbild der Kraft des Menschen. Weit weni-

ger als zu den Fischen äußert sie sich bei den Landtieren zu vorgegebenen Eigenschaften. Hier trifft sie lediglich zwei Unterscheidungskriterien. Einmal ist es die Gruppe der Tiere, die andere auffrißt und die sich von unrechten Kräutern ernährt und viele Junge zur Welt bringt (z.B. Wolf, Hund, Schwein etc.). Sie sind genauso ungeeignet wie nutzlose Kräuter. Zum anderen sind es die Tiere, die sich in den angesprochenen Punkten ähnlich wie der Mensch verhalten. Sie sind als Nahrung tauglich. Heilkräfte sind jedoch sowohl bei der einen wie anderen Gruppe zu finden.

Auch hier zwei kurze Beispiele. Das Fleisch des Schafes, so Hildegard, ist Gesunden wie Kranken gleichermaßen zuträglich. So soll zum Beispiel jemand, der „am ganzen Körper schwächlich ist", den Saft von Schaffleisch und die Brühe, in der es gekocht wurde, trinken. Auch soll er vom Fleisch essen. – Relativ wenig hält die Klosterfrau dagegen vom Fleischlieferanten Nummer eins, dem Schwein. Ähnlich wie in Ländern des Islam, gilt es auch bei ihr als „unrein", da es „in seiner Freßgier nicht darauf achtet, was es frißt und so auch oft unreines zu sich nimmt... Sein Fleisch ist nicht gesund und bekommt weder Kranken noch Gesunden, da es den Schleim und andere schädlichen Säfte im Körper nicht vermindert, sondern vermehrt." Lediglich wer schwach ist, darf „in Maßen" das Fleisch junger Schweine essen, aber nur so lange, bis es

ihm wieder besser geht. Dem Wildschwein schreibt sie die gleiche Natur zu, nur ist es sauberer als das Hausschwein. Wenn sich bis heute die Voraussetzungen auch geändert haben, die Schweine durch Zucht und Mast „reiner" geworden sind, so sind die Bedenken zum übermäßigen Genuß von Schweinefleisch, gerade für gewisse Risikogruppen, auch heute wieder vorhanden. – Überhaupt nimmt das Wild bei Hildegard einen höheren Stellenwert ein, als die Haustiere. Das gilt auch unter dem Aspekt der „Heilmittellieferanten".

Orientiert man sich nun an den Unterscheidungen und Betrachtungen Hildegards, so ergeben sich folgende Grundnahrungsmittel der „Hildegard-Küche":
Fisch: Wels, Lachs, Hecht, Forelle, Barsche, Rotauge, (Wal)
Fleisch: Rind, Lamm, Ziege, Hase, Hirsch, Reh, Gans, Wildente, Hahn, Rebhuhn, Wachtel

Diese Auswahl bedeutet natürlich nicht, daß man auf alles andere zu verzichten hätte. Vielmehr sind dies diejenigen Tiere, die bei Hildegard ausdrücklich als gute Nahrungsmittel beschrieben sind. Bei allen anderen sind keine Hinweise auf ihre ganz besondere Tauglichkeit als Nahrungsmittel zu finden. Was man auch ißt, speziell hier gilt die Forderung Hildegards nach dem „rechten Maß", das sich der Mensch aufzuerlegen hat. Unberücksichtigt ist auch die Bedeutung der anderen Tiere als Lieferanten von Heilmitteln.

Der Wein

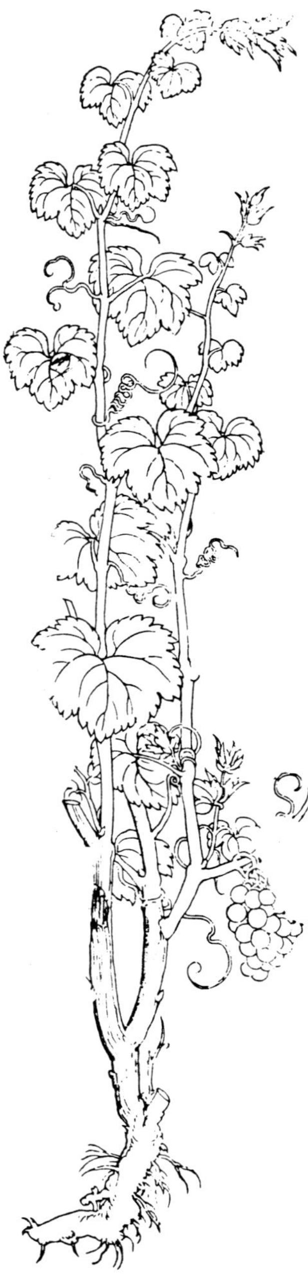

Ähnlich wie der Dinkel, wenn auch bei weitem nicht von dessen Bedeutung, nimmt die Weinrebe bei Hildegard einen besonderen Platz ein. Während für die Hildegardmedizin vor allem das Rebholz sehr wichtig ist, spielt in der Hildegard-Küche natürlich der aus der Traube gekelterte Wein eine wichtige Rolle. Neben seiner vorzüglichen Eignung zum Abschmecken und Anreichern von Soßen, ist er selbstverständlich auch ein geschätztes Getränk. – „Ein Wein von der Rebe, im Falle er rein ist, macht dem Menschen ein gutes und gesundes Blut. Ein trüber Wein dagegen macht das Blut schlecht..." Besonders erwähnt ist bei Hildegard der Frankenwein, er „ist stark und macht fast Stürme im Blut, deshalb soll der, der ihn trinkt, ihn mit Wasser mischen. – Ein Weinkenner würde da sicherlich die Hände über dem Kopf zusammenschlagen! Verdünnt muß dagegen der „Ungarwein" (Süßwein) nicht werden, „weil er von Natur aus wässrig ist" – Eine heute sicherlich nicht mehr ganz haltbare Behauptung. – Gerade beim Thema Wein sei nochmals auf das „rechte Maß" verwiesen.

Auf die herausragende Bedeutung der Kräuter in der „Hildegard-Küche" sei hier nicht näher eingegangen, diese finden sie in den Kommentaren zu den einzelnen Gerichten.

Wenig prots darunder oder mel hakch das durch einander und slach es zu samen und mach ein pratzn daraus bestrich es mit neglein gibs hin

Ein geprotn kalbs haubt

Schaid den underen chew von dem kalbs chopph darnach prich das hiern schal auf und see gutz gewurtz auf das hiern und geus haiß smaltz darin und prat in auf ainem rost das wirt ein gutz kalbs haupp

Von ein polch leb

Nim ein polchleb und hakch sie klain also grun und hakch darin ayer und waiß prot und gewurtz und wind das in ain netz und prat es

Von prachvogl

Nim prachvogl und wasch die schon schaym kaum vorhin und geus ein wein darauff oder essich wann sew der waibchnt so stoß sie dann in die vogl mit gewurtz und sie dann an dem spis

Von dem hecht

Schub hecht und haw sew zu stukchn hakch petersil salua pheffer ingwer chum saffran saltz wein oder essich mach ein tophvol mit taig und tue dar in den visch mit den condimeten mach es oben zu mit taig pach es in ein ofen als lang als ein woln prat und gib es hin also macht du machen dy vorhen den lachs den al und ander visch

Ein anders

Schieb ain hecht los aus die grat hakch in und stoß in in ainem morser tue darzue mel und honig und saltz mong es zu samen leg es in einen chopph do ein loch durch sey eins vinger weit drenk den visch durch das loch in ein schaf mit wallund öll und stell in

Die „Hildegard-Küche“ heute

ragt man nach dem Wesen der „Hildegard-Küche“, ergeben sich für nsere heutige Zeit zunächst einmal zwei Unterscheidungen: zum inen ist sie für jedermann relativ einfach zu praktizieren, das ist das einfache“ Element, zum anderen müssen wir teilweise mit ehernen üchenregeln und -Gepflogenheiten brechen, das ist das „schwierige“ lement. – Wie wir wissen, hat Hildegard kein Kochbuch geschrieben, ondern uns ihre Ernährungsratschläge in ihren naturkundlich-medizinichen Schriften hinterlassen. Und wenn wir nun die Erkenntnisse, die ich ganz konkret auf die richtige oder falsche Ernährung beziehen, zu inem Kochbuch für eine gesündere und bewußtere Ernährung zusamengestellt haben, so sind dies Ratschläge, die für Gesunde und Kranke leichermaßen gelten. Lediglich die Gewichtung einzelner Zutaten muß er Koch auf seine ganz persönlichen Umstände und Bedürfnisse abtimmen.

Neben der „Diskretio“, dem „rechten Maß“, gibt Hildegard eine große ahl sehr konkreter Anleitungen. Sie reichen von den Essensumständen is hin zu Aussagen über bestimmte Fisch-, Fleisch-, Gemüse- und räuterarten und ihrer Nützlichkeit oder Untauglichkeit. Wenn wir vieles us heutiger Sicht nicht so recht verstehen mögen, so sollten wir uns icht an Einzelbetrachtungen festbeißen und versuchen, sie wortwörtch, soweit dies bei einem sehr dialektgefärbten Latein heute überhaupt och möglich ist, in das Raketenzeitalter zu übertragen. Doch beginnen vir bei den allgemeinen Ratschlägen, die uns teilweise nur allzu ekannt sein dürften.

So können wir zum Beispiel in den Schriften „Causae et Curae“ (Von en Ursachen und Wirkungen) nachlesen, daß der Mensch nach dem ssen nicht sofort schlafen soll. Zumindest solange nicht, bis der Saft an ie Stellen gelangt ist, an die er hingehört (Kapitel „Vom Schlaf“). – Wer n der Nacht Durst verspürt, soll nicht zu schnell trinken, solange er noch chläfrig ist, weil er dadurch krank werden kann und sein Blut zu unrichigem Aufwallen erregen könnte. Hildegard bezieht diesen Durst auf den enuß von „warmen und trockenen Speisen“ (Kapitel „Über den nächtlihen Durst“). Heute, wie früher wahrscheinlich auch, kennen wir dieses Symptom“ auch nach übermäßigem Alkoholgenuß. Nur unter Berückichtigung der besonderen Bedeutung von Wein und Bier bei Hildegard önnen wir dann allerdings den Ratschlag verstehen, den Durst nach em Schlaf mit selbigen zu löschen, da Wasser unter diesen Umständen em Blut und den Säften mehr Schaden als Hilfe bringen würde. – So soll der Mensch auch niemals auf nüchternen Magen trinken, außer er is durch Schwäche dazu gezwungen. Und auch dann ist ihm ein Schluc Wein bekömmlicher als Wasser. Trinkt aber jemand ohne Grund nüch tern Wein, so macht ihn dies lüstern auf Speis' und Trank, trüb un dumm in seinen Gedanken (Kapitel „Vom Drei- und Viertagefieber"). Auch soll der Mensch, solange er noch nüchtern ist, zuerst eine Speis zu sich nehmen, die aus Früchten und Mehl zubereitet ist (Morgen suppe), weil „diese dem Menschen eine gesunde Stärke verleiht" Ebenso soll er zunächst eine warme Speise essen, damit sein Mage angewärmt wird (Kapitel „Vom Essen und der Nahrung"). – All dies Dinge sind uns vertraut, sind es doch alltägliche Ratschläge aus unsere Kindheit: „Iß nicht so heiß, trink nicht so hastig." – Auch die warm Suppe voraus ist also keine Erfindung unserer Tage, „altmodisch" scho gleich gar nicht. Bei den Beispielen zu Wein statt Wasser denke man nu an die durchaus gute Angewohnheit der Südländer, zum Essen imme einen Schluck Wein zu trinken. Abschreckend sollte da die Sitte de Amerikaner sein, jedes Essen mit einem selbstverständlichen Glas Eis wasser zu beginnen. Hildegard unterscheidet in ihren Empfehlunge auch die unterschiedlichen Jahreszeiten. Doch dazu lesen Sie bitt unser Kapitel „Gesund durchs Jahr" auf Seite 187 – In all ihren Ratschlä gen ist das diskrete Maß herauszuhören. So sagt Hildegard zum Beispie niemals „heiße Suppe", sondern „warme Suppe". Denn, so Hildegard, z allen Jahreszeiten hüte sich der Mensch davor, allzu heiße oder auc dampfende Speisen zu verzehren, da das Kochende und Dampfend seinen Bauch bläht.

Diesen allgemeinen Ratschlägen läßt Hildegard in ihren Schrifte „Vom inneren Wesen der verschiedenen Naturen der Geschöpfe", kur „Naturkunde", in den heute unter dem Oberbegriff „Physika" bekannte Kapiteln ganz konkrete Aussagen zu einzelnen Grundnahrungsmittel folgen.

So ist zum Beispiel in dem Kapitel „Über die Pflanzen" nachzulesen daß es einige Kräuter gibt, die die Verdauung fördern, den Mensche nicht beschweren, sondern erleichtern. Weiter wird gesagt, daß der Sa der Obstbäume (gemeint sind die Früchte) roh, also ungekocht, schäd lich ist, gekocht aber nützlich, da er dann „mit dem Blute des Mensche zu vergleichen ist". Generell darf gerade bei Obst gesagt werden, da alles roh genossene dem Menschen nach Hildegard nicht nützt, of sogar Schaden zufügt. Im Kapitel „Über den Birnbaum" wird beispiels weise ausgesagt, daß seine Frucht schwer und herb ist und reichlich roh genossen sogar Kopfschmerzen verursacht und die Brust „dämpfig macht. Eine positive Ausnahme bildet da der Apfel. Ihn empfiehlt si

sogar Gesunden und Kranken, roh genossen allerdings nur die schon etwas runzeligen Winteräpfel. Manch einer von uns mag verstehen, daß bei Hildegard Obst nicht gleich Obst ist, spätestens dann, wenn ihm die ein oder andere Sorte „nicht bekommt", vielleicht sogar Sodbrennen verursacht. Die Einzelcharakteristiken siehe u.a. in dem Buch „Ellen Breindl, Das Große Gesundheitsbuch der Heiligen Hildegard von Bingen".

In ihrem Kapitel „Über die Fische" unterscheidet Hildegard die Nützlichkeit der Arten nach ihren Gewohnheiten und bevorzugten Aufenthaltsorten. Demnach sind nur Fische als gute Nahrungsmittel zu empfehlen, die sich vornehmlich in den mittleren Tiefen klarer Gewässer aufhalten und dort ihre Nahrung suchen, zum Beispiel auch Kräuter an Klippen, die, würde sie der Mensch finden, all seine Krankheiten vertreiben könnten. Ihr Fleisch ist nach Hildegard kräftig und gesund. Unter diese Rubrik fallen zum Beispiel Forellen, Renken, Hecht, Barsche, Wels (Waller), Äsche und gebeizt auch der Hering. Ganz besonders hervorgehoben wird der Wal, dessen „Fleisch so kräftig ist, daß es alle schwachen und schlechten Kräfte im Körper bekämpft". Freilich ist der Wal in unseren Breiten als Nahrungsmittel unbekannt, trotzdem wissen wir z.B. von den Walfleisch verzehrenden Eskimos, daß sie eine Reihe von Krankheiten (Herzinfarkt, Bluthochdruck etc.) nicht kennen – der Wert des Lebertranes ist unbestritten. Auf der „Schwarzen Liste" steht neben Schleie, Flunder und Aal („unrein, genauso wie das Schweinefleich") auch der Karpfen. Gerade von den beiden letzteren ist ja bekannt, daß ihr Fleisch ausgesprochen fett ist und auch oft nur schlecht vertragen wird, selbst von Gesunden.

Als weitere Grundlage für die Zusammenstellung unserer „Hildegard-Küche" dient das Kapitel „Über die Tiere". Werden in diesem Abschnitt auch Tiere wie Löwe, Elefant, Bär etc. abgehandelt, so finden sich aber auch unsere heutigen Fleischlieferanten Schwein, Rind, Schaf und mancherlei Wild und Geflügel darunter. Prinzipiell trifft Hildegard zwei Unterscheidungen zur Nützlichkeit als Nahrungs- und Heilmittel. Demnach sind die Tiere unnütz oder gar schädlich zu essen, die andere Tiere auffressen, sich von unrechten Kräutern ernähren und viele Junge zur Welt bringen, wie Wolf, Hund oder Schwein. „Sie sind genauso wie unnütze Kräuter, als Speise ungeeignet und dem Menschen zuwider." – „Die Tiere aber, die sich in diesen Punkten wie die Menschen verhalten, sind als Nahrung tauglich. In diesen und jenen Tieren finden sich auch Heilkräfte."

Obwohl Hildegard in ihren Unterscheidungen völlig neue Wege geht, ist das ein oder andere nachvollziehbar. Mehren sich doch gerade heute

wieder die Stimmen, die vor übermäßigem Genuß von Schweinefleisch warnen. Galt es bei Hildegard als „unrein“, „weil es in seiner Freßgier nicht darauf achtet, was es frißt“, so haben sich zwar durch moderne Zucht- und Mastmethoden die Umstände geändert, nicht jedoch die Tatsache, daß Schweinefleisch zu den „ungesunden“ Nahrungsmitteln gehört, wird es in großen Mengen oder gar einseitig verwendet. Doch auch hier handelt es sich nicht um ein „Dogma“, nach Hildegard darf zum Beispiel der, der „schwach“ ist, „mäßig das Fleisch junger Schweine (Spanferkel) essen, bis es ihm wieder besser geht“.

In der Reihe der nützlichen Fleischlieferanten finden wir unter anderem das Rind, das Schaf, den Ziegenbock sowie Reh, Hirsch und verschiedene Wildvögel. Wenn Hildegard zum Beispiel den häufigen Genuß von Rindsleber empfiehlt, weil sie „kräftigt“, oder Wild ganz allgemein, so ist dies heute nicht ganz unumstritten. Wird doch häufig vor dem Verzehr von Innereien gewarnt, bei Haustieren wie auch Wildtieren, da ihre Reinheit nicht mehr unbedingt gewährleistet ist. Dazu beigetragen haben sicherlich auch neue Umweltbedingungen, sprich Umweltverschmutzung und -Vergiftung, die über die Nahrungsaufnahme der Tiere ihren Niederschlag in deren Fleisch und Innereien finden. Unabhängig davon werden gerade Gichtkranke und oft auch Herz-, Kreislauf- und Bluthochdruckleidende vor dem Verzehr von Wild und Innereien gewarnt. – Der goldene Mittelweg liegt jedoch auch hier sicherlich in der „Diskretio“, dem „rechten Maß“. – Sucht man bei Hildegard nach pauschalen Empfehlungen, finden wir zwei Hinweise zum Fleisch. Einmal soll es immer gut ausgeblutet sein, also nicht „englisch“, sondern höchstens „medium“ (rosa), zum anderen ist das Fleisch junger Tiere (Spanferkel, Lämmer, Zicklein etc.) zu bevorzugen.

Sei es bei Fisch oder Fleisch – nach unserem „Sündenbock“ Nummer Eins, einem Hinweis auf Fett und Fette, ihre Nützlichkeit oder Schädlichkeit, finden wir bei Hildegard nicht. Das liegt darin, daß das „Fettproblem“ für Hildegard keines war. Das Mittelalter kannte Fett als Schinkenspeck, Gebratenes oder Gebackenes lediglich zu Fest- und Feiertagen. Dennoch verzichtet auch die „Hildegardküche“ heute auf allzu fette Gerichte und Zubereitungsformen. Und wenn in unseren Rezeptvorschlägen immer wieder die Butter auftaucht, so hat das seinen Grund, denn wir erachten sie immer noch als das wertvollste „Fett“. An zweiter Stelle sei hier das Öl, am besten kaltgepresstes Olivenöl, zu nennen, gibt es ganz persönliche Umstände, die einen zwingen, auf Butter zu verzichten. – Zu meiden sind auf alle Fälle künstlich gehärtete Fette wie zum Beispiel Margarine (in Einzelfällen, wenn eine medizinische Indikation vorliegt, sind Diätmargarinen allerdings wichtig und angezeigt).

Bestimmte Risikogruppen wie Diabetiker und Hypertoniker ect. sind selbstverständlich angehalten, unsere Rezeptvorschläge im allgemeinen Teil ihren Erfordernissen anzupassen. Im zweiten Rezeptteil finden sie dann allerdings auf ihre Situation hin abgestimmte Vorschläge. Zum Fett allgemein läßt sich auch für den Gesunden festhalten: so wenig wie möglich und so viel wie nötig! – Denn die Gefahren des Fettes liegen nicht in der Natur des Fettes, sondern in übermäßigem Fettverbrauch.

Zur Butter lesen wir bei Hildegard im einzelnen, daß die von Kühen besser ist als die von Schafen und Ziegen. Und sie empfiehlt sie gesunden Menschen mit normalem Körpergewicht. Wer aber Übergewicht hat, soll nur mäßig Butter essen, damit er nicht noch dicker wird. – So hat also die Butter in der „Hildegard-Küche" einen festen Platz und spielt auch in der Krankenkost eine wichtige Rolle, allerdings in Maßen. Öl, das bei Hildegard nicht in großem Ansehen steht (Olivenöl), sollte also nur in den Fällen verwendet werden, wo es dringend vonnöten ist.

Zu Milch und Käse finden wir Aussagen, die sich mit der Natur der einzelnen Tiere, die sie „produzieren", in etwa decken. Menschen, die ein gesundes und starkes Fleisch haben, schadet es nicht, wenn sie harten und trockenen Käse (Emmentaler, Parmesan etc.) essen. Wer allerdings „weiches, fettes und feuchtes Fleisch" hat, „dem schadet es nicht, wenn er weichen und frischen Käse ißt". – So haben also Frischkäse (Quark, Topfen etc.) einen festen Platz (alle fetten Käse mit Mutterkümmel). Über den Genuß von Hartkäsen muß sich jeder selbst Rechenschaft ablegen und seinen Organismus auf die Verträglichkeit hin beobachten. – Über unser Hühner-Ei finden wir eine längere Abhandlung bei Hildegard. Das Fazit kann wohl heißen, daß der Genuß eines rohen Eis dem Menschen schadet, „weil es Fäulnis in ihm hervorruft". In der „Hildegard-Küche" finden also nur „verarbeitete" Eier Verwendung, zu Mehlspeisen, Backwaren und Dinkelbroten. Gekocht oder gebraten sind sie nur dem Gesunden zu empfehlen, und dann auch nur in Maßen. „Einem Kranken taugen aber weder weiche noch harte Eier."

Etwas schwieriger gestaltet sich die Unterscheidung im Bereich der Früchte. Vom Nutzen der Baumfrüchte und deren Unverträglichkeit haben wir schon gehört (Apfel-Birne). Doch wie verhält es sich nun mit den Hülsenfrüchten? Wie bei den Getreidearten wird auch hier unterschieden und differenziert. So hören wir zum Beispiel über die Erbse, daß sie „kalt und etwas schleimig" ist, die „Lunge dämpfig macht". Gut zu essen ist sie lediglich für Gesunde, für Kranke ist sie schädlich und hat keine Kräfte, um Krankheiten zu heilen. Weit nützlicher als die Erbse ist die Bohne, sie ist eine gute Speise für Gesunde. Auch Kranke können sie gut vertragen, „weil sie nicht soviel Flüssigkeit und Schleim verur-

Recocta.

sacht wie die Erbse". Als völlig wertlos sind dagegen die Linsen zu erachten, „sie füllen bloß den Bauch... und die kranken Säfte werden in Wallungen gebracht". Hülsenfrüchte haben in der „Hildegardküche" also nur einen geringen oder gar keinen Stellenwert, sieht man einmal von der Bohne ab. So manch einer von uns kann das sicherlich gut verstehen, hat er mit Hülsenfrüchten doch schon manch unangenehme Erfahrung gemacht.

Wie steht es um die weiteren „Beilagen", die Gemüse? Auch an den Stellen, wo sich Hildegard mit den Gemüsen befaßt, wird sehr genau differenziert. Einige sind unbestritten wertvoll, andere nur eingeschränkt, wieder andere total abzulehnen. Auf die einzelnen Unterschiede hier einzugehen, wäre zu ausführlich, dazu empfehlen wir die entsprechende Basisliteratur (siehe Literaturnachweis). Auf einen „Übeltäter" sei hier allerdings hingewiesen, den Lauch. Über ihn schreibt Hildegard: „Der Lauch hat eine schnelle und unbrauchbare Wärme... roh genossen ist er für den Menschen so schlecht wie ein unnützes und giftiges Kraut... für Kranke taugt er weder roh noch gekocht..." – Der Lauch sollte, ebenso wie der Chicoree übrigens, aus der „Hildegard-Küche" verbannt werden. – Zu empfehlen sind auf der anderen Seite Fenchel, Bohnengemüse (aus grünen Bohnen!) Sellerie und, aus den Hildegard noch unbekannten „Exoten", Kartoffeln, Spargel, Schwarzwurzel, Mangold, Auberginen und Artischoken. Einschränkend können Kohl- und Krautarten, Zwiebel, Rüben und Pilze genannt werden. – In unserem Rezeptteil haben wir uns auf Anregungen beschränkt, die nach Hildegard ohne „wenn und aber" empfohlen werden.

Gravierende Unterschiede finden wir auch in der Beurteilung von Grundzutaten, aus denen wir unsere Salate zubereiten. Auch hier sei ein „Übeltäter" gleich vorweg genannt: die Gurke. Über sie schreibt Hildegard, daß sie alles „Scharfe" der Menschensäfte „in Wallung" bringt und für Kranke nicht als Essen taugt. – Wer jedoch auf seine Gurke nicht verzichten kann, der esse sie niemals roh, sondern höchstens gebeizt oder als Gemüse gekocht.

Wir haben in unseren Rezeptvorschlägen die Gurke vernachlässigt, in der Krankenkost hat sie auf keinen Fall etwas zu suchen! – Als positiv sei zum Beispiel der Rettich erwähnt, ihn beschreibt die Heilige als „reinigend" und entwässernd (nicht als Krankenkost!). Zu empfehlen sind ferner der Grüne Salat, Rote Rüben-Salat sowie Feldsalat. Doch wie steht es um Tomate und Paprika? – Grundsätzlich sind Nachtschattengewächse nicht zu empfehlen, mit Ausnahme der Kartoffel. Der Unterschied liegt wohl darin, daß es sich bei Tomate und Paprika um Früchte handelt, bei der Kartoffel um unterirdische Knollen. Beiden Früchten sei

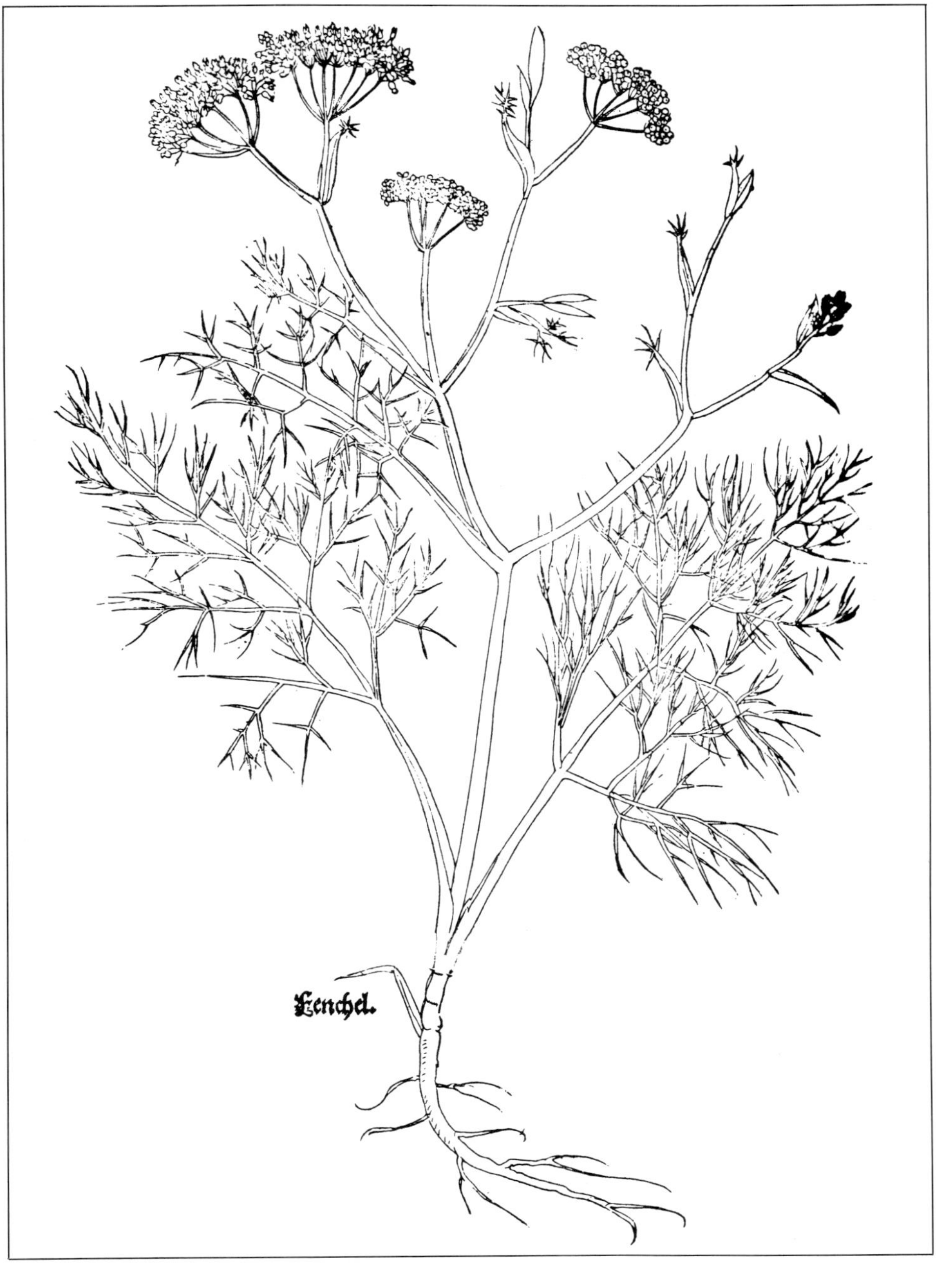
Fenchel.

innerhalb der „Hildegard-Küche" lediglich ein ergänzender Würzwert zugeschrieben.

Und weil wir gerade bei den Salaten sind, lassen Sie uns noch einen kurzen Blick auf die Marinaden werfen. Unter allen Mitteln zur Säuerung ist nach Hildegard der Weinessig das wertvollste. Je nach Bedarf und Zielsetzung sind jedoch auch selbstangesetzte Kräuteressenzen wie zum Beispiel Salbei-, Thymian- oder Estragonessig anzuraten. – Die Zitrone hat nach Hildegard vor allem gute Auswirkungen auf Fieber und darf ob des Vitamingehaltes auch zur Würze von Salaten empfohlen werden. Als drittes seien hier noch die Butter- und Sauermilch erwähnt, die die durchaus guten Eigenschaften des Rindes in sich tragen. Obwohl nicht gerade löblich hervorgehoben, sollten wir beim Salat nicht zwangsläufig auf einen Spritzer Öl verzichten. Am besten eignet sich kaltgepreßtes Öl, als gut und bekömmlich haben sich auch schon selbstangesetzte Kräuteröle erwiesen, so zum Beispiel mit Rosmarin, Salbei ect. Dem normalen Pfeffer ist der Kubebenpfeffer vorzuziehen. Von ihm sagt Hildegard, daß er den Verstand und Geist des Menschen klar macht. Über das Salz bleibt nur zu sagen, daß es die Menge ausmacht, die ein Ding zum Heilmittel oder Gift machen kann. Wie bei den Eßgewohnheiten und allen anderen Zutaten sei auf das „rechte Maß" verwiesen, das beim Salz eine ganz besondere Bedeutung hat. Also auf alle Fälle sparsam verwenden, im Zweifelsfalle lieber etwas weniger.

In unserer kleinen Betrachtung der „Hildegard-Speisen" sind wir bei den Desserts und Mehlspeisen angelangt. Über die Mehlspeisen müssen wir an dieser Stelle nicht viel Worte verlieren, hier gibt es nur eine herausragende Empfehlung, das ist der Dinkel – als Mehl, Schrot, Grieß oder Vollkorn. Was wiederum nicht heißt, daß an Mehlspeisen gevöllert werden darf. Denn für alle dürfte einleuchtend sein, daß zum Beispiel ein leichtes Mandelgebäck weniger „wiegt" als ein opulenter Christstollen (lesen Sie dazu auch unser gesondertes Kapitel über den Dinkel). Womit wir bei den Beeren-Früchten wären. Auch hier kann nach Hildegard nicht die Rede davon sein, daß pauschal alle Beeren gesund und nützlich seien. Als gut und nützlich erachtet Hildegard zum Beispiel Brombeeren, Kornelkirschen, Himbeeren, Äpfel und die Quitten. Wobei die Quitte eine herausragende Stellung einnimmt (wie Erfahrungen gezeigt haben, vor allem zur Behandlung von Rheuma und Gicht). Von vielen anderen Beeren und Früchten läßt sich heute die mittelalterliche Bezeichnung nicht mehr korrekt auf die Jetztzeit übertragen. So finden wir keinen Hinweis auf die Johannisbeere oder Stachelbeere. Hildegardforscher sehen die schwarze Johannisbeere jedoch bei Hildegard als „Gichtbaum" beschrieben und somit als „gut" an. Letzten Endes muß

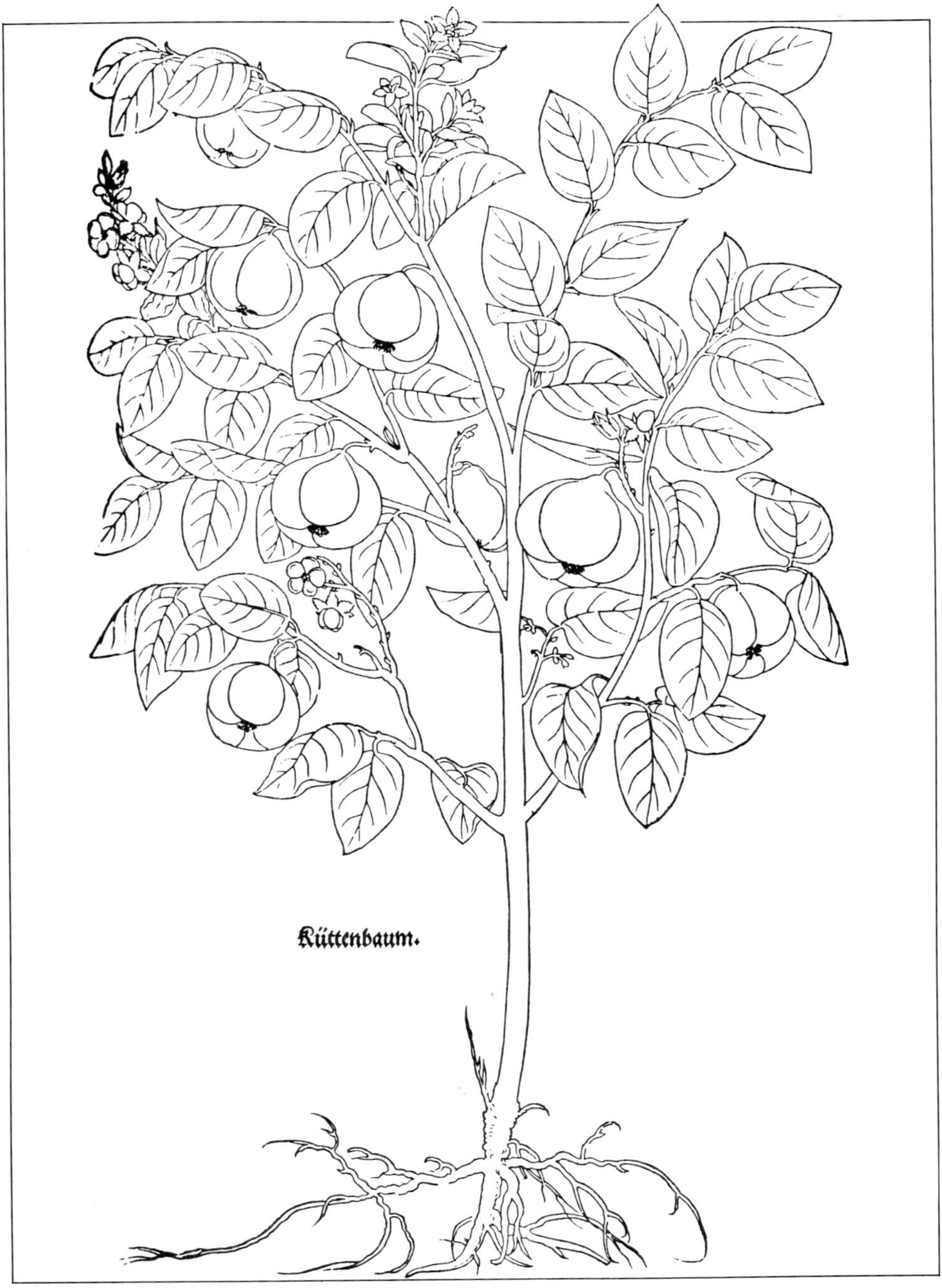
Küttenbaum.

bei diesen Unklarheiten in der Namensgebung und -deutung der eigene, gut beobachtete Körper entscheiden, was für ihn gut und was für ihn weniger gut ist. Eindeutig auf der „Schwarzen Liste" stehen Blaubeeren, Erdbeeren, Rhabarber, Pflaumen und Pfirsiche. Wer dennoch auf sie nicht verzichten möchte, esse sie nur eingelegt, gekocht, gebraten oder anderweitig „gemäßigt". In unseren Rezeptanregungen wurden sie gemäß Hildegard vernachlässigt.

Bleibt noch festzuhalten, daß es sich mit dem Zucker ähnlich verhält wie mit dem Salz. Nur in Maßen und wenn nötig. Wenn immer möglich, sollte man ihn durch Rohrzucker oder guten Honig ersetzen.

Orientieren wir uns an den Ratschlägen der Heiligen Hildegard, so können wir eines feststellen: gemeinsam haben sie mit „modernen Diäten" das „Was" und „Wieviel". Doch nur oberflächlich. Denn bei Hildegard wird nichts generell „verteufelt" – bloß in der Anwendung ergeben sich die Unterschiede, ob nützlich oder untauglich, ganz abhängig von der persönlichen Situation. Und wenn sie in ihrer Diskretio auch die Eigenverantwortlichkeit des Menschen für seinen Körper heraushebt, so heißt dies nichts anderes, als daß der Mensch auf seinen Körper hören muß, auf Aktionen reagieren muß. Und darin unterscheidet sie sich eben ganz wesentlich von allen „Gesundheitsaposteln", die das „Heil" entweder in der Rohkost, in der fettfreien Küche oder im vegetarischen Leben sehen. Um welche Diät es sich auch handelt, sobald eine Ausschließlichkeit verlangt wird und auch noch zur „Religion" erhoben wird, ist sie nach den Grundprinzipien der Heiligen Hildegard als unnütz, ja sogar schädlich anzusehen.

Der Dinkel

Der Dinkel

„Der Dinkel (die Spelze) ist die beste Körnerfrucht. Er ist fett, kräftig und milder als alle anderen Arten. Dem, der ihn ißt, bereitet er ein rechtes Fleisch und rechtes Blut und macht die Sinne des Menschen heiter und froh. Wie er auch immer zu sich genommen wird, er ist bekömmlich in jeder Zubereitung. – Wenn einer so krank ist, daß er nichts mehr zu sich nehmen kann, dann bereite man ihm eine Speise aus gekochten Dinkelkörnern, zusammen mit Ei, und es wird ihn innerlich heilen wie eine gute Salbe. Hildegard von Bingen, Naturkunde

Der Dinkel (spelta trita)

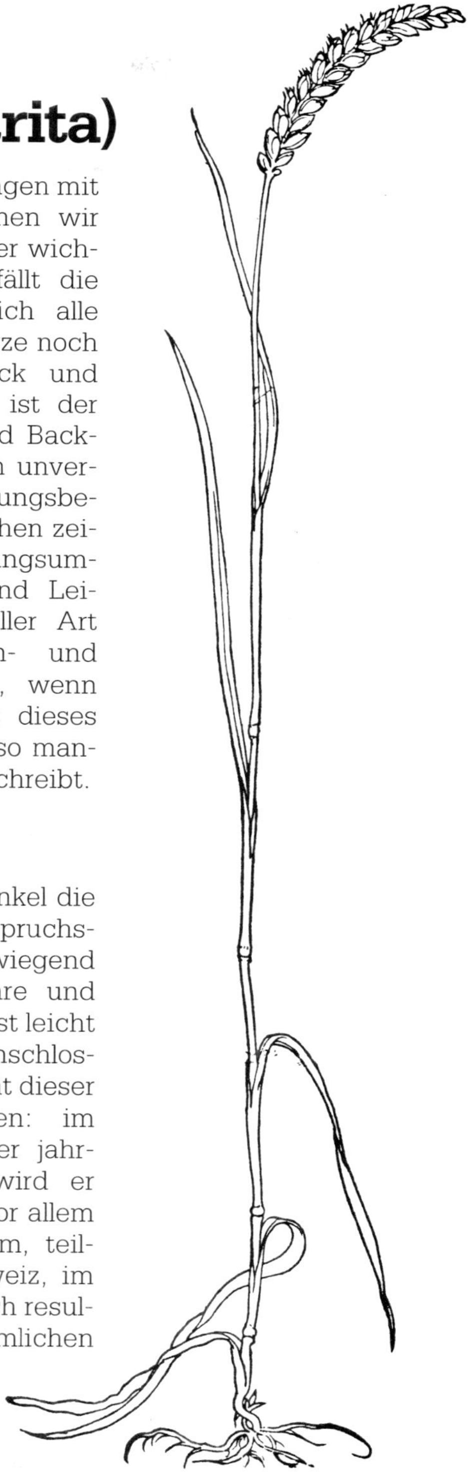

Legen wir den aktuellen Stand der Erfahrungen mit der „Hildegardküche" zugrunde, so können wir ohne Übertreibung sagen: Der Dinkel ist der wichtigste Bestandteil, mit ihm steht und fällt die gesamte „Hildegardküche". – Lassen sich alle anderen Grundzutaten, Kräuter und Gewürze noch mehr oder weniger je nach Geschmack und Beschwerden phantasievoll variieren, so ist der Dinkel bei gebundenen Suppen, Teig- und Backwaren aller Art sowie Klößen und Knödeln unverzichtbar. Unzählige Beispiele und Erfahrungsberichte von gesunden und leidenden Menschen zeigen und haben bewiesen, daß eine Ernährungsumstellung auf Dinkelkost Wohlbefinden und Leistungsfähigkeit steigern kann, Leiden aller Art (z.B. Stoffwechselerkrankungen, Magen- und Darmleiden, Bluthochdruck ect.) lindern, wenn nicht sogar heilen kann. – Dennoch ist dieses Getreide kein „Wunderkorn", obwohl ihm so mancher sogar krebshemmende Wirkungen zuschreibt.

Was ist eigentlich Dinkel?

Generell dürfen wir annehmen, daß der Dinkel die Urform des Weizens ist. Er ist eine sehr anspruchslose und winterharte Weizenart mit überwiegend unbegrannter, aber auch begrannter Ähre und leicht brüchiger Spindel. Die Körnerfrucht ist leicht scharfkantig, schmal und fest vom Spelz umschlossen. Oft auch Schwabenkorn genannt, verrät dieser Name sein hauptsächliches Vorkommen: im schwäbisch-allemannischen Raum. War er jahrhundertelang ein Volksnahrungsmittel, wird er heute nur noch sehr begrenzt angebaut, vor allem noch im schwäbisch-allemannischen Raum, teilweise im Voralpenland, auch in der Schweiz, im Benelux und in Amerika. – Daraus mag auch resultieren, daß er im Vergleich zu den herkömmlichen Getreidearten relativ teuer ist.

Der Dinkel in der Küche

Wie auch immer der Spelz in der Küche verwendet wird, als Mehl, Schrot, Grieß oder Grünkern (der grüne, unreife Dinkel), verarbeitet zu Weißbrot, Brötchen, Vollkornbrot, Zwieback, Kuchen oder Keksen – sein Gebrauch ist uneingeschränkt zu empfehlen. Was für die übrigen Getreidearten wie Weizen, Roggen, Gerste und Hafer nicht unbedingt gilt, gerade bei der Säuglings- und Krankenkost. Auch erleidet er keinen Kräfteverlust durch bestimmte Aufbereitungsformen wie Kochen oder Backen. Wenn wir jetzt den Dinkel auch noch für Frühjahrskuren oder Fastentage ganz allgemein empfehlen, so mag manch einer angesichts des „Dickmachers Mehl“ nicht so recht daran glauben. Dennoch – der Dinkel besitzt alle wichtigen Substanzen, die zum Erhalt und Aufbau unseres Organismus notwendig sind – und dick macht nicht das Mehl, sondern das Übermaß. So sei auch an dieser Stelle auf die „Diskretio“ der Heiligen Hildegard hingewiesen, auf das „rechte Maß“, das sich der Mensch für seinen Körper aufzuerlegen hat.
So muß es zum Beispiel nicht immer die Dinkelmehlsuppe in Verbindung mit Dinkelklößen zu einem Hauptgericht und Dinkelgrießschnitten zum Dessert sein, wobei so eine Kombination als „Sonntagsessen“ oder festliches Menü durchaus denkbar wäre. Generell können wir davon ausgehen, daß eine Dinkelmahlzeit pro Tag durchaus genügt, zum Beispiel eine Dinkelsuppe mit einer etwas kräftigeren Einlage als Hauptgericht oder ein Dinkelauflauf oder eine Dinkelmehlspeise oder, oder, oder..., den Variationsmöglichkeiten sind keine Grenzen gesetzt. So sind auch unsere Rezeptvorschläge lediglich Anregungen und Empfehlungen, Ihre ganz persönlichen Rezepte sind deshalb nicht überflüssig, Sie brauchen Getreidezutaten lediglich durch die entsprechende Dinkelform ersetzen. Zu beziehen sind heute Dinkelmehl, Dinkelschrot, Dinkelgrieß und das Dinkel-Ganzkorn.

Der Dinkel in der Krankenkost

Daß der Dinkel aus der Krankenkost innerhalb der „Hildegardmedizin" nicht mehr wegzudenken ist, wurde bereits gesagt. Dennoch läßt sich bis heute nicht eindeutig klären, was ihn so sehr wertvoll macht. Da helfen auch keine „klinischen Tests" weiter. Sicher ist nur, daß er eine nicht näher zu definierende „Kraft" hat, die ihn von den übrigen Getreidearten so wertvoll abhebt. Uns soll an dieser Stelle genügen, daß ihn Hildegard aus den anderen Arten bewußt herausgehoben hat – und, das Wissen um die beträchtlichen Heilerfolge, die durch eine Ernährungsumstellung auf Dinkel zu verzeichnen sind. Die Schwerpunkte seiner Kraft wirken sich vor allem in den Bereichen der Magen-, Darm-, Galle- Nieren- und Leberleiden stärkend und heilend aus, liegen im Umfeld der Stoffwechselerkrankungen ganz allgemein. Und wenn Hildegard sagt, daß er ein „rechtes Blut" bereitet, dürfen wir daraus schließen, daß sich der Dinkel auch positiv auf die Reinheit und Regenerationsfähigkeit des Blutes und der Haut auswirkt.
Nicht zu übersehen ist auch die „Leichtigkeit" mit der man sich und seinen Körper auf den Dinkel umstellen kann. Keine andere „Medizin" läßt sich so schmackhaft, „raffiniert" und abwechslungsreich zubereiten wie Gerichte deren Getreidesubstanz „Dinkel" heißt. Da kommen selbst Gourmets auf ihre Kosten.

Erfahrungen

Erfahrungen

Rezepte

Die Speisen – Rezeptvorschläge aus der »Hildegard-Küche«

Suppen

Suppen waren im Mittelalter das Volksnahrungsmittel schlechthin, wenn sie damals auch eher einem Brei ähnelten, hergestellt aus Wasser, Milch, Mehl und Grieß oder Reismehl. Oft waren auch Hülsenfrüchte die Grundlage. Sehr einfallsreich und kreativ zeigten sich dagegen dann unsere Großmütter im Umgang mit Brühen und Einlagen. Durchaus verständlich, war doch eine Mahlzeit ohne vorhergehende Suppe nahezu undenkbar. Heute hat sich das Bild weiter gewandelt, die Suppe wird oft als „Dickmacher" und „unnützer Magenfüller" weggelassen – oder, auf sehr raffinierte Art und Weise zubereitet, zu einer kleinen Delikatesse.
Wie auch immer, die Suppe sollte durchaus ihren festen Platz im persönlichen Speiseplan haben, wobei wir auch hier immer das „rechte Maß" im Auge behalten sollten. Also keine allzu fetten Suppen zu kräftigen Hauptgerichten und üppigen Desserts. Richten wir uns bei der Zubereitung und Auswahl der Zutaten nach Hildegard, ergeben sich drei Schwerpunkte: einmal die Suppen auf Dinkelbasis, zum anderen die wertvollen Einlagen – oder auch beides zusammen. So finden Sie bei den nachfolgenden Rezeptvorschlägen, bei denen der Dinkel die wesentliche Rolle spielt, jeweils einen Verweis auf ein gesondertes Kapitel, das wir dem Dinkel wegen seiner herausragenden Bedeutung gewidmet haben. An den Stellen, wo die Kräuter und Gemüse eine wichtige Rolle spielen, haben wir diese im Kommentar angesprochen. Eine dritte wesentliche Gruppe sind die „Basensuppen", die Gemüsebrühen, die den Säurehaushalt im Körper regulieren. Unsere Rezeptvorschläge sind jeweils auf der Basis von Butter und Dinkel aufgeführt. Selbstverständlich läßt sich die Butter jederzeit auch durch gutes Öl ersetzen.

Kerbelsuppe mit Eierstich

Zutaten:
2 Bund frischer Kerbel,
1 l Fleischbrühe,
⅛ l Sahne,
Eierstich: 2 Eier,
5 EL Milch, 1 Prise Muskatnuß, 1 TL Butter, Salz, Pfeffer

Zubereitung: Die Eier mit der Milch und den Gewürzen verquirlen. Die feuerfeste Form mit Butter einfetten, die Eiermasse einfüllen, mit einem Deckel verschließen und im heißen Wasserbad bei leichter Hitze ca. 20 Minuten stocken lassen (Wasser darf nicht kochen). Den Eierstich stürzen und in kleine Würfel schneiden. – Den Kerbel waschen, gut abtropfen lassen und grob hacken. Die Fleischbrühe aufkochen lassen, vom Herd nehmen, die Sahne und den Kerbel unterrühren und den Eierstich kurz vor dem Servieren dazugeben (je nach Bedarf).

Kommentar
Der Genuß von Kerbel ist nach Hildegard bei Milzschmerzen dienlich, die aus dem Genuß von Rohkost entstanden sind. Ebenso schreibt sie ihm eine Bedeutung bei „Eingeweidewunden" zu.

Bärlauchsuppe

Zutaten:
2 Handvoll frische Bärlauchblätter, (nur im Frühjahr, wilder Knoblauch),
1½ l Fleischbrühe,
2 EL Butter,
1 Tasse Dinkelmehl,
1 Zwiebel, Salz,
Schwarzer Pfeffer

Zubereitung: Die Bärlauchblätter in feine Streifen schneiden und in Butter zusammen mit der kleingehackten Zwiebel andünsten. Dinkelmehl dazustreuen (langsam!) und zu einer goldgelben Schwitze verarbeiten, nach und nach die Fleischbrühe angießen und etwa 15 Minuten bei schwacher Hitze vor sich hinköcheln lassen. Kurz vor dem Servieren mit Salz und schwarzem Pfeffer aus der Mühle würzen und abschmecken.

Kommentar
Über den Bärlauch sagt Hildegard, daß er gekocht gut ist für jene, die von Schüttelfrost, Fieber oder Gicht geplagt sind. Magenkranke sollen ihn nicht essen, da er „sowohl roh als auch gekocht dann Schmerzen bereitet".

Quendelsuppe

Zutaten:
2 Handvoll Quendel,
1 Tasse Dinkelschrot,
2 El Butter,
1½ l Fleischbrühe,
3–4 Blättchen Ysop,
3–4 Blättchen Liebstöckel,
2 EL süße Sahne,
1 Messerspitze Muskatpulver, Salz,
Schwarzer Pfeffer

Zubereitung: Den Quendel kleinhacken (getrocknet: ein Teelöffel), in Butter andünsten und langsam das Dinkelschrot dazurühren, zu einer goldgelben Schwitze verarbeiten, nach und nach die Fleischbrühe angießen. Etwa 15 Minuten bei kleiner Hitze köcheln lassen, zusammen mit den restlichen gehackten Kräutern und dem Muskatpulver. Kurz vor dem Servieren mit der Sahne verrühren und mit Salz und Pfeffer abschmecken.

Kommentar
Dieses Süpplein eignet sich vor allem gegen Hauterkrankungen (auch Akne) und Ausschläge, auch wurden schon gute Erfolge bei Psoriasis beobachtet, die zwar nicht geheilt, doch aber gebessert wurde. Bei Hildegard ist über den Quendel ausgesagt, daß er „warm und gemäßigt" ist. „Ein Mensch, der krankes Fleisch hat, so daß sein Körper wie Krätze ausblüht, der esse oft Quendel, und das Fleisch seines Körpers wird innerlich geheilt und gereinigt werden". Eine große Bedeutung kommt innerhalb der „Hildegardmedizin" auch dem Ysop zu, „gekocht ist er zu allen Speisen gut". Hildegard sagt, daß er den „kranken und schlechten Schaum der Säfte im Körper reinigt". Einige Forscher der Hildegardmedizin sprechen ihm auch krebshemmende Wirkung zu. – Zum Thema „Dinkel" siehe unser Kapitel auf Seite 57.

Spargelcremesuppe

Zubereitung: Den Spargel von oben nach unten dicker werdend schälen, in kleine Stücke schneiden und ca. zehn Minuten überbrühen. Die Butter in einem genügend großen Topf erhitzen, das Dinkelmehl dazurühren und zu einer goldgelben Schwitze verarbeiten – nach und nach die Milch und die Fleischbrühe angießen. Die Spargelstücke dazugeben und auf kleiner Hitze weichkochen. Die Spargelstücke herausnehmen und durch ein Sieb zurück in die Suppe passieren. Nochmals aufkochen lassen, kurz vor dem Servieren die Sahne unterrühren und die Suppe mit Schnittlauch bestreuen.

Zutaten:
500 g frischer Spargel, ¼ l Milch, ¼ l Fleischbrühe, 2 EL Butter, 1 Tasse Dinkelmehl, ¼ l süße Sahne, Salz, Pfeffer, Schnittlauch

Kommentar
Der Spargel, ob als Suppe oder als ganze Stangen gekocht gegessen, wirkt auf den Organismus entwässernd und entschlackend. So ist er auch hervorragend für Fastentage oder Frühjahrskuren geeignet, die Kalorien sind kaum der Rede wert. Zur Entwässerung des Körpers eignet sich aber auch der pure Spargelsud, den man leicht gewürzt trinkt – sehr gut bei Nierenbeschwerden. Zum Thema „Dinkel“ siehe das Kapitel auf Seite 57.

Brunnenkresse-Suppe

Zutaten:
½ l Fleischbrühe (entfettet),
½ l Milch,
2 Handvoll Brunnenkresse,
75 g Butter,
30 g Dinkelmehl,
½ TL Salz

Zubereitung: Die Brunnenkresse von den Stielen zupfen, die Kräutlein unter kaltem Wasser kurz abspülen und in der erhitzten Fleischbrühe zwei Minuten kochen lassen, auf ein Sieb schütten. Die Butter in einem Topf erhitzen, das Mehl dazurühren und zu einer hellgelben Schwitze verarbeiten, nach und nach die Fleischbrühe angießen, ebenso die Milch. Alles zusammen einmal kurz durchkochen. Die Kresse grob hacken und mit etwas Salz in die Suppe einrühren. Die Suppe zugedeckt bei milder Hitze 20 Minuten köcheln lassen, warm oder auch kalt (im Sommer) servieren.

Kommentar
Hildegard empfiehlt die Brunnenkresse speziell bei Gelbsucht und Fieberzuständen. Auch demjenigen, „der gegessene Speisen kaum verdauen kann", rät Hildegard zu Brunnenkresse, auch für sich alleine in der Pfanne gedünstet. Ausdrücklich sei an dieser Stelle auf die „Brunnenkresse" hingewiesen, da die „Gartenkresse" nach Hildegard keinen Nutzen hat, im Gegenteil, sogar die Milz angreift.

Selleriecremesuppe

Zubereitung: Die Sellerieknolle waschen, dünn abschälen und in feine Scheiben schneiden. Die Butter erhitzen, das Dinkelmehl einrühren und zu einer Schwitze verarbeiten, nach und nach die Fleischbrühe zugießen. Das Selleriegemüse dazugeben und etwa 35 Minuten garen. Die Selleriescheiben abseihen und durch ein Sieb in die Suppe zurückpassieren. Das Eigelb mit der Sahne verrühren und in die heiße – nicht mehr kochende Suppe! – kräftig einrühren. Mit Salz und Pfeffer abschmekken und vor dem Servieren mit den feingehackten Sellerieblättern bestreuen.

Zutaten:
1 große Sellerieknolle,
1½ l Fleischbrühe,
1 EL Butter,
½ Tasse Dinkelmehl,
1 Eigelb,
⅛ l süße Sahne,
Salz, Pfeffer,
etwas gehackte Sellerieblätter

Kommentar
Nach Hildegard verschafft der gekochte Sellerie dem Menschen „gesunde Säfte“. Als bestes Mittel gegen die Gicht erwähnt Hildegard ein Pulver aus Selleriesamen, Raute, Muskatnuß und Nelken. – Wie alle anderen Gemüse auch, soll der Sellerie niemals roh gegessen werden, da er dem Menschen so „üble Säfte bereitet“. –

Knoblauchsuppe

Zutaten:
½ l Fleischbrühe,
5–6 Zehen Knoblauch,
¼ l Weißwein,
¼ l süße Sahne,
2 Eigelb,
50 g Butter,
Petersilie (2–3 Stengel),
1 Zwiebel, Salz, Pfeffer

Zubereitung: Die Zwiebel und die Knoblauchzehen schälen, kleinhacken und in der Butter glasig dünsten, mit dem Weißwein ablöschen, pfeffern und weitere zehn Minuten leicht vor sich hinköcheln lassen. Die Fleischbrühe aufkochen lassen und mit der Sahne verquirlen, nach und nach in die Suppe unter kräftigem Rühren einschütten. Die Suppe weitere 5–8 Minuten köcheln lassen. Die restliche Sahne steif schlagen und zusammen mit dem Eigelb unter die – nicht kochende! – Suppe ziehen. Mit Salz und Pfeffer abschmecken und mit gehackter Petersilie kurz vor dem Servieren bestreuen.

Kommentar
„Der Knoblauch hat eine rechte Wärme und er wächst aus der Stärke des Taues . . . für Gesunde und Kranke ist er gleichermaßen besser zu essen, als der Lauch . . . er soll aber mäßig gegessen werden, da er sonst das Blut im Menschen übermäßig erwärmt . .“, steht bei Hildegard zu lesen. Die Naturmedizin heute schätzt ihn darüberhinaus als sehr gutes Mittel gegen Altersbeschwerden, vor allem Arterienverkalkung. – Die Petersilie (auch als Wickel) wird bei Fieber, Milz- und Seitenschmerzen sowie Magenbeschwerden empfohlen.

Minestrone mit Dinkelkörnern

Zubereitung: Das gesamte Gemüse putzen, waschen und in kleine Würfel schneiden, die Kräuter kleinhacken. In einem genügend großen Topf die Kräuter und den gehackten Knoblauch in Öl andünsten, das Gemüse hinzufügen und mit Wasser aufgießen. Die Garzeit beträgt bei leichtem Köcheln etwa 60 Minuten, das Gemüse darf jedoch ruhig noch etwas „knackig" sein. In einem separaten Topf die Dinkelkörner etwa 20 Minuten garkochen und quellen lassen. Kurz vor Ende der Garzeit der Gemüsesuppe die abgeseihten Dinkelkörner dazugeben. Kurz vor dem Servieren die heiße Suppe auf dem Teller mit geriebenem Parmesan überstreuen.

Kommentar

Dieser Rezeptvorschlag aus der italienischen Küche (die Gemüse können selbstverständlich jederzeit der Jahreszeit angepasst werden) vereint die Vorzüge der „Basensuppe" (siehe Seite 79) mit denen des Dinkel (siehe Kapitel „Dinkel" auf Seite 57). – Dazu kommen hier der Salbei und das Basilikum. Vom Salbei sagt Hildegard zum Beispiel, daß er roh oder gekocht für all diejenigen gut ist, die „von üblen Säften geplagt werden". – Zudem wirkt er gegen Verschleimung, Blähungen, übermäßige Schweißausbrüche und hat magenstärkende Eigenschaften, auch bei Verdauungsstörungen. – Das Basilikum gilt u.a. als fiebersenkend, appetitanregend und verdauungsfördernd.

Zutaten:
1 große Tasse Dinkelkörner,
3–4 Karotten,
150 g Bohnen,
3 Stangen Bleichsellerie,
1 Fenchelknolle,
1 große Tasse gehobelter Wirsing,
3 Kartoffeln,
2 Knoblauchzehen,
1 Bund Petersilie,
7–8 Blättchen Basilikum,
3–4 Blättchen Salbei, 2 EL Öl,
2 Liter Wasser,
ev. Parmesan zum Überstreuen

Kastaniensuppe

Zutaten:
500 g Eßkastanien (Maroni),
1½ l Fleischbrühe,
¼ l Weißwein
2 EL Butter,
1 Zwiebel,
1 Messerspitze Nelkenpulver, Salz, Zucker

Zubereitung: Die Kastanien schälen und in siedendem Wasser aufbrühen. Danach von ihrer Haut befreien und zusammen mit der gehackten Zwiebel in Butter andünsten, mit einem Viertel Weißwein aufgießen und weich köcheln lassen. Die Kastanien herausnehmen und durch ein Sieb passieren. Den Brei zusammen mit der restlichen Fleischbrühe zurückgießen und das Ganze nochmals unter kräftigem Rühren aufkochen lassen. Die Suppe läßt sich mit etwas Salz oder Zucker, je nach Geschmack, verfeinern. Kurz vor dem Servieren das Nelkenpulver unterrühren.

Kommentar
Die Eßkastanie empfiehlt die Heilige Hildegard vor allem bei Leber-, Magen- und Milzleiden: „Wer Schmerzen an der Leber erleidet, der zerdrücke oft die Kerne und lege sie so in Honig ein und esse oft davon, und seine Leber wird gesund werden. Wer aber Schmerzen an der Milz hat, brate diese Kerne ... und die Milz wird warm und gesund werden. Aber auch der, der Magenschmerzen hat, koche diese Kerne in Wasser und zerkleinere sie zu Brei ... und es wird seinen Magen reinigen und ihn kräftig machen."

Basensuppe (Gemüsebrühe)

Zutaten:
1½ l Wasser,
Gemüse der Jahreszeit (Karotten, Petersiliewurzel, Sellerie, Fenchelknolle, Kohlrabi etc.),
2 Handvoll Gartenkräuter (Petersilie, Liebstöckel, Basilikum etc.),
1 Zwiebel,
1 El Butter,
1 Zehe Knoblauch

Zubereitung: Die Gemüse (Menge und Zusammenstellung nach Belieben) kleinschneiden, zusammen mit der gehackten Zwiebel und dem Knoblauch in der Butter leicht andünsten, die Kräuter kleinhakken, dazugeben und alles zusammen mit etwa eineinhalb Liter Wasser angießen. Das Ganze bei leichter Hitze langsam vor sich hinköcheln und garen lassen (Garzeit ca. 20 Minuten).

Kommentar
Basensuppen, oder einfacher gesagt Gemüsebrühen, wirken einer Übersäuerung des Blutes entgegen – eine der Hauptursachen für Krankheiten im Stoffwechselbereich. Denn eine Übersäuerung bewirkt Verschlackung und diese wiederum führt zu Vergiftungen des Stoffwechsels. Zwar wußte Hildegard nicht um die Notwendigkeit von „Säure-" und „Basen-" Ausgeglichenheit im Körper, dennoch spielen die Basensuppen heute auch innerhalb der „Hildegard-Küche" eine wichtige Rolle. – Warum? – Der Körper benötigt durch die Nahrung sowohl Basen wie auch Säuren, denn nur dadurch können die Nahrung richtig verdaut und die Abbaustoffe vollständig ausgeschieden werden. Durch oft falsche Ernährung führen wir jedoch dem Organismus zuviel Säuren zu, z.B. durch übermäßigen oder einseitigen Genuß von Fleisch, Fetten, Hülsenfrüchten, Erdnüssen etc. Basische Lebensmittel sind dagegen Milch, Kartoffel, Kräuter, Gemüse und Salate, Obst und auch Eigelb. – So sind die Gemüsesuppen vor allem bei Stoffwechselstörungen und -erkrankungen nützlich, so zum Beispiel auch bei Gicht und Rheuma.

Sauerampfersuppe

Zutaten:
2 Handvoll frische Sauerampferblätter,
1 Tasse Dinkelmehl,
2 EL Butter,
1 Zwiebel,
1½ l Fleischbrühe,
⅛ l süße Sahne,
1 Eigelb,
1 Messerspitze Muskatpulver, Salz, Pfeffer

Zubereitung: Die frischen Sauerampferblättchen kleinhacken und zusammen mit der gehackten Zwiebel in Butter andünsten. Langsam das Dinkelmehl dazurühren und zu einer goldgelben Schwitze verarbeiten, nach und nach Fleischbrühe angießen und etwa 15 Minuten auf kleiner Hitze vor sich hin köcheln lassen. Kurz vor dem Servieren mit etwas Muskatpulver, Salz und Pfeffer abschmecken und das Eigelb unterziehen.

Kommentar
Zwar ist der Sauerampfer bei Hildegard nicht ausdrücklich erwähnt, so soll er an dieser Stelle dennoch nicht vernachlässigt werden, da er allgemein als sehr gesund und bekömmlich eingestuft werden kann. Verzichten sollten auf diese Suppe lediglich Menschen, die an Übersäuerung des Magens leiden (siehe auch „Basensuppen").

Russische Borschtsch-Suppe

Zutaten:
500 g mageres Rindfleisch,
3–4 Rote Rüben (Rote Beete),
2 Tassen gehobelter Weißkohl,
2 gehackte Zwiebeln,
3 Karotten,
3–4 Kartoffeln,
1 Knoblauchzehe,
1 Bund Petersilie,
¼ l sauere Sahne,
Salz, Schwarzer Pfeffer

Zubereitung: Etwa eineinhalb Liter Wasser mit Salz, ein paar Pfefferkörnern und der Knoblauchzehe zum Kochen bringen, das Rindfleisch kleinwürfeln, dazugeben und etwa eine halbe Stunde kochen lassen. Zwiebel, in Scheiben geschnittene Karotten, den gehobelten Weißkohl und die in Würfel geschnittenen Roten Rüben und Kartoffeln etwas in Butter andünsten und in die Fleischbrühe geben. Alles zusammen bei mittlerer Hitze garkochen. Die Suppe mit Salz, Pfeffer, eventuell auch etwas Weinessig, abschmecken, die gehackte Petersilie darüberstreuen und kurz vor dem Servieren mit der Sahne übergießen.

Kommentar
Auch die Borschtsch-Suppe fällt unter die Rubrik der „Basensuppen" (Siehe Kommentar „Basensuppe" auf Seite 79).

Lammfleischsuppe gebunden mit Dinkelschrot

Zutaten:
500 g mageres Lammfleisch,
500 g Röhrenknochen vom Lamm,
1 Tasse Dinkelschrot,
1 Bund Petersilie,
1 Zwiebel, Salz,
Schwarzer Pfeffer,
1 Bund Suppengrün,
1 EL Butter

Zubereitung: Das Lammfleisch zusammen mit den Knochen und dem Suppengrün in etwa eineinhalb Liter Wasser kochen (Garzeit etwa 1–1½ Stunden, je nach Fleischqualität). Das Fleisch herausnehmen und beiseite stellen. In einem zweiten Topf die kleingehackte Zwiebel andünsten, mit der Fleischbrühe angießen und aufkochen lassen. Dinkelschrot langsam einrühren und nochmals rund zehn Minuten vor sich hinköcheln lassen, die gehackte Petersilie darüberstreuen, mit Salz und Pfeffer abschmecken und heiß servieren. Sehr gut ist auch, wenn man das Dinkelschrot vorher zusammen mit der Butter anröstet und anschließend ablöscht. Dazu das gewürfelte Lammfleisch.

Kommentar
Das Lamm gehört unter den heute noch üblichen Fleischlieferanten zu den geachtetsten bei Hildegard. „Sein Fleisch ist Gesunden und Kranken zuträglich, und wer am ganzen Körper schwächlich ist, der soll oft Saft vom Lammfleisch und die Brühe trinken, in der es gekocht wurde, und auch ein wenig Fleisch essen." – Lamm ist ein bekömmliches und leicht verdauliches Fleisch, die Brühe stärkt den Magen. Der Schwarze Pfeffer hat übrigens eine lösende Kraft auf die Gärstoffe im Fleisch ganz allgemein. Bekömmlich ist die Suppe auch bei Nierenbeschwerden.

Dinkelgrießnockerlsuppe

Zutaten:
1½ l Fleischbrühe,
100 g Dinkelgrieß,
1 El Butter, 1 Ei,
je 1 Messerspitze
Muskatnußpulver,
Salz, Schnittlauch,
Petersilie

Zubereitung: Die Butter schaumig rühren, Eigelb und Dinkelgrieß dazugeben und das Ganze zusammen mit dem Muskatnußpulver und dem Salz zu einem Teig verarbeiten. Zwischen einer halben und einer Stunde quellen lassen. – Die Fleischbrühe zum Kochen bringen, mit einem Teelöffel aus dem Teig kleine „Nockerl" herausstechen und in die Fleischbrühe einlegen. Jetzt nur noch für rund 20 Minuten leicht ziehen lassen, nicht mehr kochen, und kurz vor dem Servieren mit der Petersilie und dem Schnittlauch garnieren.

Dinkelbrotsuppe

Zutaten:
ca. 250 g alte
Brotreste (Dinkel),
1½ l Fleischbrühe,
1 Zwiebel, 1 Bund
Suppengemüse
(ohne Lauch),
1 EL Butter,
⅛ l saure Sahne,
1 Bund Petersilie,
Schnittlauch

Zubereitung: Die trockenen Brotreste über Nacht in der Brühe einweichen, am nächsten Morgen das Brot vollends weichkochen und durch ein Sieb passieren. Die gehackten Kräuter zusammen mit dem kleingeschnittenen Suppengemüse und der Zwiebel in Butter andünsten und mit der Brotbrühe angießen. Nochmals kurz aufkochen lassen. Vor dem Servieren die saure Sahne einrühren und mit Schnittlauch bestreuen. In Bayern wird als Einlage oft auch eine Scheibe Milzwurst verwendet (in der Krankenkost ohne Schnittlauch, besonders bei Durchfallerkrankungen!).

Klare Fleischbrühe mit ganzen Dinkelkörnern

Zubereitung: Etwa eineinhalb Liter Wasser zum Kochen bringen, das Suppengrün, die Karotten und die grob geviertelte Zwiebel zusammen mit den Knochen und dem Fleisch einlegen (Mitgekochte Zwiebelschale gibt der Suppe eine schöne goldene Färbung). Aufkochen lassen und mehrmals abschäumen. Zirka 2–3 Stunden kochen lassen, je nach Qualität des Fleisches. – In einem zweiten Topf zwei Tassen Dinkelkörner etwa 20 Minuten kochen, abseihen und zur Seite stellen. Das Fleisch aus der Suppe nehmen, die Gemüse abseihen und durch ein Sieb in die kochende Brühe zurückpassieren, die Dinkelkörner zufügen und nochmals kurz aufkochen lassen. Mit Salz und Pfeffer aus der Mühle abschmecken. – Das Suppenfleisch eignet sich dann hervorragend zu einem Hauptgericht, z. B. „Rindfleisch in Grüner Soße".

Zutaten:
500 g mageres Suppenfleisch vom Rind,
500 g Kalbsknochen mit Knorpeln,
2 Tassen Dinkelkörner,
1 große Zwiebel,
1 Bund Suppengrün (ohne Lauch!) (Petersilie, Sellerie, Liebstöckel),
2 Karotten, Salz,
Schwarzer Pfeffer

Dinkelmehlsuppe mit Kräutern

Zutaten:
1½ l Fleischbrühe,
1 Tasse Dinkelmehl,
1 EL Butter,
1 Zwiebel, je ein Stengel Petersilie, Basilikum oder Thymian,
1 EL süße Sahne,
Salz, Pfeffer

Zubereitung: Die Zwiebel kleinhacken und in einem genügend großen Topf hellbraun anbraten, das Dinkelmehl einstreuen und unter ständigem Rühren zu einer goldgelben Mehlschwitze verarbeiten. Mit der Fleischbrühe ablöschen und nach und nach angießen, rund zehn Minuten kochen lassen. Die gehackten Kräuter dazugeben, etwas salzen und pfeffern und die Suppe mit einem Eßlöffel süßer Sahne abschmecken, heiß servieren.

Dinkelschrotsuppe mit Gemüse

Zutaten:
1½ l Fleischbrühe,
1 Tasse Dinkelschrot,
1 EL Butter,
1 Zwiebel,
2 Karotten,
2 Kohlrabi,
1 Tasse gehobeltes Weißkraut,
2 Handvoll frische Gartenkräuter (Petersilie, Basilikum, Liebstöckel etc.),
Salz, Pfeffer

Zubereitung: Die kleingehackte Zwiebel in der Butter andünsten, die Karotten und Kohlrabi in Scheiben schneiden und zusammen mit dem Weißkraut dazugeben, kurz mitdünsten und mit Fleischbrühe angießen. Etwa 20 Minuten kochen lassen. Dinkelschrot einrühren und nochmals etwa zehn Minuten leicht vor sich hinköcheln lassen, die gehackten Kräuter zufügen. Kurz vor dem Servieren mit Salz und Schwarzem Pfeffer abschmecken. Die kräftige Gemüsesuppe eignet sich mit einem Dessert auch als vollwertige Mahlzeit.

Kommentar
siehe Kapitel „Dinkel"

Dinkelmehlsuppe „gebrannt" (Durchfallsuppe)

Zubereitung: Die Butter in der Pfanne erhitzen, das Dinkelmehl einstreuen und unter ständigem Rühren hellbraun zu einer Mehlschwitze verarbeiten. Mit der Fleischbrühe ablöschen und nach und nach angießen. Die Kräuter kleinhacken und dazugeben, ebenso die gemahlenen Lorbeerfrüchte. Das Ganze ungefähr 20 Minuten bei leichter Hitze köcheln lassen und zum Schluß mit wenig Salz und etwas Pfeffer abschmecken.

Zutaten:
1½ l Fleischbrühe,
1 Tasse Dinkelmehl,
2 Stengel Petersilie,
1 Handvoll Majoran,
2–3 Messerspitzen gemahlene Lorbeerfrüchte,
1 EL Butter, Salz, Pfeffer

Kommentar

siehe das Kapitel „Dinkel" auf Seite 57
Diese Suppe sei besonders bei Durchfallerkrankungen empfohlen. Bei Erwachsenen und Kindern leistet sie gute Dienste, Säuglingen soll sie gewürzt nicht gegeben werden.

Dinkelgrießsuppe mit Kräutern

Zubereitung: Die kleingehackte Zwiebel in der Butter andünsten, die gehackten Kräuter zugeben und mit Fleischbrühe aufgießen. Die Brühe zum Kochen bringen und den Grieß langsam einstreuen; das Ganze gut durchkochen lassen. Zum Verfeinern kann kurz vor dem Servieren auch noch ein Ei untergeschlagen werden. Mit Salz und etwas Schwarzem Pfeffer abschmecken.

Zutaten:
1½ l Fleischbrühe,
1 Tasse Dinkelgrieß,
1 Zwiebel,
2 Stengel Petersilie,
1 Handvoll Pimpinelle (Frischkraut),
1 Prise Salz,
Schwarzer Pfeffer,
1 EL Butter

Kommentar

siehe Kapitel „Dinkel"

Eigene Rezepte

Erfahrungen

Fleisch

Vom Festtagsbraten im Mittelalter zum Alltagsgericht der Jetztzeit; man könnte auch sagen: von der Luxusspeise zur Selbstverständlichkeit – das Fleisch ist heute vom Küchenzettel nicht mehr wegzudenken. Möglicherweise liegt auch darin eine der Ursachen für die zunehmenden „Zivilisationskrankheiten". Daß übermäßiger Fleischgenuß z. B. auch zu Gicht führt, darüber ist man sich schon seit langem im Klaren. Und obwohl zu Hildegards Zeiten der Braten keineswegs selbstverständlich war, hat sie sich in ihren Schriften „Über die Tiere" auch mit deren Verwendbarkeit als Nahrungsmittel beschäftigt. – So gilt zum Beispiel das Schwein, das wir mehr als alle anderen Tiere „zum Fressen gern haben", bei Hildegard als „unrein", weil es „in seiner Freßgier nicht darauf achtet, was es frißt". Es vermindert die schädlichen Stoffe im Menschen nicht, sondern vermehrt sie, so Hildegard weiter. – Da sich die Natur des Schweinefleisches jedoch auch geändert hat, haben wir es nicht ganz vernachlässigt, empfehlen es aber nur in Maßen und gesunden Menschen. Nicht berücksichtigen konnten wir dagegen Speisen vom Bären oder Vogel Strauß, deren Fleisch bei Hildegard in hohem Ansehen steht, da beide heute als Nahrungsmittellieferanten kaum mehr in Frage kommen. So haben wir uns auf Rezeptvorschläge beschränkt, die auf der Basis von Rind (Kalb) und Schaffleisch zubereitet werden. Beide sind als „rein" und „nützlich" besonders erwähnt. Dazu ein Rezept für einen Ziegenbraten, denn gerade die Ziege wird als sehr nützlich herausgestellt.

Fleisch

Sei es nun Lammkeule im Kräutermantel oder Kalbsmedaillon mit Salbei – nach Hildegard sind Fleischgerichte von Rind und Lamm gesünder als zum Beispiel Schweinefleisch

Hammelragout „orientalisch“

Zutaten:
1½ Pfund mageres Hammelfleisch,
je ein ½ TL Schwarzer Pfeffer, Zimt, Nelken (gemahlen)
Mutterkümmel, (Safran),
2 Lorbeerblätter,
1 Messerspitze Muskatnuß,
2 Zwiebeln,
50 Gramm Sultaninen,
1–2 EL Honig,
3 EL Öl

Beilagen:
Dinkelrisotto

Zubereitung: Das Hammelfleisch wird in Würfel geschnitten, mit den Gewürzen eingerieben und etwa zwei Stunden gebeizt. In einem genügend großen Topf das Hammelfleisch dann von allen Seiten zusammen mit den Zwiebeln scharf anbraten und mit Wasser oder Brühe angießen. Das ganze soll rund zwei Stunden bei mittlerer Hitze vor sich hinköcheln (eventuell weiter Brühe angießen). Kurz vor dem Servieren das Ragout mit Honig und Salz abschmecken. Sehr warm servieren!

Kommentar
Vom Lamm (auch Widder oder Hammel) wissen wir durch Hildegard, daß es Gesunden und Kranken gleichermaßen bekömmlich ist. Besonders dem, der „am ganzen Körper schwächlich ist“... – Von den angeführten Gewürzen wollen wir uns die wesentlichen herauspicken. Vom Zimt wird zum Beispiel gesagt, daß er die „üblen Säfte“ mindert und „gute Säfte“ bereitet. Heilwirkung wird ihm auch bei Verdrossenheit und Trübsinnigkeit nachgesagt. – Die Gewürznelke lobt Hildegard gegen Kopfschmerzen und Wassersucht. – Und alle drei zusammen, Zimt, Nelken und Muskatnuß, empfiehlt Hildegard ganz besonders: „es dämpft die Bitterkeit des Herzens und der Sinne und es macht einen fröhlichen Geist, reinigt die Sinne und mindert alle schlechten Säfte. Dem Blut verleiht es einen guten Saft und macht es somit stark“.

Lammkeule im Kräutermantel

Zubereitung: Sorgfältig die Lammkeule von ihren überflüssigen Fetteilen und Häuten befreien. Die Knoblauchzehen feinhacken und mit etwas Salz auf einem Brettchen zerdrücken. Den Knoblauch und die Kräuter mit etwas Öl verrühren und eine streichfähige Marinade herstellen. Die Lammkeule mit der Hälfte bestreichen, etwas einmassieren und 1–2 Stunden ziehen lassen. Erst jetzt wird auch die übrige Marinade aufgestrichen. Die Keule in einer Bratreine von allen Seiten gut anbraten, das Suppengemüse dazugeben und mit der Hälfte des Weißweines und etwas Wasser ablöschen. Nach etwa 1–1½ Stunden den Fond mit dem restlichen Weißwein abschmecken und mit einem Eßlöffel Dinkelmehl binden.

Kommentar
Das Lammfleisch ist nach Hildegard sowohl gesunden wie auch kranken Menschen gut bekömmlich und kräftigend. Dem Knoblauch schreibt sie „die rechte Wärme" zu, da er „aus der Stärke des Taues wächst". Unabhängig davon, daß er u. a. zu Lamm sehr gut paßt, wirkt er gesundheitsfördernd, beugt zum Beispiel Arterienverkalkung vor und hilft bei einer ganzen Reihe von Magen- und Darmbeschwerden. Als wohltuend für den Magen erweist sich auch der Thymian, der darüber hinaus anregend auf die Galle wirkt. Die Petersilie lindert, so Hildegard, die „hitzigen Fieber" und hilft als „Petersilienwein" auch gegen Herz-, Milz- und Seitenschmerzen. – Der Rosmarin galt schon zu Zeiten der Antike als umfassendes Heilmittel, vor allem in den Mittelmeerländern, später, im Mittelalter, dann auch in Mitteleuropa.

Zutaten:
¼ l Weißwein,
1 Lammkeule
(ca. 2–2½ Kilo),
1 Bund frische
Petersilie (gehackt),
1 Stengel Thymian
(1 EL getrocknet),
10–15 Rosmarinnadeln,
2 Knoblauchzehen,
1 EL Salz,
1 EL Schwarzer
Pfeffer, 1 Bund
Suppengemüse

Beilagen:
Selleriegemüse
(siehe Seite 165)

Roastbeef mit Kräuterkruste

Zutaten:
1 Kilo gut abgehangenes Roastbeef,
3–4 Eßlöffel Öl, Salz, Schwarzer Pfeffer (grob),
Kräuterkruste:
1 Handvoll gehackter Frischkräuter, (Liebstöckel, Petersilie, Melisse, Minze), 1 kleiner Stengel Thymian,
2–3 Blättchen Majoran, gehackt,
2–3 Rosmarinnadeln,
2 Knoblauchzehen

Beilagen:
Blattspinat und ganze Dinkelkörner

Zubereitung: Das Roastbeef gut mit Olivenöl einreiben, mit Salz und Pfeffer würzen und etwa 2 Stunden durchziehen lassen. Für die Kräuterkruste die Knoblauchzehen kleinhacken und mit den Kräutern und einem Spritzer Öl vermischen. Das Fleisch auf den Bratrost legen und mit der Kräutermischung überziehen. Den Bratrost in den auf 250 Grad (Gas: Stufe 3) vorgeheizten Backofen schieben, eine Fettpfanne darunter stellen und eine runde halbe Stunde rosa braten.

Kommentar

Das Rind gilt bei Hildegard als „rein" und ist somit auch als Nahrungsmittel für gesunde und kranke Menschen geeignet. Der Liebstöckel, im Volksmund auch oft „Maggikraut" genannt, soll nach Hildegard möglichst nicht alleine gegessen werden, sondern immer in Verbindung mit anderen Gewürzen. In der Heilkunde findet er vor allem bei Blasen- und Nierenleiden, Verdauungsbeschwerden und Husten Verwendung. Zudem wirkt er harntreibend, schleimlösend und auswurffördernd. In der Küche ist er außerdem wegen seiner starken Würzkraft sehr beliebt. Die frischen Blätter der Melisse sind nicht nur ein ausgezeichnetes Gewürz, sondern wirken auch krampflösend, magen- und nervenstärkend, leber- und gallenanregend. Letzteres gilt auch für den Thymian, der aber auch gut für den Magen ist. Herausgehoben darf hier auch der Knoblauch werden, dem eine ganze Reihe guter Eigenschaften zugeschrieben werden, u.a. bei Altersleiden und gegen Arterienverkalkung.

Grillades

Ziegenbraten mit Ysop und Mutterkümmel

Zutaten:
1 Ziegenkeule (oder Rücken),
5–6 Blättchen Ysop,
2 Messerspitzen Mutterkümmel,
2 Handvoll Bachbunge,
1 EL Salz,
1 EL Schwarzer Pfeffer (grob),
1 Bund Suppengemüse,
¼ l Weißwein

Beilagen:
Dinkelnudeln

Zubereitung: Die Ziegenkeule (oder auch Rücken) von ihren überflüssigen Fetteilen und Häutchen befreien, salzen, pfeffern und mit dem Mutterkümmel einreiben. Das Fleisch nun von allen Seiten gut anbraten, das Suppengemüse (Möhren, Sellerie, Liebstöckel etc.) beigeben und mit etwas Wasser oder Brühe und einem ⅛ Weißwein angießen. Die Hälfte der Ysop- und Bachbunge-Blättchen in die Bratbrühe, die andere Hälfte auf dem Braten verteilen. Nach etwa 1–1½ Stunden (250 Grad, Gas Stufe 3) den Fond mit dem restlichen Weißwein abschmecken und eventuell mit einem Eßlöffel Dinkelmehl binden.

Kommentar
Über nur ganz wenige Tiere oder Pflanzen äußert sich die Heilige Hildegard so positiv wie zum Beispiel über die Ziege und den Ysop. So ist das Fleisch der Ziege sowohl für gesunde wie auch kranke Menschen gut und „sein häufiger Genuß heilt die Eingeweide und kräftigt den Magen". Zudem empfiehlt sie Ziegenmilch ganz besonders bei Lungenleiden und Hauterkrankungen (auch „Spruh-Kinder"). Den Vorzug gibt sie auch hier den jungen männlichen Tieren. – „Der Ysop ist von so großer Kraft, daß sogar der Stein ihm nicht widerstehen kann, der dort liegt, wo der Ysop hingesät wurde." Weiter ist bei ihr zu lesen, daß er „den kranken Schaum der Säfte aufwallen läßt und für alle Speisen nützlich ist." Auch wer an Husten, Leberschmerzen und der Lunge leidet, soll Ysop essen, und es wird ihm besser gehen. Es gibt Forscher der Hildegardmedizin, die dem Ysop wegen seiner reinigenden Stärke sogar anticancerogene, also krebshemmende Wirkung zuschreiben. – Über den Kümmel sagt Hildegard, er ist nützlich und gesund, auf welche Weise er auch gegessen wird.

Schweinemedaillons mit Rebblättern

Zubereitung: Die Schweinemedaillons salzen, pfeffern und zusammen mit den Rebblättern von jeder Seite etwa 4–5 Minuten in Öl braten, aus der Pfanne nehmen und warmstellen. In das verbliebene Bratfett werden die kleingehackten Schalotten gegeben, 2–3 Minuten glasig geschwitzt und mit Sahne (auch Creme fraiche) und Weißwein abgelöscht. Ca. 1 Minute durch starke Hitze aufkochen und leicht dicklich werden lassen. Die Soße nun mit den gehackten Kräuten und etwas Pfeffer aus der Mühle abschmecken (nur noch ziehen lassen, nicht mehr kochen!). Kurz vor dem Servieren die Medaillons mit der Kräutersauce überziehen.

Zutaten:
8 Schweinemedaillons (ca. 2 pro Person),
8 Rebblätter,
1 kleine Handvoll Küchenkräuter (Kerbel, Dill, Estragon),
2 Schalotten,
3–4 EL Öl, ⅛ l trockener Weißwein,
Salz, Schwarzer Pfeffer (grob)

Beilagen:
Dinkelspätzle und Grüner Salat in Dilljoghurt

Kommentar

Das Schwein gilt bei Hildegard als „unrein" und „nur wer sehr schwach ist, darf mäßig das Fleisch junger Schweine (Spanferkel) essen." Aber auch nur solange, bis es ihm wieder besser geht. Viel von diesen Vorbehalten gegen das Schweinefleisch ist bis heute geblieben. So gibt es eine ganze Reihe von Risikogruppen (z.B. Herz- und Kreislauferkrankte, Diabetiker ect.) denen vom Verzehr abgeraten wird. Dennoch wollen wir es hier als Fleischlieferant Nummer 1 nicht ganz außer acht lassen und Gesunden vorbehalten. – Neben ihrer großen Bedeutung in der „Hildegardmedizin" läßt sich die Rebe, in diesem Fall die Blätter, auch in der Küche gut verwenden. Dem Schwein nehmen sie zum Beispiel „seine Härte". – Im Mittelalter war der Kerbel als Würze genauso beliebt wie als Heilmittel. Vor allem gegen Milzschmerzen (oft bedingt durch Rohkost!) und Bruchleiden. – Der Dill eignet sich sehr gut gegen Gicht, auch gegen Milzbeschwerden, gerade in Verbindung mit Kerbel.

Kalbsmedaillons mit Salbei und Schinken

Zutaten:
8 kleine Kalbsmedaillons, 10–12 Blätter Salbei, 8 Scheiben roher Schinken, 2 EL Öl, 40 g Butter, Salz, Schwarzer Pfeffer (grob), 2 EL Madeira, Fleischbrühe

Beilagen:
Dinkelrisotto und Kohlrabi

Zubereitung: Die Kalbsmedaillons von beiden Seiten mit Salz und Pfeffer einreiben und den Schinken mit jeweils 1 bis 2 Blättchen Salbei auf dem Fleisch mit einem Zahnstocher feststecken. Olivenöl in der Pfanne erhitzen, die Butter darin kurz aufschäumen lassen, die Medaillons auf beiden Seiten insgesamt rund fünf Minuten braten und auf einer vorgewärmten Platte warmstellen. Den Fond mit Fleischbrühe und Madeira vom Pfannenboden lösen, mit einem Spritzer Weißwein abschmecken und als Soße über das Fleisch träufeln.

Kommentar
Das Rind, so Hildegard, ist warm und trocken. „Es ist rein, und deshalb kann in seiner Umgebung auch nicht viel Blendwerk getrieben werden." (Opferhandlungen im Ochsenstall waren seit der Antike bekannt). Generell haben bei Hildegard jedoch die jungen Tiere, also Kälber, Lämmer etc., Vorrang, sie sind dem Menschen nützlicher als alte Tiere. – Der Salbei ist eine seit Jahrhunderten geschätzte Heilpflanze. Nach Hildegard ist er roh und gekocht gut für alle, die „von schädlichen Säften geplagt werden". Gut ist er zudem für all diejenigen, die an Verschleimung, starken Schweißausbrüchen und Blähungen leiden. Weiter werden dem Salbei entzündungshemmende, keimtötende und magenstärkende Wirkung zugesprochen. Beliebt sind die Blätter, frisch oder getrocknet, auch bei Appetitlosigkeit, Darmstörungen und Katarrh (auch als Tee).

Kalbsleber mit Basilikum und Petersilie

Zubereitung: Die Kalbsleberscheiben rundum salzen, pfeffern und im Dinkelmehl wenden (das überflüssige Mehl wieder abklopfen). Nun die Scheiben von jeder Seite her etwa 2 bis 2½ Minuten (rosa) braten und anschließend auf einer Platte warmstellen. Für die Soße nimmt man einen kleinen Topf und läßt darin die feingehackte Zwiebel in etwas Butter glasig dünsten. Dann den Weißwein angießen und ganz kurz aufkochen lassen. Diesen Fond benützt man nun, um den Bratfond aus der Pfanne zu lösen und gibt die feingehackten Petersilien- und die Basilikumblättchen dazu (nur noch ziehen lassen, nicht mehr kochen). Abgeschmeckt wird die Soße, angereichert mit dem entwichenen Saft der Lebern, mit einem Schuß Sahne. Kurz vor dem Servieren die Soße über die Leberschnitten träufeln.

Zutaten:
4 Scheiben Kalbsleber,
8 Blättchen frisches Basilikum,
½ Bund frische Petersilie,
¼ l trockener Weißwein,
ca. 20 g Dinkelmehl,
Salz, Pfeffer,
1 Schalotte,
2 EL süße Sahne,
40 g Butter oder
2 EL Öl

Beilagen:
Dinkelrisotto und Grüner Salat

Kommentar

Das Rind, noch besser das Kalb, bezeichnet Hildegard als „rein". Ganz besonders weist sie jedoch auf die Leber hin, deren häufiger Genuß „kräftigt". Der Genuß von Innereien, gleich ob Haus- oder Wildtier, ist heute nicht mehr ganz unumstritten, da gerade die Innereien heute durch Kunstdüngung der Wiesen und andere Umweltbelastungen oft sehr „strapaziert" werden (abgeraten wird zum Beispiel bei Herz- und Kreislauferkrankungen). Sie sind also nur gesunden Menschen zu empfehlen. – Das Basilikum, als Frischkraut oder getrocknet, ist als Küchengewürz sehr beliebt, sollte allerdings wegen seiner starken Würzkraft nicht gekocht werden (Frischkraut). Hildegard schreibt dieser Pflanze vor allem fiebersenkende Eigenschaften zu (auch als „Honigwein"). Zudem wirkt Basilikum verdauungsfördernd und appetitanregend sowie nervenberuhigend und schweißtreibend.

Lammkoteletts mit Thymian und Minze

Zutaten:
1 Kilo Lammkoteletts (ca. 8 Stück),
1 Stengel frischer Thymian (1 EL getr.),
5–6 Blatt frische Minze,
2 Zehen Knoblauch,
3–4 EL Öl (ca. 30 g Butter),
1 EL Zitronensaft,
Salz, Schwarzer Pfeffer

Beilagen:
Bohnengemüse und Kartoffel

Zubereitung: Die Koteletts unter kaltem Wasser gut abspülen und trockentupfen, den Fettrand (nicht zu dick!) einschneiden. Das Fleisch mit den zerdrückten Knoblauchzehen, jeweils der Hälfte des Thymian, der Minze und etwas Salz und Pfeffer einreiben und mit dem Zitronensaft eine Weile ziehen lassen. Die Koteletts rund 10–15 Minuten in einer Pfanne mit etwas Öl (oder Butter) braten, so daß sie nicht mehr blutig aber noch leicht rosa sind. Nach dem Umdrehen (5–8 Minuten) die Koteletts mit den restlichen Kräutern bestreuen und diese die verbliebene Bratzeit mitgaren lassen.

Kommentar
Das Lamm, so Hildegard, hat weder Bitterkeit noch Schärfe. Und so ist es Gesunden wie Kranken gleichermaßen zuträglich. Gerade zu Lammgerichten passen Thymian und Minze ausgezeichnet. Während der Thymian als Saft auch bei Husten und Heiserkeit sowie Bronchialleiden sehr geschätzt wird, hat er als Küchenkraut verwendet auch magen- und gallenanregende Wirkung. Besonders bei Stoffwechselstörungen gilt er als gutes Regulativ. Ähnlich verhält es sich auch mit der Minze. Als Heilpflanze hochgeschätzt, finden ihre Blätter auch in der Küche Verwendung. Die stark aromatische Pflanze beugt nicht nur Völlegefühl vor, sondern wird auch gerne bei Magen- und Darmstörungen genommen (regt die Magensekretion an). Daneben hat sie blähungsberuhigende und auch schleimlösende Funktion. Zudem ist die Minze nervenberuhigend und allgemein schmerzlindernd.

Kalbshaxe im Kräutermantel

Zubereitung: Zunächst wird die Kalbshaxe enthäutet, gesalzen, gepfeffert und anschließend ca. 1 Stunde (im Schnellkochtopf 30 Minuten) gekocht. Dem Wasser werden das Suppengemüse, die Pfefferkörner und die Zitronenscheibe beigegeben. Ist die Haxe weich, wird sie beiseite gestellt und mit der gehackten Kräutermischung und Salz eingerieben. Bei 250 Grad (Gas Stufe 3) kommt sie in einer genügend großen Bratreine für etwa eine Stunde ins Rohr. Zum Angießen verwendet man die Haxenbrühe und zum Schluß dunkles Bier. Die Haxe muß in diesem Falle übrigens nicht mehr zugedeckt werden, da sie ja bereits weich ist und nur noch knusprig werden soll.

Zutaten:
1 Kalbshaxe,
1 Handvoll gehackter Küchenkräuter (Thymian, Majoran, Basilikum, Petersilie),
1 Bund Suppengemüse,
1 Zwiebel, Salz,
Schwarzer Pfeffer,
1 Scheibe Zitrone,
7–8 Pfefferkörner,
¼ l Dunkles Bier

Beilagen:
Dinkelbrot und Brunnenkressesalat

Kommentar

Neben der „Reinheit" des Rindes allgemein hebt Hildegard vor allem auch die Jungtiere, also die Kälber hervor. Besondere Bedeutung kommt der Kalbshaxe aber auch bei kalorienbewußten Essern zu. Neben dem Filet weist das Fleisch die geringste Kalorienzahl auf (siehe auch unsere Tabelle). – Der Thymian hat neben seiner magen- und gallenanregenden Eigenschaft auch als auswurfförderndes Mittel bei Husten und Magenverschleimungen eine große Bedeutung. Darüber hinaus wirkt er harntreibend, appetitanregend und kräftigend auf Leib und Nerven. – Das Basilikum wirkt vor allem fiebersenkend, verdauungsfördernd und schweißtreibend. Basilikum sollte zwar wegen seiner mannigfaltigen Gesundheitsfunktionen reichlich verwendet werden, wird aber durch Kochen schnell dominant im Geschmack der Speise.

Eigene Rezepte

Erfahrungen

Fisch

Als Grundnahrungsmittel führt der Fisch neben dem Fleisch oft genug noch immer ein Schattendasein – und das ganz zu unrecht. Haben doch Wissenschaftler schon lange den Wert des Fisches für eine gesunde und leichte Ernährung erkannt! – Die meisten Arten enthalten besonders viel leichtverdauliches tierisches Eiweiß und nur wenig Fett. Ausgenommen etwa Aal, Schillerlocken, Matjes etc. Zudem sind sie reich an ungesättigten Fettsäuren und enthalten so gut wie keine Kohlehydrate. Dazu kommt der hohe Gehalt an lebenswichtigen Mineralstoffen und Spurenelementen. – Wichtigste Grundregel im Umgang mit Fischen ist die schonende Zubereitung. Denn scharfes Braten, Kochen und übermäßiges Fritieren bekommt weder dem Fisch noch dem Magen: das vorhandene Eiweiß wird bei Überhitzung fest, das Fleisch somit trocken und oft auch schlecht verdaulich. Orientiert man sich an Hildegard, die ja auch bei den Zubereitungsformen das „rechte Maß" verlangt, so sind jedoch nicht alle Fische gleich gut für den Menschen geeignet. Sie trifft zwei grundlegende Unterscheidungen: Fische, die in reinen und fließenden Gewässern sich vornehmlich in mittleren Tiefen aufhalten – und Fische, die in stehenden und „stinkenden" Gewässern ihre Nahrung suchen und sich überwiegend auf dem Grund aufhalten. So lobt sie zum Beispiel den Wal, dessen Fleisch so kräftig ist, daß, wenn man es ißt, „es alle schlechten und schwachen Kräfte im Körper bekämpft". Ganz anders zum Beispiel Karpfen und Schleie. Beide haben die „Hitze der Sümpfe" in sich und ernähren sich überwiegend von „unreiner" Nahrung. Wir haben uns in unseren Rezeptbeispielen deshalb auf diejenigen Arten beschränkt, die von Hildegard als gut und bekömmlich beschrieben werden.

Fisch

Fisch spielt als Eiweiß-
lieferant eine wichtige Rolle.
Hildegard schreibt bestimmten
Arten ausgesprochen
nützliche Eigenschaften zu

Wels-Pudding mit Krebsen

Zutaten:
1 Kilo Wels,
1 Eiweiß, Salz,
Pfeffer,
¼ l süße Sahne,
etwas zerlassene
Butter
Für die Soße:
1 Pfd. Flußkrebse,
1 EL Dinkelmehl,
⅛ l süße Sahne,
¼ l Weißwein,
1 Eidotter, Pfeffer,
Salz

Beilagen:
Grüner Salat

Zubereitung: Den Wels (auch Waller) ausnehmen, waschen, das Fleisch auslösen und durch den Fleischwolf drehen (oder im Mixer pürieren). Die kalte Sahne und das Eiweiß zufügen, das ganze mit dem Mixer locker und schaumig schlagen, mit Pfeffer und Salz abschmecken und in einer gebutterten Form im Kühlschrank 1½ Stunden ruhen lassen. Anschließend ins Wasserbad stellen und ohne zu kochen 1 Stunde garen. Die Krebse in kochendem Salzwasser töten, abschrecken und das Fleisch auslösen. Die Schalen zerstampfen, das Pulver in Butter anbraten und mit Wein aufgießen. Abseihen und auskühlen lassen. Dinkelmehl mit Butter zu einer Schwitze rühren, mit der Weinsoße angießen, Eidotter und Sahne dazurühren. Die ausgelösten Krebsschwänze mit in der Soße erwärmen und das ganze über den gestürzten Fischpudding auf eine vorgewärmte Platte gießen.

Kommentar
Nach Hildegard dienen dem Wels ins Wasser gefallene Getreide und gute Kräuter als Nahrung. Somit hat er gesundes Fleisch, das gesunden und kranken Menschen gleichermaßen bekömmlich ist. – Über die Krebse sagt Hildegard, daß sie gesundes Fleisch haben, daß sowohl kranke als gesunde Menschen essen können. Ausgenommen diejenigen, die einen „kalten Magen" haben oder an Verdauungsstörungen leiden, „denn für diese ist der Krebs zu stark zu essen" und nur schwer verdaulich.

Zander „grün“

Zutaten:
1 Zander
(ca. 1–1,5 kg),
½ l trockener
Weißwein,
¼ l Wasser,
2 EL Weinessig,
1 Zwiebel,
10 Pfefferkörner, Salz
Für die Soße:
1 Handvoll
Sauerampfer,
1 Handvoll Kerbel,
Petersilie, gemischt,
1 Bund Pimpinelle,
2 Bund Dill,
2 EL Dinkelmehl,
2 Eidotter,
⅛ l süße Sahne,
40 g Butter

Beilagen:
Gemüse der
Jahreszeit

Zubereitung: Den Zander schuppen, waschen, salzen und pfeffern. Den Sud aus Weißwein, Essig, Zwiebel, Pfefferkörner und Wasser mindestens 15 Minuten gut durchkochen. Den Zander hineinlegen und rund 20 Minuten ziehen lassen. Herausnehmen, Flossen entfernen und häuten, bei etwa 100 Grad im Ofen warm stellen und fertig garen. Den Sud abseihen und ein wenig davon an die Einbrenne von Dinkelmehl und Butter angießen, verrühren und leicht köcheln lassen. Die kleingehackten Kräuter, die Sahne und beiden Eidotter dazugeben und verquirlen, mit Pfeffer und Salz abschmecken und nochmals unter ständigem Rühren aufkochen lassen. Den Zander auf der vorgewärmten Platte übergießen und servieren.

Kommentar
Genauso wie der Hecht ist auch das Fleisch des Zander schwachen und gesunden Menschen zuträglich, da er nur reine Nahrung zu sich nimmt. – Die Pimpinelle (Bibernell) hatte bei Hildegard eher magisch-mystische Bedeutung. In der Naturheilkunde wird sie gegen Verschleimung und Entzündung des Magens verwendet. Zudem wirkt sie verdauungsfördernd und krampflösend. – Der Dill eignet sich zur Vorbeugung gegen Gicht.

Forelle „blau" in Wurzelsud

Zubereitung: Die Forellen ausnehmen, unter kaltem Wasser abspülen und innen leicht salzen. Auf eine große Platte legen und mit dem heißen Weinessig übergießen, damit die Fische „blau" werden. In einem großen Topf das Wasser aufkochen lassen, die Gemüse und Kräuter dazugeben und ca. 15 Minuten kochen lassen, auf kleine Hitze zurückstellen, die Forellen einlegen und ca. 10 Minuten garziehen lassen. – Zur Sicherheit: Die Forellen sind dann gar, wenn sich die Flossen leicht vom Fleisch lösen lassen.

Kommentar

„Die Forelle besteht mehr aus warmer als auch kalter Luft und liebt die Nacht... Trotzdem nimmt sie nicht viel unreines zu sich, deshalb schadet ihr Genuß nicht, ist jedoch auch nicht nützlich." Zwar schreibt Hildegard der Forelle keine Tauglichkeit als Heilmittel zu, dennoch sei sie hier empfohlen, da sie generell Fische aus klaren und fließenden Gewässern bevorzugt. – Die Gemüse aus dem Sud sollen als Beilage ruhig mitgegessen werden, da z. B. der Sellerie, gerade gekocht, dem Menschen „gute Säfte" im Körper bereitet. Neben ihrer Wirkung gegen leichtes Fieber, gilt die Petersilie z. B. in Wein gekocht auch als ein gutes Mittel gegen Milzschmerzen und Seitenstechen.

Zutaten:
4 Forellen,
1 kleine Tasse heißer Weinessig,
1½ l Wasser,
1 TL Salz
Für den Sud:
1 große Zwiebel,
1 Lorbeerblatt,
5–6 Wacholderbeeren,
2 Petersilienwurzeln,
1 Bund Petersilie,
2 Scheiben Sellerie,
2 Karotten, 1 Stange Lauch, 1 Bund Dill,
3–4 Pfefferkörner

Beilagen:
Petersiliekartoffeln und Grüner Salat

Seehecht mit Fenchel und Dill

Zutaten:
4 Scheiben Seehecht (je ca. 150 g),
2 Fenchelknollen,
1 Bund Dill,
Saft einer Zitrone,
2 Zwiebeln,
¼ l trockener Weißwein,
2 EL Öl oder Butter,
1 Bund Suppengemüse

Beilagen:
Salzkartoffeln

Zubereitung: Den Fisch mit kaltem Wasser kurz abwaschen, trockentupfen, mit Zitronensaft beträufeln und rund 15 Minuten ziehen lassen. Die Fenchelknollen halbieren (das Wurzelende entfernen), waschen und in Ringe schneiden. Dazu die kleingeschnittenen Zwiebeln und die in Scheiben geschnittenen Karotten. Das ganze Gemüse mischen, salzen und pfeffern, den fein gehackten Dill dazugeben und mit Weißwein übergießen. Am besten gibt man das Mischgemüse nun in einen vorgewässerten Römertopf und legt die Fischscheiben, gesalzen und gepfeffert und mit einem Rest Dill bestreut, auf das Gemüse. Eventuell mit einigen Butterflöckchen garnieren. Den Topf schließen und das Gericht bei 220 Grad 45 Minuten garen lassen.

Kommentar
Der Hecht, so Hildegard, hat eine „mäßige Wärme" und lebt von reiner Nahrung. Deshalb ist er schwachen und gesunden Menschen gleichermaßen zuträglich. – Egal ob roh oder gekocht, der Fenchel „macht den Menschen fröhlich, vermittelt eine gute Wärme und macht einen guten Schweiß". Zudem wirkt er verdauungsfördernd. Wer den Samen des Fenchel täglich nüchtern ißt, „der vermindert den üblen Schleim und die Fäulnis in ihm". Fenchelsamen (morgens nüchtern vier bis fünf Körner gut kauen) sind übrigens ein hervorragendes Mittel gegen Mundgeruch. – Vom Dill weiß Hildegard, daß er nützlich zum Essen ist, da er gekocht zu sich genommen, die Gicht unterdrückt.

Lachs mit Kresse-Rahm

Zubereitung: Die Lachsfilets unter kaltem Wasser kurz abwaschen, trockentupfen und mit Zitronensaft ca. 15 Minuten ziehen lassen. Den Lachs pfeffern, salzen und in einer gebutterten Pfanne, zusammen mit dem Weißwein bei milder Hitze etwa 10 Minuten garziehen lassen. Den Fisch herausnehmen und warm stellen. Ein Eigelb mit dem Estragonessig verquirlen, ein Stückchen Butter dazugeben und zusammen mit der Kresse und etwas Pfeffer aus der Mühle schaumig köcheln lassen. Die Soße, bei Bedarf etwas mit Dinkelmehl andicken und mit Fischsud verlängern, in die Pfanne geben, die Lachsscheiben dazu, und nochmals 2 Minuten ziehen lassen.

Kommentar
Nach Hildegard liebt der Lachs den Tag und geht nur selten auf den Grund der Gewässer. Er sucht die Kräuter, von denen er lebt, in mittleren Tiefen. Sein Fleisch ist gesünder als das des Salm und „taugt gut als Speise für Gesunde, Kranke aber schwächt es ein bißchen". – Von der Brunnenkresse sagt Hildegard, daß derjenige sie oft gedünstet essen soll, der Gelbsucht oder Fieber hat. Ebenfalls empfiehlt sie das gedünstete Kraut all denjenigen, die Verdauungsbeschwerden haben (für die Zubereitung von Estragonessig siehe unser Rezept auf Seite 219).

Zutaten:
4 Scheiben frischer Lachs (je ca. 150 g), 1 Handvoll Brunnenkresse, 2 Schalotten, 1 Lorbeerblatt, 1 EL Estragonessig, Salz, Pfeffer, Saft einer Zitrone, ⅛ l süße Sahne, ⅛ l trockener Weißwein, 1 Eigelb

Beilagen:
Dillkartoffeln und Grüner Salat

Kräuter-Forellen in Alufolie

Zutaten:
4 Forellen,
2 Händevoll gehackte Küchenkräuter: Petersilie, Liebstöckel, Zitronenmelisse, Dill, Kerbel, Sauerampfer, Borretsch, 4 EL. Öl, Salz, Schwarzer Pfeffer (grob), Saft einer Zitrone

Beilagen:
Folienkartoffeln mit Sauerrahm

Zubereitung: Die Forellen ausnehmen, unter kaltem Wasser gut abspülen und trockentupfen. Die Fische mit den grob gehackten, gemischten Kräutern füllen, salzen, pfeffern und jeweils auf einem Blatt geölter Alufolie anrichten. Die restlichen Kräuter über die Fische streuen, die Folien verschließen (mit genügend Luft), und in einem vorgeheizten Rohr (220 Grad) ca. 10 Minuten garen lassen. Nach dem Öffnen mit Zitronensaft beträufeln.

Kommentar
Neben ihrer vorzüglichen Eignung als Speisewürze, sei hier vor allem auf die Heilwirkung von Liebstöckel, Zitronenmelisse und Kerbel hingewiesen. Der Liebstöckel eignet sich gedünstet u.a. gegen Leiden im Halsbereich. So z.B. auch bei Schilddrüsenschwellungen. Zudem werden ihm hervorragende Eigenschaften bei Blasen- und Nierenleiden, Verdauungsstörungen und Blähungen zugesprochen. Beliebt ist er auch als appetitanregendes und magenstärkendes Mittel. Letzteres gilt auch für die Zitronenmelisse, die darüber hinaus leber- und gallenanregend, krampflösend, nervenstärkend und schlaffördernd wirkt. Über den Kerbel weiß Hildegard, daß er gut gegen Milzschmerzen ist, die ihren Ursprung vor allem im übermäßigen Genuß von Rohkost (!) haben. – Ferner schreibt sie diesem Kraut heilsame Wirkung bei „Bruchwunden der Eingeweide" zu. Neben der Nützlichkeit des Dill gegen Gicht sei noch sein Nutzen bei Nasenbluten, Brust- und Lungenleiden hervorzuheben (als Frischkrautbrei oder „Wein").

Goldbarschfilet mit Basilikumsoße

Zubereitung: Die Goldbarschfilets waschen, trokkentupfen und 15 Minuten im Zitronensaft ziehen lassen. Den Fisch salzen, pfeffern und mit 2 EL Öl in eine feuerfeste Form geben. Die Knoblauchzehe zerdrücken und zusammen mit den kleingehackten Kräutern, einem Spritzer Öl und etwas Zitronensaft vermischen, über die Fischfilets streichen und mit etwas Weißwein angießen. Das Ganze in ein vorgeheiztes Rohr und ca. 20 Minuten bei 220 Grad garen lassen. Kurz vor dem Servieren mit etwas Sahne verfeinern.

Kommentar
Nach Hildegard besteht der Barsch „mehr aus warmer denn aus kalter Luft". „Er liebt das Licht der Sonne und hält sich gerne in reinen Gewässern auf und lebt dort von reiner Nahrung. Manchmal sucht er zwischen Klippen und Steinen heilsame Kräuter. Deshalb ist sein Fleisch gesund und gut für gesunde und kranke Menschen". – Das Basilikum hat bei Hildegard (als „Honigwein") vor allem fiebersenkende Eigenschaften. Darüber hinaus wirkt es appetitanregend und verdauungsfördernd, nervenberuhigend, schweißtreibend und schlafförderndn. Innerhalb der Naturheilkunde wird das Basilikum oft auch bei Nierenerkrankungen und Blasenkatarrh verwendet. Aus den anderen Zutaten sei hier kurz noch der Knoblauch herausgegriffen: Gelobt wird er vor allem wegen seiner vorbeugenden Wirkung gegen allerlei Alterserkrankungen, so z. B. Arterienverkalkung. Nach Hildegard soll er jedoch mäßig gegessen werden, „damit das Blut im Menschen nicht übermäßig erwärmt werde".

Zutaten:
4 Goldbarschfilets (auch Egli),
1 Handvoll Basilikum,
1 Handvoll gemischte Kräuter (Petersilie, Estragon, Kerbel),
1 Knoblauchzehe,
Saft einer Zitrone,
Salz, frisch gemahlener Pfeffer,
⅛ l Sahne,
⅛ l trockener Weißwein,
2 Eßl. Öl

Beilagen:
Dillkartoffeln und Grüner Salat

Hecht im Kräuter-Wurzelsud

Zutaten:
1 ganzer Hecht (ca. 1,5 kg),
½ l Weißwein,
1 l Wasser,
4 Möhren,
1 Zwiebel,
1 Sellerieknolle,
2 Pastinaken,
1 Bund Petersilie,
1 Zweig Thymian,
5 Pfefferkörner,
5 Gewürznelken,
5 Korianderkörner,
Salz, Schwarzer Pfeffer

Beilagen:
Salzkartoffeln und Grüner Salat

Zubereitung: Den Hecht schuppen, ausnehmen, unter kaltem Wasser gut abspülen, pfeffern und salzen. Für den Sud nimmt man die kleingeschnittenen Gemüse sowie die ganzen Kräuterbüschlein und die Gewürze und läßt diese in Wein und Wasser mindestens 15 Minuten heftig durchkochen. Den Hecht einlegen und nach dem ersten Aufwallen etwa 20 Minuten garziehen lassen. Den Hecht samt Sud, Gemüsen und Kräutern servieren. – Der Sud soll, soweit er nicht dazu getrunken wird, aufgehoben werden, er eignet sich vorzüglich zum Anrichten anderer, evtl. mit Ei und Dinkelmehl gebundener Fischsoßen.

Kommentar
Dadurch, daß der Hecht sich vornehmlich in den mittleren Tiefen reiner Gewässer aufhält und dort reine Nahrung zu sich nimmt, ist er, so Hildegard, als Nahrungsmittel schwachen und gesunden Menschen zuträglich (dem Genuß seiner Leber schreibt sie übrigens verdauungsfördernde Wirkung zu). Aus der Vielzahl der gesunden Zutaten für den Sud seien an dieser Stelle nur ein paar herausgegriffen: Der Thymian gilt als sehr wohltuend für den Magen und wirkt anregend auf die Galle. Daneben wird er bei Husten und Bronchialleiden sehr geschätzt, ebenso als Regulativ bei Stoffwechselstörungen. Die Gewürznelke lobt Hildegard bei Kopfschmerzen und Wassersucht, den Sellerie, „weil er dem Menschen gute Säfte im Körper bereitet".

Heilbutt mit Knoblauch und Minze

Zubereitung: Den Fisch kurz unter kaltem Wasser abwaschen, trockentupfen, salzen und pfeffern und ein paar Minuten mit einem Spritzer Zitronensaft ruhen lassen. Der Heilbutt eignet sich vorzüglich zum Grillen, kann jedoch genauso gut leicht in der Pfanne gebraten werden. Für welche Variante man sich auch entscheidet: die kleingehackte Petersilie mit einem Spritzer Öl und dem Knoblauch zerdrükken und diese Mischung nach dem Wenden zusammen mit den Minzeblättchen auf die Fischscheiben auftragen und mitgaren lassen. Ob Pfanne oder Rost, die Garzeit liegt bei etwa 10 Minuten, der Fisch soll innen noch saftig sein und trotzdem leicht von den Gräten gehen.

Zutaten:
4 Scheiben Heilbutt (je ca. 150 g), 2 Zehen Knoblauch, 10–12 Blättchen Minze, 2 Stengel Petersilie, 2–3 EL. Öl oder Butter, Saft einer halben Zitrone, Salz, Pfeffer

Beilagen:
Dinkelbrot und Löwenzahnsalat

Kommentar
Zwar ist der Heilbutt bei Hildegard nicht ausdrücklich erwähnt und kommentiert, so fällt er doch auch in die Gruppe der Fische, die bei Hildegard als gut beschrieben werden. – Das Frischkraut der Minze eignet sich als Gewürz speziell zu Fleisch- und Fischgerichten (siehe auch unsere Lammrezepte). In der Naturheilkunde hat sie jedoch eine weit größere Bedeutung als in der Küche. Eignet sie sich in der Küche noch hervorragend zum Abbau von Völlegefühl, wird sie in der Naturheilkunde gerne bei Gallen-, Magen- und Leberleiden eingesetzt. Krampflösend wirkt sie insbesondere bei Magen- und Darmstörungen nervöser Natur.

Eigene Rezepte

Erfahrungen

Geflügel

Die Zeiten sind vorbei, als das Brathuhn noch ein „Sonntagsessen" war. – Leider möchte man fast sagen, denn was heute als Federvieh „vom Fließband rollt", hat nur noch wenig mit dem freischarrenden und -laufenden „Sonntagsbraten" gemeinsam. Fischmehl und andere „Kunstfutter" ersetzen heute vielerorts die selbstgepickten Körner. Daß sich das natürlich auf den Geschmack des Fleisches niederschlägt, ist klar.
Ein Vorteil liegt sicherlich darin, daß Hühner heute zu den billigsten Nahrungsmitteln überhaupt gehören. Dennoch sollten wir nach Möglichkeit frische Hühner wählen, ideal wären natürlich Freilandhühner. Ein im Gegensatz zu tiefgekühlter „Fließbandware" geradezu überraschender Eigengeschmack macht auch den Preisunterschied bezahlt. –
Als Nahrungsmittel ist das Huhn heute in der Gesundheitsküche ebenso geschätzt wie als kalorienarme Schonkost. Es enthält wenig Cholesterin, hat kaum Fett (außer der Haut) und ist zudem gut bekömmlich.
Ein weiterer Vorteil: der eigenen Kochkreativität sind keine Grenzen gesetzt, kaum ein anderes Fleisch läßt sich in derart viel Varianten zubereiten.
Liest man bei Hildegard nach, so nimmt das Huhn eine herausragende Stellung ein, wußte doch die Heilige des Mittelalters schon um die Nützlichkeit des Fleisches: Das Fleisch ist für Gesunde gut, weil es nicht fett macht, dem Kranken bringt es Erquickung. –
Dasselbe dürfen wir heute auch vom Truthahn (Puter) annehmen, der gerade innerhalb der Schonkost hoch geschätzt ist.

Geflügel

Hähnchen und Truthahnfleisch sind als kalorienarme Schonkost hochgeschätzt, ihr Fleisch gilt nach Hildegard zudem als „gut für Gesunde und erquickend für Kranke“

Hähnchenkeulen in Basilikumsauce

Zutaten:
8 Hähnchenkeulen (pro Person zwei), 4 EL Ol, 1 Handvoll frisches Basilikum, ¼ l Weißwein, ¼ l süße Sahne, Salz, Schwarzer Pfeffer

Beilagen:
Dinkelrisotto und Grüner Salat

Zubereitung: Die Hähnchenkeulen abwaschen, trockentupfen und in etwas Öl rundherum anbraten. Die Zwiebel dazugeben (kleingeschnitten) und goldbraun werden lassen, mit Weißwein ablöschen (ersatzweise auch Brühe) und das Fleisch zugedeckt etwa 30 Minuten schmoren lassen. Die Keulen aus der Pfanne nehmen und warmstellen. Den Bratenfond mit der Sahne kurz aufkochen lassen, das kleingehackte Basilikum unterrühren und noch zwei Minuten ziehen lassen. Die Soße mit Salz und Pfeffer abschmecken, die Keulen nochmals dazugeben und heiß in der Soße servieren.

Kommentar

Über die Nützlichkeit des Hühnerfleisches wurde in diesem Rezeptteil schon ausführlich gesprochen. Lassen Sie uns also an dieser Stelle etwas näher auf das Basilikum eingehen. Bei Hildegard ist das Basilikum speziell zur Behandlung von Fieber (Drei- und Viertagefieber) empfohlen: „Wer Fieber hat, der koche Basilikum in Wein, gebe Honig dazu und er trinke das oft nüchtern, und die Fieber werden weichen." In der Naturheilkunde wird es darüber hinaus als verdauungsfördernd, blähungstreibend, nervenberuhigend und hustenstillend geschätzt. Heilend wirkt es auch bei Nierenerkrankungen und Blasenkatarrh. Äußerlich angewendet hilft das Basilikum als Tee oder Gurgeltee auch bei Halsentzündungen (auch als Wickel).

Huhn in Weißwein und Knoblauch

Zutaten:
1 frisches Huhn,
2 Zehen Knoblauch,
¼ l Weißwein, Salz, Pfeffer,
3 EL Zitronensaft,
2–3 Salbeiblättchen,
2 EL trockener Sherry

Beilagen:
Dinkelrisotto und Grüner Salat

Zubereitung: Das Huhn unter kaltem Wasser innen und außen gut abwaschen, trockentupfen und in Portionsstücke schneiden. Diese salzen, pfeffern und in eine Marinade aus Weißwein, Zitronensaft, Sherry, Salbei und zerdrückten Knoblauchzehen geben. Ungefähr zwei Stunden ziehen lassen, besser noch über Nacht. Den Topf (am besten eine feuerfeste Keramikform) in den vorgeheizten Ofen schieben und das Ganze etwa 50 Minuten bei 200 Grad durchbraten lassen. Die Hühnerstückchen auf einer vorgewärmten Platte anrichten, die Soße extra reichen. Wünscht man eine etwas dickere Soße, so bindet man sie mit einem Eßlöffel Dinkelmehl.

Kommentar
Hühnerfleisch spielt bei ernährungsbewußten Köchen eine große Rolle, besonders im Zusammenhang mit Schlankheitskuren und diätetischer Küche ganz allgemein. Das magere und bekömmliche Fleisch wußte auch Hildegard schon zu schätzen, „es ist für Gesunde gut, weil es nicht fett macht, für Kranke bringt es Erquickung“. Vorbehalte hat sie lediglich bei Schwerkranken. Sie sollen es nicht essen, „da es ihnen Schleim im Magen erzeugt und sie dadurch geschwächt würden, so, daß sie die Speisen kaum noch verdauen können“. Knoblauch – in Maßen – hilft bei manchen Magen- und Darmleiden, ist darüber hinaus als Mittel gegen Altersbeschwerden und Arterienverkalkung sehr beliebt. – Neben dem Rebholz (in der „Hildegardmedizin“) werden auch Rebblätter und der Wein (in der Küche) gerne verwendet. Dem Wein kommen nach Hildegard eine ganze Reihe guter Eigenschaften zu, so zum Beispiel macht er „dem Menschen ein gutes Blut, wenn er von reiner Natur ist“.

Hühnerbrüste mit Weinblättern

Zubereitung: Die Hühnerbrüste enthäuten, entbeinen, halbieren und jeweils mit einem Weinblatt umwickelt in eine Marinade aus Weißwein, Brühe, gehackten Zwiebeln, Dill und in Scheiben geschnittener Karotte einlegen und über Nacht ziehen lassen (mindestens aber 2 Stunden). Die Brüstchen herausnehmen, in eine feuerfeste Glasschüssel geben und unter leichtem Angießen der Marinade etwa 40–50 Minuten garen lassen. Das Fleisch auf einer vorgewärmten Platte anrichten, die Soße (eventuell noch etwas von der Marinade angießen) mit einem Eßlöffel Dinkelmehl binden und über die Hühnerbrüste gießen.

Zutaten:
4 Hühnerbrüste,
8 Weinblätter,
1 Bund Dill,
1 Knoblauchzehe,
1 Tasse Hühnerbrühe,
Salz, Pfeffer,
⅛ l Weißwein,
1 Zwiebel, 1 Karotte,
1 EL Dinkelmehl

Beilagen:
Dinkelnudeln und
Grüner Salat

Kommentar
Wie alle Hühner-Rezeptbeispiele eignet sich auch dieses Gericht für Menschen, die auf „ihre Linie" schauen oder auf ihren Magen und Blutdruck achten müssen. – Neben seiner Wirkung auf ein gutes Blut, so Hildegard, eignet sich der (warme) Wein auch für denjenigen, „der den Harn wegen der Kälte seines Magens nicht halten kann". Vom Dillkraut weiß die Heilige Hildegard, daß es nützlich zu essen ist und gekocht die Gicht unterdrückt. Überhaupt soll Dill niemals „roh", also ohne andere Kräuter oder ungebeizt (ohne Essig und Öl) gegessen werden. Denn roh kann der Dill dem Menschen durchaus übel bekommen.

Putenschnitzel süßsauer

Zutaten:
4 Putenschnitzel,
je eine gute Messerspitze Nelkenpulver, Zimt und Schwarzer Pfeffer, Muskatnuß,
1 Zwiebel,
2 Knoblauchzehen,
⅛ l Rotweinessig,
1 Stengel Petersilie,
2 EL Zucker, 2 EL Öl

Beilagen:
Dinkelrisotto und Grüner Salat

Zubereitung: Die Putenschnitzel (nicht zu dick, ansonsten etwas klopfen) waschen, trockentupfen, pfeffern und salzen. Für die Soße den Zucker mit dem Essig und den Gewürzen ganz kurz aufkochen lassen. Zwiebel und Knoblauch feinhacken, ebenso die Petersilie, alles in die Soße einrühren und etwa zehn Minuten weiterköcheln lassen. Putenschnitzel in fingerdicke Streifen schneiden und in Öl ca. zehn Minuten rundherum braten. Das Fleisch aus der Pfanne nehmen, in die Soße geben und nochmals etwa zwei Minuten durchziehen lassen. Heiß servieren.

Kommentar
Der Truthahn, oder auch Puter, ist bei Hildegard nicht erwähnt, trotzalledem darf er heute wegen seines mageren und bekömmlichen Fleisches empfohlen werden. Überhaupt seien Truthahnprodukte (auch Wurst) gerade Risikogruppen wie z. B. Übergewichtigen etc. besonders ans Herz gelegt. – Über den Zimt sagt Hildegard, daß er die „üblen Säfte" mindert und „gute Säfte" bereitet. Sie empfiehlt ihn auch bei Verdrossenheit und Trübsinn. Die Gewürznelke wird als ein gutes Mittel gegen Kopfschmerzen und Wassersucht angesehen. Muskatnuß, Zimt und Nelken zusammen „dämpfen die Bitterkeit des Herzens und der Sinne, machen einen fröhlichen Geist und mindern alle schlechten Säfte im Körper". Zudem verleihen sie dem Blut eine gesunde Stärke.

Baby-Puter mit Eßkastanien

Zubereitung: Den Puter unter kaltem Wasser gut abwaschen, von seinen Drüsen befreien, salzen, pfeffern und mit der Mischung aus Thymian und Majoran einreiben (innen und außen). Die geschälten Eßkastanien als Ganzes in das Innere geben und mitgaren lassen. Den Puter mit der Brust nach unten in den auf 200 Grad vorgeheizten Backofen schieben (die Bratreine sollte groß genug sein), das Suppengemüse beilegen und mit einem Schuß Brühe angießen (Bratzeit etwa 2–2½ Stunden, wenden nach der Hälfte). Etwa 30 Minuten vor Ende der Bratzeit die Hitze auf höchste Stufe erhöhen und mit dem dunklen Bier wiederholt angießen.

Kommentar
Für die Gesundheitsküche spielt der Truthahn eine ähnlich gewichtige Rolle wie das Huhn. Er ist mager, bekömmlich und läßt sich in allen möglichen Variationen auch unter gesundheitlichen Aspekten reizvoll zubereiten. Dem Kastanienbaum und seinen Früchten zollt die Heilige Hildegard hohe naturheilkundliche Wirkung. So können wir ihrem Kapitel über die Bäume entnehmen, daß der, die Fruchtkerne des Baumes essen soll, der Herzbeschwerden hat oder an der Leber leidet. Sie empfiehlt sie auch gebraten bei Milzschmerzen und als Brei (grob zerkleinert) bei Magenbeschwerden (Kastanien auch als Fertigprodukt).

Zutaten:
1 Baby-Puter (ca. 2–2½ Kilo),
6–8 Eßkastanien (Maroni), 1 Bund Suppengemüse (ohne Lauch!),
1 EL getr. Thymian,
1 EL getr. Majoran,
¼ l dunkles Bier,
Salz, Pfeffer,
⅛ l Brühe

Beilagen:
Dillkartoffeln und Selleriesalat

Kräuter-Ente

Zubereitung: Die Ente mit kaltem Wasser abspülen, mit Küchenpapier trockentupfen, die Knoblauchzehen schälen und kleinhacken. Die Ente innen und außen salzen, pfeffern und mit dem Knoblauch, den Kräutern und den beiden Lorbeerblättern füllen. Mit der Brust nach unten in die Bratreine legen (oder auf den Rost; mit Fettpfanne darunter). Dazu die grob geschnittene Zwiebel und das Suppengrün. Die Bratzeit beträgt bei 220 Grad ca. 90 Minuten. Zwischendurch immer wieder mit dem Fond begießen und nach etwa 30 Minuten Bratzeit die Ente wenden. Kurz vor Ende der Bratzeit die Hitze für eine knusprige Haut etwas erhöhen. Die Ente warm stellen, den Bratenfond mit dem Weißwein lösen und mit der Sahne etwas andicken.

Kommentar

Hildegard schreibt der Hausente keine besondere Bedeutung zu, „sie lebt von unreiner Nahrung, die aber durch das Wasser, in dem sie zuweilen schwimmt, gereinigt wird. – Ihr Fleisch ist für Gesunde verträglich, für Kranke ist es nicht gut". – Durch Geflügelfarmen und neue Aufzuchtmethoden hat sich natürlich auch das Entenfleisch nicht zum besseren entwickelt. So sollten wir darauf achten, daß es sich um frische Freilandenten handelt, die in der Regel auch nicht so fett sind wie die Mastenten. – So tragen gerade auch die Kräuter zu einer besseren Verträglichkeit des Fleisches bei: Die Melisse wirkt verdauungsfördernd, leber- und galleanregend, aber auch krampflösend und nervenstärkend. – Der Dill ist nach Hildegard ein gutes Gichtmittel.

Zutaten:
1 küchenfertige Ente (ca. 1,5 Kilo),
1 Handvoll Kräuter (getr.: 4 EL) (Dill, Petersilie, Zitronenmelisse, Thymian),
2 Knoblauchzehen,
2 Lorbeerblätter,
1 Bund Suppengrün (ohne Lauch),
1 Zwiebel, 2 EL Öl,
Salz, Pfeffer,
¼ l Weißwein,
⅛ l Sahne

Beilagen:
Dinkelknödel und Selleriesalat

Gekochte Gans in Meerrettichsauce

Zutaten:
1 Fleischgans,
1 kleine Stange Meerrettich,
⅛ l süße Sahne,
1 Zwiebel,
2 Lorbeerblätter,
1 Messerspitze Nelkenpulver,
Muskatnuß,
10 Pfefferkörner,
1 Kleine Handvoll gemischter Kräuter (Salbei, Thymian, Majoran und Beifuß),
2 Bund Suppengrün (ohne Lauch),
Salz, Pfeffer,
1 EL Dinkelmehl,
1 Eigelb

Beilagen:
Dinkelrisotto und Rettichsalat

Zubereitung: Die Gans gut waschen, von ihren Drüsen am Bürzel befreien und in einem genügend großen Topf Wasser weichkochen (Tip: vorher in eine große Stoffserviette einbinden und eindrehen). In den Sud kommen die Suppengemüse, Nelken, Lorbeerblätter und Pfefferkörner sowie die grob gewürfelte Zwiebel (Ca. 2–2½ Stunden Kochzeit). Für die Meerrettichsauce macht man eine Schwitze aus etwas Gänseschmalz und Dinkelmehl und gießt diese mit etwas Kochsud auf. Den geriebenen Meerrettich, die kleingehackten Kräuter zufügen und nur noch ein paar Minuten ziehen lassen (sonst wird der Meerrettich bitter!). Das Gansfleisch von den Knochen lösen, auf einer vorgewärmten Platte anrichten und mit der Sauce, kurz vor dem Servieren mit Eidotter und Sahne, Salz und Pfeffer verrühren, übergießen.

Kommentar
Bei Gänsen ganz allgemein sollte immer darauf geachtet werden, daß sie nicht zu fett und nach Möglichkeit frische, freilaufende Gänse sind. Nach Hildegard ist Gansfleisch Gesunden durchaus verträglich, Kranke sollten es meiden. – Der Meerrettich „ist für gesunde und starke Menschen gut, weil er die Grünkraft der guten Säfte im Menschen stärkt“. Die Kräuter, allen voran der Beifuß, sorgen neben ihren heilkräftigen Eigenschaften gerade hier für eine bessere Bekömmlichkeit des Gansfleisches und wirken sich wohltuend auf die Verdauungsorgane wie Magen und Darm aus.

Gefüllte Martinsgans

Zubereitung: Die Gans unter kaltem Wasser gut abwaschen, Drüsen am Bürzel entfernen und von innen und außen gut salzen und pfeffern. Die Haut an verschiedenen Stellen einstechen, damit das Fett während des Bratens ablaufen kann. Für die Füllung die Eßkastanien kleinhacken, ebenso die Gemüse und Kräuter, und mit der Kalbsleber durch den Fleischwolf drehen. Zusammen mit den grob gewürfelten Äpfeln in die Gans einfüllen und die Öffnung mit Garn zunähen. Mit der Brust nach unten in einen genügend großen Bräter legen und mit etwas Wasser angießen. Bei rund 200 Grad ca. 2½ Stunden braten. Etwa eine halbe Stunde vor Ende der Bratzeit umdrehen und bräunen lassen. Während des Bratens mit dem Fond übergießen und das Fett nach und nach abschöpfen.

Kommentar
„Die Gans frißt reine und unreine Nahrung . . . wegen dieser Doppelnatur taugt ihr Fleisch nicht für Kranke, während Gesunde es vertragen. . ." – Für die Gänse gilt das selbe wie für die Enten: freilaufende Tiere vom Bauernhof finden sich nur noch selten. Dennoch sollten wir darauf achten, frische Fleischgänse aus Freilandgehegen zu bekommen. – Von der Kastanie sagt Hildegard, daß ihre Frucht „nützlich gegen jede Schwäche im Menschen ist". Sowohl die gekochten wie auch die gebratenen Äpfel sind für gesunde wie auch kranke Menschen gut, so Hildegard in ihrem Kapitel „über den Apfelbaum". Kräftigend soll auch der Genuß von Kalbsleber sein. Der Sellerie verschafft dem Menschen „gute Säfte".

Zutaten:
1 küchenfertige Fleischgans,
4–5 Eßkastanien,
2 säuerliche Äpfel,
1 Petersilienwurzel,
150 g Kalbsleber,
1 Scheibe Sellerie,
2 Karotten, 1 Bund Petersilie, 1 Stengel Majoran (1 EL getr.),
Salz, Schwarzer Pfeffer

Beilagen:
Dinkel-Semmelknödel,
Apfelblaukraut

Eigene Rezepte

Erfahrungen

Wildgerichte

Wenn alljährlich im Herbst die Jagdsaison eröffnet wird, so bricht gleichzeitig auch die große Zeit der Wildgerichte an. Großes und kleines Haarwild, Hirsch und Reh, Federwild und Wasservögel bereichern dann unsere Speisezettel in besonderem Maße, auch wenn heute so manches Wildbret das ganze Jahr über tiefgefroren zu haben ist. Sei es nun das Reh oder der Hase, die begehrtesten Stücke zur Verarbeitung in der Küche sind die Keulen und Schlegel, der Rücken und die Koteletts. Den mannigfaltigen Zubereitungsarten, vor allem mit Kräutern, steht nichts mehr im Wege. Als gesunde Nahrungsmittel, „bekömmlich für Gesunde und Kranke", erwähnt Hildegard unter den Wildtieren besonders den Hirsch und das Reh, weil beide von gutem und gesundem Futter leben. Von der Wildente wird gesagt, daß sie dem Menschen besser als Nahrung dient als die Hausente, weil sie vornehmlich im fließendem Wasser lebt. Wachteln und Rebhühner sollen lediglich von Gesunden gegessen werden, da zum Beispiel nach Hildegard die Wachtel zwar warm und feucht ist und auch reine Nahrung zu sich nimmt, bei Menschen „mit schlechten Säften, deren Säfte aber zusätzlich in Bewegung bringt".
Zwar werden bei Hildegard auch noch Wildtiere wie Strauß und Auerhahn als gut und nützlich erwähnt, doch müssen wir heute auf dererlei mittelalterliche Leckerbissen verzichten. Entweder stehen diese Tiere zurecht unter Naturschutz oder sie sind als Nahrungsmittel nur schwer oder gar nicht zu beschaffen.
Für den nachfolgenden Rezeptteil haben wir uns deshalb auf „gängige" Gerichte beschränkt und für Sie mit „Hildegard-Kräutern" zubereitet.

Wild

Unter den Wildtieren eignen sich nach Hildegard vor allem Hirsch und Reh als Nahrungsmittel. Wenn Wild heute auch weitgehend als Delikatesse angesehen wird, so sollte es auf unserem Speisezettel dennoch berücksichtigt werden

Wachteln mit Weinblättern und Minze

Zutaten:
8 Wachteln (Krammetsvögel), 8 Weinblätter, 1 kleine Handvoll Minze, 1 Stengel Thymian, 3–4 Blättchen Wermut, 3–4 EL Öl, Salz, Schwarzer Pfeffer, 8 kleine Scheiben Speck

Beilagen:
Dinkelbrot

Zubereitung: Die Wachteln waschen, trockentupfen, salzen, pfeffern, mit Speck umwickeln und mit der Hälfte der Blätter und Kräuter füllen (eventuell zusammen mit ein paar Weinbeeren). In einer Bratreine, am besten in einem irdenen, feuerfesten Gefäß, eng aneinanderlegen, mit Wasser oder Brühe angießen und etwa 15 bis 20 Minuten bei starker Hitze (nicht zugedeckt!) braten. Nach dem Wenden (nach ca. 10 Minuten) die restlichen Kräuter über die Wachteln streuen. Nach der Garzeit warmstellen, den Bratenfond mit etwas Brühe lösen und eventuell mit einem Schuß süßer Sahne abschmecken.

Kommentar
„Die Wachtel frißt reine Nahrung, ist warm und feucht. Gesunden Menschen ist sie bekömmlich, Leuten mit schlechten Säften ist sie nicht gesund, weil sie deren schlechte Säfte in Bewegung bringt." – Weinblätter haben ihren Platz nicht nur in der Küche, sondern sind bei „Hildegardmedizinern" zusammen mit dem Rebholz (auch Rebaschenzahnpasta und Rebaschenlauge) hochgeschätzt, besonders zur Behandlung von Ohren- und Kopfschmerzen, Katarrh der Atemwege und Zahnfleischbluten. – Die Minze beugt nicht nur Völlegefühl vor, sondern regt auch die Magensekretion an und wird gerne bei Magen und Darmstörungen genommen. Weiter wirkt sie blähungsberuhigend und schleimlösend. – Der Thymian gilt neben seinen guten Eigenschaften zur Behandlung von Heiserkeit und Husten auch als Regulativ bei Stoffwechselstörungen, er ist magen- und gallenanregend.

Fasan mit Ysop und Beifuß

Zubereitung: Die beiden sorgfältig gerupften Fasane waschen, trockentupfen, salzen, pfeffern und an der Brust mit Speck umwickeln, damit das Fleisch beim braten nicht zu trocken wird. Beifuß und Ysop gibt man am besten in das Innere der Wildvögel (falls gewünscht auch zusammen mit Apfelschnitzen und Hühnerleber als Füllung; dazu eine Prise Majoran). Während der Bratzeit (je nach Größe zwischen 30 und 40 Minuten) die Tiere mit dem Bratfond, eventuell auch etwas Butter, übergießen und bestreichen. Kurz vor Ende der Bratzeit den Speck entfernen und die Brust goldbraun werden lassen. Die Soße mit Wein, Sahne und Cognac abschmecken.

Kommentar
Das magere und trockene Fleisch der Wildvögel gilt im allgemeinen als sehr bekömmlich. – Der leicht herbe Ysop ist innerhalb der „Hildegardmedizin" eine sehr wichtige Heilpflanze, insbesondere bei Nieren- und Gallensteinleiden. „Wenn man ihn oft ißt, reinigt er den kranken und üblen Schaum der Säfte. . . gekocht ist er nützlicher als roh", ist bei Hildegard zu lesen. Dem Ysop werden aber generell sehr gute und starke Eigenschaften zugesprochen. – Der Beifuß leistet nicht nur bei Völlegefühl und fetten Speisen gute Dienste, sondern „heilt kranke Eingeweide und wärmt den kranken Magen". Das getrocknete Kraut wirkt zudem verdauungsfördernd.

Zutaten:
2 gut abgehangene Fasane (pro Person ½ Fasan),
100 g Speckstreifen zum Umwickeln,
6 Ysop-Blättchen,
4 Beifußblättchen,
Salz, Schwarzer Pfeffer, 2 EL Öl,
Petersilie,
Suppengemüse,
⅛ süße Sahne,
⅛ Rotwein,
2 cl Cognac

Beilagen:
Bratäpfel und Dinkelnudeln

Rebhühner mit Äpfeln und Weinblättern

Zutaten:
2 junge Rebhühner,
2 dünne Scheiben Speck,
4 Weinblätter,
4 säuerliche Äpfel,
4 EL Öl (oder Butter),
Salz, Schwarzer Pfeffer,
⅛ l süße Sahne,
4–5 Eßkastanien

Beilagen:
Dinkelnudeln und Weißkraut

Zubereitung: Die Rebhühner, falls nicht schon geschehen, ausnehmen, waschen, abtrocknen und von innen und außen salzen und pfeffern. Die Äpfel schälen und zur Hälfte in Scheiben schneiden, die andere Hälfte würfeln. Zusammen mit den Eßkastanien (zerhackt) werden nun die kleinen Apfelstückchen (mit einer Prise Majoran) zur Füllung der Vögel verwendet. Die Weinblätter werden mit den Speckstreifen auf die Brust gebunden (Blätter zwischen Speck und Brust). Die Rebhühner mit den Apfelscheiben in eine Bratreine richten und im vorgewärmten Ofen rund eine halbe Stunde braten lassen (dürfen noch leicht rosa sein). Angegossen wird mit etwas Wasser, Brühe oder auch trockenem Weißwein. Soßenfond mit Sahne verfeinern.

Kommentar
Nach Hildegard schadet gesunden Menschen der Genuß von Rebhuhnfleisch nicht, wohl aber bildet es bei Kranken im Magen vermehrten Schleim. – An dieser Stelle sei auch kurz auf die Bedeutung von Äpfeln und Eßkastanien bei Hildegard eingegangen. „Für gesunde Menschen sind die rohen Äpfel gut zu essen, weil sie aus starkem Tau gekocht sind, dem Kranken aber schaden sie roh. Gekocht und gebraten sind sie sowohl Kranken wie auch Gesunden gut. Werden sie aber runzlig (im Winter), dann sind sie auch roh für Gesunde und Kranke wieder gut zu essen.“ – Vom Kastanienbaum wird gesagt, daß er die Weisheit symbolisiert „. . . und was in ihm ist, auch seine Frucht, ist nützlich gegen alle Schwächen, die im Menschen sind.“ Gegen Gicht empfiehlt sie z. B. ein Dampfbad aus gekochten Blättern, Wurzeln und Fruchtschalen.

Wildschweinrücken mit Kräuterkruste

Zutaten:
1 Wildschweinrücken (ca. 1,5 Kilo) – am besten ein Frischling,
6 Wacholderbeeren,
1 Handvoll frischer Kräuter (Thymian, Rosmarin, Wilder Lavendel, Basilikum und Salbei) – auch getrocknet,
1 Bund Petersilie,
3 Lorbeerblätter,
10 Gewürznelken,
2 Knoblauchzehen,
1 Bund Suppengemüse,
Salz, Schwarzer Pfeffer, 3–4 EL Öl,
⅛ l Rotwein,
⅛ l Sahne

Beilagen:
Grüne Spinat-Dinkelnudeln und Gemüse

Zubereitung: Den Wildschweinrücken waschen und mit einem Küchentuch trockentupfen. Die Schwarte mit einem Messer am besten kreuzweise, aber nicht zu tief, einschneiden. Die Kräuter zusammen mit dem Knoblauch und etwas Öl zerhacken, beziehungsweise zerdrücken und den Rücken damit kräftig einreiben, salzen und pfeffern, mit den Gewürznelken und Wacholderbeeren spicken und in den vorgeheizten Ofen schieben. Mit in die Reine kommen das Suppengemüse und die Lorbeerblätter, angegossen wird mit etwas Wasser oder, falls vorhanden, mit Wildfond. Nach etwa zwei Stunden den Rücken – er darf aber auch leicht rosa sein – warm stellen und den Soßenfond mit Rotwein lösen und Sahne abschmecken. (Falls der Rücken gebeizt werden soll, siehe „Rehkeule")

Kommentar
Zwar hat das Wildschwein nach Hildegard die gleiche Natur wie das „unreine" Hausschwein, gilt jedoch als „sauberer". Bevorzugt wird auch hier das Jungtier, also der Frischling. Neben den bekannt guten Eigenschaften von Thymian und Basilikum (magen- und gallenanregend, gegen Heiserkeit, harntreibend und appetitanregend) seien an dieser Stelle die Nelken hervorgehoben. Hildegard erwähnt sie nicht nur gegen Kopfschmerzen, sondern insbesondere gegen Wassersucht. „. . . wenn die Wassersucht im Menschen wächst, esse er oft Nelken, und sie werden die Krankheit unterdrükken". – Eine wichtige Funktion innerhalb der „Hildegardmedizin" übernimmt auch der Wilde Lavendel. Er mildert „den Schmerz in der Leber und der Lunge sowie die Dämpfigkeit in der Brust. Zudem bereitet er einen reinen Verstand".

Hirschgulasch mit Sellerie und Koriander

Zubereitung: Die Fleischwürfel salzen und in heißem Öl rundherum in einem Topf anbraten, Zwiebel dazugeben, mit Wasser (oder Brühe) und der Hälfte des Rotweines ablöschen und ca. 30 Minuten kochen lassen. Nun die zerkleinerte Sellerieknolle dazugeben, zusammen mit dem Koriander, den Wacholderbeeren und den Kubeben, und nochmals rund eine Stunde schmoren lassen (nach und nach kann der restliche Rotwein zusammen mit Wasser oder Brühe angegossen werden). Ist das Fleisch weich, die Soße mit der Sahne abschmecken und das Gulasch sofort heiß servieren.

Zutaten:
750 g Hirschgulasch,
½ TL Koriander,
½ Sellerieknolle,
½ TL Kubeben,
4–5 Wacholderbeeren,
Salz, 2 Zwiebeln,
2 EL Öl,
¼ l Rotwein,
⅛ l Sahne

Beilagen:
Preiselbeeren und Dinkelknödel

Kommentar

Vom Hirsch weiß Hildegard, daß er eine jähe Hitze in sich hat und sich von reinem Futter ernährt, sein Fleisch gesunden und kranken Menschen gut bekömmlich ist. Ausdrücklich erwähnt wird, daß warmes Hirschfleisch (nicht heißes!) den Magen reinigt und erleichtert. – Der Koriander soll hier vor allem eine geschmackliche Komponente darstellen, genauso wie der Sellerie, der jedoch darüber hinaus nach Hildegard „gekocht dem Menschen gesunde Säfte bereitet" (Selleriesamen sind übrigens nach Hildegard zusammen mit Muskatnuß, Rautenpulver und Ysop ein ausgezeichnetes Mittel gegen Gicht und Rheuma). – Den Kubeben (fructus cubeba; Kubebenpfeffer) sprechen Hildegardmediziner eine gute Wirkung für „fröhlichen Geist und reinen Verstand" zu. Den Geist des Menschen und seinen Verstand macht sie, die Kubebe, „erhellend klar".

Rehkeule mit Eßkastanien (Maroni)

Zutaten:
1 Rehkeule
(ca. 1½ Kilo),
100 g Speck (zum Spicken),
je 1 TL frische Kräuter (Majoran, Thymian, Liebstöckel, Basilikum, Petersilie),
1 Zwiebel, 2 EL Öl,
Salz, Schwarzer Pfeffer
Für die Marinade:
¼ l Rotwein,
1 Zwiebel, 1 Bund Suppengemüse,
je 1 Zweig Thymian, Petersilie,
4 EL Weinessig,
4 EL Öl,
2 Lorbeerblätter

Beilagen:
Eßkastanienpüree

Zubereitung: Die enthäutete und gespickte Rehkeule vor dem Braten mindestens eine Nacht in der Marinade ziehen lassen. Dafür die Keule in eine Schüssel geben, die Gemüse und Kräuter darüber verteilen und mit Wein und Essig übergießen (mindestens einmal wenden). Das vorsichtig trockengetupfte Fleisch in einer Bratreine mit Öl leicht anbraten, die Kräuter darüberstreuen, die Zwiebel am Rande mitanbraten und mit Wein und Wasser (auch Fleischbrühe) angießen. Der Ofen sollte gut vorgeheizt sein, damit sich die Oberfläche des Fleisches sofort schließt (Bratzeit: ca. 10–15 Minuten pro Pfund, leicht rosa).

Kommentar
Da sich das Reh von gutem und gesundem Futter ernährt, so Hildegard, ist sein Fleisch Gesunden und Kranken gut bekömmlich. Während der Thymian vor allem als magen- und gallenanregendes Kraut geschätzt wird, findet der Liebstöckel oft bei Nieren- und Blasenleiden sowie Verdauungsbeschwerden Verwendung. Beide Kräutlein sind übrigens auch gut gegen Heiserkeit und Husten. Verdauungsfördernd wirkt zudem das Basilikum, dem auch fiebersenkende und schweißtreibende Eigenschaften zugesprochen werden. – Petersilie ist bei Herz- und Milzschmerzen sehr beliebt, auch als „Petersilienwein“.

Wildente mit Frischkräutern

Zutaten:
2 Wildenten,
6–8 frische Salbeiblättchen, je ein Stengel Thymian und Rosmarin,
¼ l trockener Weißwein,
4 cl Cognac,
2–3 EL Öl, Salz,
Schwarzer Pfeffer

Beilagen:
Dinkelspätzle und Apfelblaukraut

Zubereitung: Die (jungen) Wildenten gründlich waschen, trocknen und von innen und außen salzen und pfeffern. Die Salbeiblättchen kommen zusammen mit jeweils einem halben Stengel Thymian und Rosmarin in das Innere der Enten (auf Wunsch auch zusammen mit einer Mischung aus Äpfeln und Hühner- oder Entenleber). Die Enten mit der Brust nach unten in den Bräter legen und in einem vorgeheizten Ofenrohr bei etwa 200 Grad 30 Minuten braten. Nach dem Umdrehen nochmals 30 Minuten garen, die Enten warm stellen und die Soße mit dem Weißwein und dem Cognac abschmecken (eventuell mit einem Schuß Sahne verfeinern und einkochen lassen).

Kommentar
Nach Hildegard bekommt die Wildente dem Menschen besser, weil sie im Gegensatz zur Hausente immer im Wasser lebt. Zwar leben beide auch von unreiner Nahrung, diese wird jedoch durch das Wasser wieder gereinigt. – Der Salbei ist nützlich „gegen die kranken Säfte im Körper, weil er von trockener Natur ist". Nützlich ist er bei Verschleimung, Schweißausbrüchen und Blähungen. Zudem wirkt er entzündungshemmend und magenstärkend, trägt somit auch zu einer besseren Verdauung bei. Dies gilt auch für den Thymian, der zusätzlich die Gallentätigkeit anregt. Dem Wild verleiht der Thymian eine ganz besondere Geschmackskomponente. – Der Rosmarin hat harntreibende Eigenschaften und findet somit in der Naturmedizin oft bei Nieren- und Leberleiden Verwendung. Auch wirkt er einer Verschleimung des Magens entgegen.

Rehragout mit Wacholder und Diptam

Zubereitung: Die Ragoutstücke waschen, salzen, pfeffern und von allen Seiten in einem Topf anbraten. Dazu die grob gehackten Zwiebeln, das Nelkenpulver und die Kräuter. Sofort mit Rotwein und Wasser (auch Fleischbrühe) ablöschen und, je nach Fleisch, 1 bis 2 Stunden leicht vor sich hinköcheln lassen (falls nötig, weiter angießen). Die Soße soll leicht sämig sein und kann zum Schluß mit einem Schuß saurer Sahne abgeschmeckt werden.

Zutaten:
1 Kilo Rehragout (Blatt, Brust, Hals),
4–6 Wacholderbeeren,
2 Lorbeerblätter,
2–3 Diptamblättchen,
1 Messerspitze Nelkenpulver,
2 Zwiebeln, 2 EL Öl,
Salz, Schwarzer Pfeffer, ¼ Rotwein,
2–3 Blättchen Bachbunge

Beilagen:
Dinkelspätzle und Blaukraut

Kommentar
Vom Reh wissen wir bereits, daß es bei Hildegard einen hohen Stellenwert als Nahrungsmittel hat. Eine wertvolle Ergänzung ist dazu der Wacholder, der nach Hildegard auch als Dampfbad aus den Grünzweigen gegen Brust-, Lungen- (auch Wacholderwein mit Alant) und Leberleiden sowie Fieberzustände gute Dienste leistet. – Die Lorbeerblätter sind als Saft zusammen mit etwas Rindenpulver als magenreinigend erwähnt. – Diptam ist ein sehr wesentliches Heilmittel bei Steinleiden aller Art und auch Herzbeschwerden (als Pulver in der Apotheke). Ein hervorragendes Mittel gegen Verstopfung und Hämorrhoiden ist die Bachbunge. Sie kann übrigens auch separat als Gemüse (wie Blattspinat) zubereitet werden. Doch Vorsicht, sie ist leicht bitter. Wesentliche Bedeutung kommt dieser Heilpflanze auch bei der Behandlung von Gicht zu. Nicht nur das, sie wirkt auch vorbeugend gegen diese wieder zunehmende „Zivilisationskrankheit“. Zur konkreten Behandlung von Verstopfung, Gicht und Hämorrhoiden genügt es, täglich eine Tasse des leicht in Butter gedünsteten Frischkrautes zu essen.

Eigene Rezepte

Erfahrungen

Beilagen

Während in Südeuropa Fleisch, Teigwaren, Gemüse und Salate oft für sich alleine gegessen werden, werden bei uns Kartoffeln, Nudeln, Knödel, Gemüse und Salate unmittelbar zu Fleisch- und Fischgerichten serviert. – Um so wichtiger ist es, die einzelnen Komponenten einer Mahlzeit richtig aufeinander abzustimmen. Ausschlaggebend für die richtige Zusammenstellung sollte dabei allerdings nicht nur die geschmackliche Harmonie sein, sondern auch die gesundheitliche Funktion der einzelnen Gerichte, Kräuter und Gewürze zueinander. – So sollten Sie zum Beispiel darauf achten, daß zu etwas schwereren Gerichten immer ein verdauungsförderndes Gewürz oder Gemüse kommt, zum Beispiel zu Gans oder Ente Kümmel, Salbei oder Fenchelgemüse. Dem Geschmack tut dies keinen Abbruch, im Gegenteil, hier werden neue Akzente gesetzt. – Bei den Teigwaren, seien es Nudeln oder Klöße, haben wir uns ausschließlich auf die Zubereitung mit dem nach Hildegard so wertvollen Dinkel beschränkt (siehe Seite 57). – Die der Hildegard unbekannte Kartoffel haben wir zuweilen vernachlässigt, obwohl aus heutiger Sicht nichts gegen die Kartoffel spricht, im Gegenteil, sie enthält wichtige Vitamine und Aufbaustoffe. (Vorschläge: Dillkartoffel, Petersiliekartoffel etc.). – Unberücksichtigt blieben auch Früchte und Gemüse, die bei Hildegard nicht erwähnt sind oder als negativ beschrieben werden (bei Kranken), so zum Beispiel die Gurke („sie bringt die Bitterkeit der Säfte in Bewegung"), die Tomate oder andere Nachtschattengewächse.

Beilagen

Ob bei Nudeln, Klößen oder Brot – wesentlichster Bestandteil ist der Dinkel, das Urkorn des Weizens. Unter den Gemüsen sind es vor allem Sellerie und Fenchel, die bei Hildegard in hohem Ansehen stehen

Dinkelnudeln

Zutaten:
500 g Dinkelmehl, 6 Eier (oder ca. ¼ l Wasser), 1 TL Salz

Zubereitung: Das Mehl in eine genügend große Schüssel geben, in der Mitte eine Vertiefung eindrücken und die Eier dazugeben. Wer anstatt der Eier Wasser nimmt, gießt es nach und nach an. Das Ganze zu einem Teig rühren und anschließend fest durchkneten bis ein fester und glatter Teig entsteht. Den Teig mit Mehl aus der Schüssel lösen und auf einem mit etwas Mehl eingeriebenen Brett etwa 15 Minuten ruhen lassen. Dann in nicht zu große Teile schneiden und jedes Teil für sich auf dem gemehlten Brett ganz dünn ausrollen. Mit einem Messer oder auch Zackenrädchen die Nudeln in der gewünschten Form herausschneiden. Die Nudeln auf leicht bemehlten Tüchern an der frischen Luft stehen lassen, bis sie trocken sind. Wer sie sofort verarbeitet, kocht sie in Salzwasser mit einem Spritzer Olivenöl, damit sie nicht zusammenkleben. Abseihen und mit kaltem Wasser abschrecken.

Dinkelspätzle

Zutaten:
500 g Dinkelmehl, 6 Eier, ¼ l Wasser, 4 EL Butter, 1 TL Salz

Zubereitung: Das Mehl in eine genügend große Schüssel füllen, die Eier, das Salz und das Wasser unterrühren und das Ganze zu einem zähflüssigen Teig verarbeiten. Einen Topf voll Wasser zum Kochen bringen, eine Prise Salz dazugeben und den zähflüssigen Teig nach und nach in eine Spätzlemühle geben und in das kochende Wasser „reiben". Wer keine Spätzlemühle hat, richtet sich den Teig in kleinen Portionen auf ein Brett und schabt die Spätzle mit einem großen Messer in das sprudelnde Wasser. Sobald die Spätzle vom Boden aufsteigen, mit einem Schaumlöffel herausnehmen, gut abtropfen lassen und in einer Schüssel mit kaltem Wasser abschrecken. Als „Käsespätzle": lagenweise die Spätzle in eine gefettete Glasform richten und mit geriebenem Käse abdecken.

Dinkelnudeln „grün"

Zutaten:
500 g Dinkelmehl,
4 Eier (oder die entsprechende Menge Wasser),
2 EL Öl,
100 g Spinat,
1 TL Salz

Zubereitung: Den Spinat unter kaltem Wasser abwaschen, in Salzwasser kurz abkochen, abtropfen lassen und in einem Mixer pürieren (oder auch durch den Fleischwolf drehen). Das Dinkelmehl in eine genügend große Schüssel schütten, in eine Vertiefung die Eier hineingeben (oder das Wasser nach und nach dazurühren) und zu einem Teig verarbeiten, das Olivenöl beim anschließenden Durchkneten mit einarbeiten. Zum Schluß den Spinat mit unter den Teig kneten und das Ganze etwa eine Stunde ruhen lassen. Den aufgeteilten Teig auf einem bemehlten Brett dünn ausrollen und je nach Wunsch in breite oder dünne Nudeln ausschneiden. Die Nudeln zum Trocknen auf etwas bemehlte Tücher legen und an der frischen Luft vollkommen austrocknen lassen (auch als Lasagne).

Dinkelmehlklöße

Zutaten:
500 g Dinkelmehl,
3 Eier, ¼ l Milch,
1 EL Butter,
10 g Hefe, 1 TL Salz

Zubereitung: Das Mehl in eine Schüssel füllen, eine Vertiefung machen und die in lauwarmer Milch aufgelöste Hefe, die Eier und die Butter hineinrühren und den Teig anschließend kräftig durchkneten. Zugedeckt mindestens eine halbe Stunde gehen lassen. Nochmals kurz durcharbeiten, Klöße herausformen und nochmals etwa zehn Minuten gehen lassen, in Salzwasser bei milder Hitze köcheln (Als Hauptgericht auch zusammen mit Obst oder Vanillesoße).

Dinkelbrot

Zutaten:
2 Kilo Dinkelmehl,
35 g Salz,
ca. 1½ l Wasser
(ev. halb
Wasser, halb Milch),
80 g Hefe

Zubereitung: Das Dinkelmehl in einer genügend großen Schüssel mit dem Salz verrühren, die in etwas Milch oder Wasser aufgelöste Hefe dazugeben und einen Teig rühren. Nach und nach die restliche Flüssigkeit dazugeben und gut durchrühren. Den Teig mit etwas Mehl von der Schüssel lösen und mit einem Handtuch abgedeckt etwa eineinhalb Stunden „gehen" lassen. Nun den Teig, je nach Formen, aufteilen und in gefettete Bratkästen geben (oder auch als ganzen Teig auf ein Backblech oder in den Römertopf). Nochmals etwas gehen lassen. Vor dem Backen im vorgeheizten Ofen (200–220 Grad) die Oberfläche leicht einritzen und mit Milch oder Wasser bestreichen. Backzeit: ca. 50 Minuten.

Kommentar
siehe Kapitel „Dinkel"

Dinkel-Vollkornbrot

Zutaten:
1 Kilo Dinkelkörner (Vollkorn),
1 Kilo Dinkelmehl,
35 g Salz, ca. 0,75 l Wasser, 80 g Hefe

Zubereitung: Die Dinkelkörner über Nacht in Wasser einweichen, am besten an einem etwas wärmeren Platz. Am nächsten Morgen die aufgequollenen Körner abseihen. Das Mehl mit dem Salz in einer Schüssel verrühren, die in etwas Wasser oder lauwarmer Milch aufgelöste Hefe dazurühren. Nach und nach mit Wasser angießen und kräftig verrühren, die ganzen Dinkelkörner (auf Wunsch auch zerkleinert) unterrühren und den ganzen Teig ein paar Minuten gut durchkneten, mit etwas Mehl von der Schüssel lösen und eineinhalb Stunden gehen lassen. Nun den Teig in gefettete Bratkästen einlegen (oder als Ganzes auf ein Blech), nochmals ein paar Minuten gehen lassen. Vor dem Einschieben in das vorgeheizte Ofenrohr (ca. 200 Grad) mit etwas Wasser bestreichen und rund eineinhalb Stunden backen lassen. Die Hitze nach und nach etwas reduzieren, zum Schluß im abgeschalteten Ofen nochmals eine Zeitlang ruhen lassen und mit etwas Wasser überpinseln. Je nach Geschmack lassen sich die Zutaten (Körner, Mehl, Salz etc.) auch leicht variieren.

Dinkelsemmelknödel

Zutaten:
500 g Dinkelbrötchen (alte),
¼ l Milch,
1 Zwiebel,
2 EL Butter (ca. 40 g), 3 Eier,
1 Bund Petersilie,
Salz, Pfeffer

Zubereitung: Die alten Dinkelbrötchen in feine Scheiben schneiden und das „Knödelbrot" mit der lauwarmen Milch übergießen. Zwiebel und Petersilie kleinhacken, in Butter andünsten und zusammen mit den Eiern unter die Brötchen kneten. Den Teig mit Salz und Pfeffer abschmecken und 15 Minuten ruhen lassen. Anschließend mit nassen Händen die Knödel formen und etwa 20 Minuten bei milder Hitze garen lassen. Als Hauptgericht lassen sich die Semmelknödel auch mit Schinken und Speckresten zu „Speckknödeln" in Fleischbrühe „aufwerten".

Grünkernklöße

Zutaten:
150 g Grünkernschrot (das grüne Korn des Dinkel),
¼ l Milch,
4 alte Dinkelbrötchen,
2 EL Butter, 2 Eier,
1 Zwiebel, 1 Handvoll gemischte Kräuter, 1 Messerspitze Muskatpulver,
Salz, Pfeffer

Zubereitung: Die alten Dinkelbrötchen in feine Scheiben schneiden und mit lauwarmer Milch übergießen. Etwa ein Viertel Wasser zum Kochen bringen, das Grünkernschrot einstreuen und aufquellen lassen. Butter erhitzen, die kleingehackte Zwiebel glasig dünsten, das Grünkernschrot dazufügen, zusammen mit den eingeweichten Brötchen verrühren und abkühlen lassen. Nach und nach die Eier dazurühren sowie die gehackten Kräuter und Gewürze untermengen, mit Salz und Pfeffer abschmecken. Aus dem Teig die Klöße formen, etwas in Dinkelmehl wenden und in Salzwasser etwa 15 bis 20 Minuten garziehen lassen.

Dinkel-„Risotto“

Zutaten:
500 g Dinkelkörner,
1 EL Butter,
½ Zwiebel,
2–3 Stengel Petersilie, Salz

Zubereitung: Prinzipiell unterscheidet sich die Zubereitung dieses Dinkel-„Risottos“ nicht von der des Reises. In einem Topf die Butter (oder auch Öl) erhitzen, die kleingehackte Zwiebel und die Petersilie glasig dünsten, die Dinkelkörner dazugeben, etwas mit anrösten und mit Wasser angießen. Das Ganze etwa 20 Minuten kochen lassen, das Wasser abschütten und den Dinkel als „Risotto“ zu Hauptgerichten servieren.

Fenchelgemüse mit Kerbel

Zutaten:
4 Fenchelknollen,
1 Zwiebel, ½ Bund Kerbel, 1 EL Butter,
⅛ l Fleischbrühe oder Wasser,
⅛ l süße Sahne,
Salz, Pfeffer

Zubereitung: Die Fenchelknollen putzen (das Grün abschneiden und aufheben), waschen und halbieren. Die Butter in einem Topf erhitzen, die kleingehackte Zwiebel darin glasig dünsten, die halbierten Fenchelknollen einlegen und mit der Fleischbrühe oder dem Wasser aufgießen. Im geschlossenen Topf etwa 15 Minuten dünsten. Die weichen Knollenhälften herausnehmen und warmstellen. Die Sahne in den Gemüsefond einrühren, kurz aufkochen, die Fenchelhälften wieder dazugeben und kurz vor dem Servieren mit dem gehackten Kerbel und dem Fenchelgrün bestreuen.

Kommentar
Wie auch immer der Fenchel gegessen wird, so Hildegard, macht er dem Menschen einen fröhlichen Geist und vermittelt ihm eine angenehme Wärme. Auch bewirkt er einen „guten Schweiß" und eine gute Verdauung. Fenchelsamen sind übrigens ein sehr gutes Mittel gegen Mundgeruch. Und wer ihn nüchtern ißt, dem vermindert er den „üblen Schleim und die Fäulnis im Körper". Generell kann man sagen, daß der Fenchel sehr hilfreich bei Magen- und Darmbeschwerden ist. Durch seine krampflösenden und blähungstreibenden Eigenschaften wird er gerade in der Heilkunde immer wieder eingesetzt (besonders bei Kindern).

Bohnengemüse mit Knoblauch

Zutaten:
500 g frische grüne Bohnen,
3–4 Stengel Bohnenkraut, 1 Zehe Knoblauch,
1 EL Butter, je eine Messerspitze Muskat, Salz und Pfeffer

Zubereitung: Die Bohnen putzen, waschen (eventuell entfädeln) in Stücke brechen und rund zehn Minuten in Salzwasser mit dem Bohnenkraut „knackig" kochen. In einem Topf die Butter erhitzen, die gehackte Zwiebel und den kleingeschnittenen Knoblauch glasig dünsten und die vorgekochten Bohnen dazufügen. Mit Muskat, Salz und Pfeffer abschmecken, ein paarmal bei geschlossenem Deckel durch Schütteln in der Butter wenden und heiß servieren. Bohnen passen vor allem zu Lammgerichten und Rindfleisch – auch mit Speck.

Kommentar
Hildegard sagt über die Bohne, daß sie „warm und für gesunde und starke Menschen gut zu essen ist, besser als die Erbse.„ – Auch dem Kranken schadet sie nicht. Wer „Schmerzen in den Eingeweiden" hat, „der koche die Bohnen in Wasser mit etwas Fett oder Öl und trinke die warme Brühe, und es wird ihn im Innern heilen". Nach Hildegard eignet sich gerade auch der Kerbel für denjenigen, der „Bruchwunden in den Eingeweiden" hat. Der Knoblauch ist neben seiner guten geschmacklichen Eignung zu Bohnen auch wegen seiner guten Wirkung bei Altersleiden, zum Beispiel Arterienverkalkung, sehr beliebt.

Selleriegemüse mit Muskat

Zubereitung: Die Sellerieknollen putzen, unter kaltem Wasser gut abwaschen und dünn schälen. Die Knollen nun in Scheiben schneiden. Die Butter in einem Topf erhitzen, die Zwiebel glasig dünsten und etwas Dinkelmehl darüberstreuen, mit der Fleischbrühe oder dem Wasser ablöschen. Die Selleriescheiben dazugeben, mit dem Muskatpulver würzen und bei geschlossenem Deckel gardünsten. Eventuell noch etwas Wasser angießen. Die relativ lange Garzeit kann dadurch verkürzt werden, daß die Sellerieknollen vorab etwa eine halbe Stunde gekocht werden.

Zutaten:
2 große Sellerieknollen,
2 Messerspitzen Muskatnußpulver,
1 Zwiebel,
1 EL Butter,
⅛ l Fleischbrühe oder Wasser,
1 TL Dinkelmehl,
Salz, Pfeffer

Kommentar
Roh, so Hildegard, taugt der Sellerie dem Menschen nicht zum Essen, weil er so „üble Säfte" bereitet. Gekocht verschafft der dem, der ihn ißt, jedoch „gesunde Säfte". Als Gichtmittel empfiehlt Hildegard den Selleriesamen zusammen mit Muskatnußpulver, Raute und Gewürznelken. Dem Sellerie werden übrigens auch aphrodisierende Eigenschaften zugeschrieben. Hildegard umschreibt dies mit „unstetem Sinn". – Die Muskatnuß und ihr Pulver sind als Mittel gegen Trübsinnigkeit und Depression erwähnt – „gegen die Bitterkeit des Herzens und des Geistes". Die Muskatnuß „reinigt die dumpfen Sinne und mindert alle schlechten Säfte".

Gebratene Salbeiblättchen

Zutaten:
4 Salbeistengel (frisch) mit 8–10 Blättchen,
4 EL Dinkelmehl,
1 Ei,
2–3 EL dunkles Bier,
2–3 EL Kräuteröl

Zubereitung: Die Salbeistengel mit ihren Blättchen unter kaltem Wasser kurz abspülen und auf einem Stück Küchenkrepp abtropfen lassen. Das Dinkelmehl mit dem Ei und etwas dunklem Bier zu einem zähflüssigen Teig verrühren, die Salbeizweige eintauchen, kurz abtropfen lassen und in dem in der Pfanne erhitzten Kräuteröl kurz und knusprig herausbraten. Zum Braten läßt sich auch Butter verwenden. – Als Beilage zu allem Gebratenen. Anstatt der Salbeiblättchen können auch zarte Beifußblättchen genommen werden.

Kommentar
Roh oder gekocht, nach Hildegard ist der Salbei für jeden gut zu essen, speziell für den, den „üble Säfte" plagen. In der Naturheilkunde ist der Salbei seit eh und je hochgeschätzt. Hervorgehoben wird vor allem seine magen- und gallenanregende Wirkung. Daneben gilt er als probates Mittel bei Durchfallerkrankungen und Blähungen. Als nützlich erweist er sich auch bei Katarrh und Erkrankung der Atemwege (dann als Tee).

Grüner Salat mit Rosenblättern

Zutaten:
2 Köpfe Grüner Salat, 1 Handvoll gemischte Kräuter (z. B. Petersilie, Liebstöckel, Dill, Kerbel, Schnittlauch, Zitronenmelisse),
5–6 Rosenblütenblätter,
5 EL Kräuteröl,
3 EL Weinessig,
1 TL scharfer Senf,
3 EL Zitronensaft,
2 hartgekochte Eier,
Salz, Pfeffer

Zubereitung: Die Salatblätter in mundgerechte Teile zupfen, unter kaltem Wasser gut abspülen und putzen. Für die Salatsoße die Kräuter kleinhakken und zusammen mit Öl, Weinessig, Senf, Salz und Pfeffer sowie dem Zitronensaft in einer genügend großen Schüssel zu einer Marinade verarbeiten. Die Eier hartkochen, abschrecken, kleinhakken und unter die Marinade rühren. Die Salatblätter erst kurz vor dem Servieren mit der Marinade gut vermischen, damit sie nicht zusammengefallen und durchweicht auf den Tisch kommen. – Mit den Rosenblütenblättern garnieren.

Kommentar
Wer die Gartenlattiche (Grüner Salat) essen möchte, so Hildegard, „der beize sie zuerst mit Dill oder Essig oder auch anderen Kräutern." – Denn nur gebeizt wird der Grüne Salat „gemäßigt" und dadurch auch Kranken bekömmlich, „er stärkt das Gehirn und bereitet eine gute Verdauung". – Vom Dill sagt Hildegard, daß er gekocht (oder gebeizt) ein gutes Mittel gegen die Gicht ist. – Der Kerbel, gerade in der Kombination mit Dill, eignet sich gut zur Behandlung von Milzschmerzen, die durch übermäßigen Genuß von Rohkost entstanden sind. – Den Liebstöckel empfiehlt Hildegard u. a. bei Husten und Beschwerden im Hals- und Rachenraum. Die Petersilie wird innerhalb der Hildegardmedizin als „Petersilienwein" (siehe Seite 224) – u. a. bei Herzbeschwerden – gern verwendet. Die Rose empfiehlt Hildegard wegen ihrer „guten Kräfte" zu allen Heilmitteln als Zugabe.

Mehlspeisen und Desserts

Zur Abrundung eines Menüs gehören natürlich auch die Nachspeisen. Dennoch wollen wir nicht einer üppigen Völlerei das Wort reden, vielmehr ein paar Anregungen für die gezielte Auswahl eines Desserts geben. Denn auch hier ist der Mensch angehalten, sich das rechte Maß aufzuerlegen.
Wer also bereits eine Suppe sowie eine kräftige Hauptspeise zu sich genommen hat, sollte zum Dessert etwas Leichtes wählen oder auf eine Nachspeise verzichten. Hat man sich allerdings zum Hauptgang mit einem kleinen Gericht begnügt, so darf es zum Nachtisch ruhig noch etwas Kräftigeres geben. Überhaupt sollten wir uns nicht an straffe Menüs halten, sondern ganz nach Appetit und Laune zusammenstellen. So stellen wir in diesem Kapitel auch einige Mehlspeisen vor, die für sich alleine durchaus eine vollwertige Mahlzeit abgeben. –
Orientieren wir uns auch hier bei Hildegard, ergeben sich zwei wesentliche Grundzutaten: Dinkel und Quitte. – Beide nehmen nach der Heiligen Hildegard eine ganz herausragende Stellung ein, wobei der Dinkel, das Urkorn des Weizens, in all seinen Varianten eine Schlüsselposition für die gesunde Ernährung inne hat.
Die Quitte wiederum ist über ihren gesundheitlichen Nutzen hinaus als ein hervorragendes Mittel zum Beispiel gegen Gicht und Rheuma hochgeschätzt. – Vernachlässigt haben wir hier weitgehend Nachtschattengewächse, Erdbeeren etc., da sie nach Hildegard keinen gesundheitlichen Nutzen haben oder als Heilmittel wertlos sind. Was wiederum nicht heißt, daß man sie nicht essen soll, aber in Maßen und auf die persönliche Verträglichkeit abgestimmt.

Mehlspeisen und Desserts

Was für die Mehlspeisen der Dinkel, ist unter den Früchten die Quitte. Daneben erachtet Hildegard Brombeeren und Himbeeren als besonders nützlich – als Kompott oder Kaltschale

Mandelcreme mit Muskat-Keksen

Zutaten:
125 g geriebene Mandeln,
1¼ l Milch,
ca. 90 g Zucker,
8 Eigelb,
2 EL Speisestärke,
2 Vanilleschoten,
½ Zitrone (Schale)

Zubereitung: Die Milch auf mittlerer Hitze leicht zum Kochen bringen, die geriebenen Mandeln mit dem Zucker und den Eigelb leicht schäumig rühren, in die Milch einrühren und aufkochen lassen. Die Speisestärke unter schnellem Rühren dazugeben, die Flüssigkeit leicht cremig werden lassen und in eine Glasschüssel abfüllen. Noch solange leicht weiterrühren, bis die Masse nicht mehr allzu heiß ist. Entweder kalt stellen oder in kleinen Schüsseln lauwarm servieren.

Kommentar
„Wer aber ein leeres Gehirn hat", so Hildegard, „und ein Gesicht von blasser Farbe, und daher auch Kopfweh hat, esse oft die Kerne dieser Frucht (Mandelbaum), und es füllt ihm das Gehirn und gibt ihm eine gute Farbe." Roh oder gekocht empfiehlt sie die Mandelkerne auch bei Lungen- und Leberbeschwerden, denn sie geben der Lunge „neue Kräfte", weil sie den Menschen nicht „dämpfig" macht, noch „trocken", sondern „stark". – Vor übermäßigem Genuß der Mandelkerne sei allerdings wegen des Blausäuregehaltes gewarnt.

Grünkernauflauf mit Äpfeln

Zutaten:
200 g Grünkern-Schrot (unreifer Dinkel), 1 l Milch, 50 g Butter, Honig nach Geschmack, 2 Eier (getrennt), 50 g gemahlene Mandeln, 50 g Rosinen, ½ Zitrone, 500 g geraspelte Äpfel, Butter- und Getreideflocken

Zubereitung: Die Milch zum Kochen bringen und das Grünkernschrot darin langsam zu Brei kochen. Den Honig zusammen mit dem Eigelb schaumig rühren, die Mandeln, Rosinen, den Zitronensaft und die geriebene Schale zusammern mit den Äpfeln gut untermischen und die Masse gut durchrühren. Zum Schluß den steifen Eiweißschnee darunterziehen. In eine gefettete Auflaufform abwechselnd Grünkernbrei und Apfelmasse einschichten und im vorgeheizten Backrohr etwa 35 Minuten backen lassen. Fünf Minuten vor Ende der Backzeit Getreideflocken darüberstreuen. Eventuell vor dem Servieren mit Fruchtsaft übergießen.

Kommentar

Vom Apfel wissen wir, daß Hildegard ihn vor allem gekocht oder gebraten empfiehlt (siehe auch „Bratäpfel mit Minze"). Hingewiesen sei hier nochmals auf die Nützlichkeit der Winteräpfel, die ruhig etwas runzlig und abgelagert sein dürfen. Von ihnen sagt Hildegard ganz speziell, daß die Gesunden wie Kranken auch roh gut bekömmlich sind, besser natürlich wieder gekocht oder gebraten, oder eben als leckerer Auflauf mit dem Grünkorn, dem wertvollen, unreifen Dinkel (siehe „Dinkel").

Dinkelgrießschnitten mit Quittenkompott

Zutaten:
250 g Dinkelgrieß,
1 Liter Milch,
20 g Butter,
25 g Zucker, 1 Ei,
1 Eigelb, 1 Prise
Salz, Butter
zum Braten,
1 TL Zimt

Zubereitung: Die Milch mit dem Salz, der Butter und dem Zucker zum Kochen bringen, den Grieß unter ständigem Rühren leicht einrieseln lassen, bis er bei milder Hitze aufquillt. Nun das Ei und das Eigelb unter den Grieß rühren und die feste Masse etwa 2 Zentimenter dick auf ein feuchtes Holzbrett aufstreichen. Nach dem Abkühlen den Teig in portionsgroße Stücke schneiden, in Butter goldgelb herausbacken und mit einer Zucker-Zimt-Mischung bestreuen. Dazu das Quittenkompott servieren.

Dinkelgrießbrei mit Mandeln

Zutaten:
150 g Dinkelgrieß,
1 l Milch, 4 Eier,
60 g Zucker,
60 g Mandeln,
1 Zimtstange,
½ Zitrone

Zubereitung: Die Milch auf mittlerer Hitze zusammen mit der Zimtstange, dem Zucker, der abgeriebenen Zitronenschale und den Mandeln zum Kochen bringen. Den Dinkelgrieß langsam einrühren. Wenn er aufgequollen ist, vom Feuer nehmen, die Eidotter mit etwas Milch unter stetigem Rühren (damit das Ei nicht gerinnt) unterheben. Den Eiweißschnee schlagen und dazugeben. Den Grießbrei sofort heiß in eine Schüssel abfüllen und servieren – am besten mit Kompott oder einer darübergestreuten Zimt-Zucker-Mischung.

Kommentar
siehe Kapitel „Dinkel"
Von den Mandeln ist bei Hildegard nachzulesen, daß derjenige sie oft essen soll, „der Lungen- und Leberbeschwerden hat, denn sie geben der Lunge neue Kräfte." – Vor übermäßigem Genuß sei hier jedoch wegen des Blausäuregehaltes der Mandeln gewarnt.

Dinkelgrieß-Pudding

Zutaten:
100 g Dinkelgrieß,
100 g Zucker,
½ l Milch, 2 Eier,
1 Päckchen Vanillezucker

Zubereitung: Die Milch auf mittlerer Hitze zum Kochen bringen und den Dinkelgrieß zusammen mit dem Zucker (auch Vanillezucker) langsam einrühren. Kurz aufkochen (bis der Grieß aufgequollen ist) und von der Herdplatte nehmen. Die Eidotter unterrühren, das Eiweiß zu Schaum schlagen, dazugeben und alles zusammen unter ständigem Rühren nochmals aufkochen lassen. Von der Herdplatte nehmen, langsam kaltrühren und in eine nasse Schüssel gießen. Kalt servieren, zusammen mit Kompott oder Fruchtsaft.

Dinkelschrotklöße mit Kompott

Zutaten:
125 g feines Dinkelschrot, 125 g Dinkelgrieß,
40 g Butter,
350 ml Milch,
1 Prise Salz (1 gestr. TL), 6 Eier,
je eine Messerspitze Muskat, Kardamom,
1 Stengel Petersilie

Zubereitung: Für den sogenannten „Brandteig" nimmt man die Butter, das Salz und die Milch, läßt alles zusammen kurz aufkochen und nimmt den Topf wieder von der Platte. Dinkelschrot und Dinkelgrieß einrühren und wieder auf die Kochstelle geben, gut durcharbeiten, bis sich am Topf eine leichte Haut absetzt und der Teig „abgebrannt" ist. Den Teig in eine Rührschüssel geben, die Eier nacheinander gut unterrühren bis der Teig leicht glänzt und Bläschen schlägt. (Beim Herausziehen des Löffels sollen Spitzchen bleiben.) Gewürze gut unterrühren. Nun zwei Liter Wasser zum Kochen bringen, den Teig mit einem kleinen Löffel abstechen und in das bei kleiner Flamme köchelnde Wasser geben. Etwa 20–30 Minuten mehr ziehen als kochen lassen. Vor dem Servieren mit brauner Butter übergießen, dazu Kompott (am besten Quittenkompott, siehe Seite 181).

Dinkelauflauf (pikant)

Zutaten:
250 g Dinkelschrot,
100 g Dinkelkörner,
1 Liter Fleischbrühe,
150 g Schinken,
Fleisch von ½ Huhn,
1 Zwiebel, Salz,
Pfeffer, Petersilie

Zubereitung: Den Dinkel über Nacht in Wasser einweichen, am nächsten Morgen kochen und einige Zeit quellen lassen (ca. 1–1½ Stunden). Die Fleischbrühe zum Kochen bringen, den Dinkelschrot einrühren und durchkochen, bis ein zähflüssiger Teig entsteht. Das Hühnerfleisch, am besten Brüstchen – aber auch Reste, und den Schinken kleinschneiden, die Zwiebeln und die Petersilie kleinhacken. Die Dinkelkörner unter den Teig mengen und mit Pfeffer und Salz abschmecken. In eine gefettete feuerfeste Glasform nun eine Schicht Teig, dann Schinken, Huhn, Zwiebel und Petersilie, dann wieder Teig und wieder Fleisch in Lagen einschichten. Oben sollte immer eine dünne Schicht Teig aufliegen. Im vorgeheizten Backrohr bei ca. 200 Grad etwa 35 Minuten backen.

Bratäpfel mit Minze

Zutaten:
4 säuerliche Äpfel,
8 Blättchen frische Minze, 2 EL Apfel- oder Minzgelee,
1 EL gehackte Nüsse,
½ TL Zimtpulver,
1 EL Sultaninen,
ca. 50 g Zucker,
Butter

Zubereitung: Die vier Äpfel gut abwaschen, trokkentupfen und die Kerngehäuse ausstechen. Die Äpfel ringsherum mit einem Messer kreuzförmig einritzen, die gehackten Minzeblättchen zusammen mit den Nüssen, den Sultaninen, dem Zimtpulver, Zucker und dem Apfel – oder Minzgelee vermischen. Die Masse in die ausgestochenen Äpfel füllen. Eine hohe Bratpfanne (oder noch besser eine feuerfeste Glasschüssel) mit Butter einfetten, die Äpfel hineingeben und im Backofen bei 220 Grad etwa 20–25 Minuten braten. Sofort heiß servieren.

Kommentar
Die Früchte des Apfelbaumes sind nach Hildegard gut und leicht verdaulich, da sie „vom Tau gekocht" sind. So können sie Gesunde ohne besondere Zubereitung gut vertragen. Schwache und kranke Menschen sollen sie jedoch nur gebacken oder gekocht zu sich nehmen, da sie ihnen roh nicht zuträglich sind. Am besten sind die Äpfel im Winter, wenn sie schon leicht „schrumpelig und runzlig" sind, dann bekommen sie Gesunden wie Kranken. – Die sehr aromatische Minze beugt nicht nur Völlegefühl vor, sondern wird auch gerne bei Magen- und Darmbeschwerden genommen (als Aufguß wird sie zum Beispiel auch gerne bei Gallenkoliken verwendet). Weiter wirkt das Kräutlein schleimlösend, nervenberuhigend und ganz allgemein keimtötend. Apfel und Minze passen übrigens auch geschmacklich hervorragend zueinander (Sehr gut auch: Apfelschalen-Tee mit Minze).

Kaltschale mit Brombeeren

Zutaten:
1 l Buttermilch,
500 g Brombeeren,
150 g Zucker
(Diätsüße entspr.),
½ Tütchen
Vanillezucker,
⅛ l Weißwein,
1 Zitrone (Saft)
2 cl Cointreau

Zubereitung: Die Beeren vorsichtig unter kaltem Wasser abwaschen (falls nicht selbst im Wald gepflückt), auf einem Sieb abtropfen lassen. Den Weißwein zusammen mit dem Zucker und Vanillezucker aufkochen, bis sich der Zucker gelöst hat – kalt stellen. Die Beeren mit dem Wein, dem Saft der Zitrone und dem Cointreau vermischen und im Kühlschrank etwa 20 Minuten durchziehen lassen. Kurz vor dem Servieren die Buttermilch unterrühren und kalt servieren.

Kommentar
Aus unserer heutigen Sicht ist Hildegard nur schwer zu verstehen, wenn sie über Beeren kaum etwas Positives aussagt, zum Beispiel Erdbeeren überhaupt ablehnt. – Vielleicht gar nicht zu unrecht, denken wir nur daran, daß eine Reihe von Menschen gegen Erdbeeren allergisch ist, nicht nur das, sie sogar Unwohlsein, Kopfschmerzen und Migräneanfälle bereiten. – Als einzige Wildbeere läßt sich noch die Brombeere bei Hildegard unter der Rubrik „gut" einstufen. Als Heilmittel ist sie nicht erwähnt.

Kräuterpfannkuchen mit Dinkelmehl

Zutaten:
250 g Dinkelmehl,
250 g Dinkelgrieß,
0,75 l Milch, 5 Eier,
1 Prise Salz, Butter
oder Öl zum Backen,
2 Handvoll Kräuter
(Petersilie,Basilikum,
Liebstöckel etc.)

Zubereitung: Den Dinkelgrieß in die Milch einrühren und zwischen einer halben und einer Stunde ziehen, beziehungsweise quellen lassen. Das Mehl zusammen mit den Eigelb und den gehackten Kräutern unterrühren, den steif geschlagenen Eiweißschaum unterheben und das Ganze zu einem nicht zu dicken und nicht zu dünnen Pfannkuchenteig aufrühren. Öl oder Butter in einer Pfanne erhitzen und den Teig mit einer Schöpfkelle nicht zu dick in die Pfanne einfließen lassen und die Pfannkuchen goldbraun braten.

Schlehen-Gelee

Zubereitung: Die Früchte waschen, entstielen und in Viertel schneiden. Gut mit Wasser bedeckt bei mittlerer Hitze weichkochen, die Masse in ein engmaschiges Sieb schütten und den Saft ablaufen lassen, die Fruchtreste durchpassieren. Den Zukker unterrühren, das Mark der Vanilleschoten auskratzen und zusammen mit der abgeriebenen Schale der unbehandelten Zitrone unterrühren. Etwa fünf Minuten kräftig durchkochen lassen, in Gläser abfüllen und verschließen. – Die Schlehen pflückt man am besten nach dem ersten Frost im Oktober oder November, da sie dann milder im Geschmack sind.

Zutaten:
1 Kilo Schlehenfrüchte,
1 Kilo Einmachzucker,
1 Zitrone (Schale),
2 Vanilleschoten,
Wasser

Kommentar
Die Schlehe empfiehlt Hildegard vor allem bei Magenbeschwerden und Magenverschleimung: „Und wer krank am Magen ist, der nehme die Früchte des Schlehenstrauches, trockne sie im Feuer oder koche sie in Wasser und esse sie oft. Sie vertreiben den Schmutz und den Schleim im Magen. Und wer die Kerne mitißt, dem schaden sie auch nicht". – Wer schwere Gicht hat, „so daß ihm die Sinne schwinden", dem rät Hildegard zu einem Trank aus der Asche des Schlehenholzes, Nelkenpulver und „Cynamomus" (Apotheke). Nach Hildegard ist dieser Trank „besser als Gold." – Über die Früchte des Zitronenbaumes (Blätter und Früchte) weiß Hildegard, daß sie gut sind gegen Fieber.

Quittenbrot

Zutaten:
1½ Kilo Quitten (am besten Birn-Quitten),
Zucker nach Bedarf und Verträglichkeit (ca. 1 Kilo),
1 Stange Zimt,
2–3 Nelken,
2 EL Öl,
1 Vanilleschote

Zubereitung: Die Birn-Quitten genauso wie beim Quittenkompott in Schnitze schneiden und samt Gehäuse und Schale garkochen. Die gekochten Quitten nun durch ein Sieb drücken, das Mus mit der gleichen Gewichtsmenge Zucker verrühren, das Mark der Vanilleschote und den Zimt dazugeben. Solange unter Rühren kochen, bis eine feste Masse entsteht. Ein Backblech mit Öl einreiben, die Quittenmasse gleichmäßig daraufstreichen, kalt werden lassen und gut trocknen. Dann in kleine.Würfel schneiden und einige Tage an einem luftigen Platz nachtrocknen lassen und in einer Dose aufbewahren (Haltbarkeit: ca. 1 Monat). Bei Verträglichkeit können die Würfel vor dem Austrocknen auch in etwas Puderzucker oder geriebenen Nüssen gewendet werden.

Kommentar
Die hervorragende Eignung der Quittenfrucht zu Behandlung und Vorbeugung von Gicht und Rheuma ist unter den Naturärzten, die sich an den Erkenntnissen der Heiligen Hildegard orientieren, unbestritten (siehe auch „Quittenkompott"). Die Quitte, so Menschen, die mit dieser Frucht ihre Gicht und Rheumaleiden behandelt haben, wirke wie ein „Schwamm, der alles Schädliche und Schmutzige im Körper aufsaugt". Wie Sie auch immer die Quitte zu sich nehmen, ob gekocht, gebraten, als Mus, Kompott oder Gelee, ihre Wirkung entfaltet sie in allen Zubereitungsformen.

Quittenkompott

Zubereitung: Die Früchte (Birn-Quitten eignen sich am besten) möglichst nur abreiben, in größere Schnitze schneiden (achteln) und samt Kerngehäuse und Schale garkochen, doch nicht zu weich (die Kerne geben dem Kompott übrigens eine schöne rötliche Farbe). Die Schnitze abseihen, durch ein grobes Sieb drücken, abwiegen und mit der gleichen Menge Zucker, dem Zimt, den Nelken und dem Ingwer verrühren. Das Ganze nochmals kräftig aufkochen lassen (unter ständigem Rühren) und mit dem Calvados oder Obstler abschmecken.

Zutaten:
1½ Kilo Quitten (am besten Birn-Quitten),
ca. 1 Kilo Zucker,
1 Stange Zimt,
4 cl Calvados oder Obstler, 2–3 Nelken

Kommentar
Die Quitte nimmt bei Hildegard eine herausragende Stellung ein, innerhalb der „Hildegardmedizin" ist sie hochgeschätzt, vor allem gegen Gicht und Rheuma. – „... wenn die Quitte reif ist", so Hildegard, „schadet sie roh weder dem kranken noch gesunden Menschen, gekocht oder gebraten ist sie dem Gesunden und Kranken aber besser bekömmlich. Wer an Gicht leidet, der soll diese Frucht gekocht oder gebraten essen, und die Gicht wird unterdrückt in ihm ... und wer viel Speichel auswirft, esse diese Frucht ebenfalls gekocht oder gebraten, und sie trocknet ihn innerlich ..." Gegen Geschwüre helfen nach Hildegard ebenfalls gekochte Quitten (auch Kerne), allerdings als Umschlag. Speziell bei Rheuma wurden schon sehr gute Erfahrungen gemacht, auch mit rohen Schnitzen. Je nach Geschmack darf die etwas saure Frucht auch gezuckert werden, aber niemals im Übermaß. Bei Rheuma und Gicht soll man soviel Quitten essen, als Mus oder gekocht, wie man verträgt, je mehr desto besser der Erfolg (auch süßsauer, siehe Kürbis).

Rotweingelee mit Sauerkirschen

Zutaten:
¼ l Rotwein, ¼ l Saft von Kornelkirschen,
1 Zimtstange,
2–3 Gewürznelken,
Schale einer unbehandelten Zitrone,
2 cl Kirschwasser,
1 Pfund Sauerkirschen (Glas),
⅛ l Sahne,
ca. 100 g Zucker,
6 Blättchen Gelatine

Zubereitung: Die Gelatineblättchen in kaltem Wasser einweichen. Den Rotwein mit dem Kirschsaft, der Zimtstange, den Nelken und der Zitronenschale bei schwacher Hitze zum Kochen bringen, die Gewürze wieder herausnehmen. Die Gelatine ausdrücken und im Rotwein-Kirschsaft-Gemisch unter Rühren auflösen. Das Ganze vom Herd nehmen, mit dem Kirschwasser abschmecken und abkühlen lassen. Die Kirschen in Gläser verteilen und vier Stück zum Garnieren zurückbehalten. Den Rotwein über die Kirschen gießen und im Kühlschrank erstarren lassen. Kurz vor dem Servieren mit etwas Sahne (auch geschlagen) garnieren.

Kommentar
Bei Hildegard hat die Frucht des Kirschbaumes weder großen Nutzen noch schadet sie. Lediglich schwache und kranke Menschen sollen nicht zu viel Kirschen essen, denn im Übermaß schaden sie demjenigen, der „üble Säfte in sich hat“. Wie vieles bei Hildegard, so erfährt jedoch auch die Kirsche durch einlegen, beizen und kochen eine Verbesserung ihrer Verträglichkeit, noch dazu in Wein (der wiederum nur „rein“ einen Nutzen hat). So zum Beispiel nützt die Kirsche für ein starkes Blut. Für eine Minderung der „üblen Säfte“ sorgt der Zimt. Die Gewürznelke erwähnt Hildegard bei Kopfschmerzen und Wassersucht – beide zusammen „dämpfen die Bitterkeit des Herzens, machen einen fröhlichen Geist und verleihen ein starkes Blut“.

Eigene Rezepte

Erfahrungen

Gesund durchs Jahr

Das Richtige für jede Jahreszeit – Rezeptvorschläge und Hinweise zur gesunden Ernährung unter Berücksichtigung der Jahreszeit

Genauso wenig wie es bei Hildegard *das* Allheilmittel gibt, sind auch die Empfehlungen zur richtigen Ernährung pauschal zu betrachten. Essen und Trinken hat im Sommer eine andere Bedeutung als im Winter. Das hängt schon damit zusammen, daß Hildegard ganz eindeutig empfiehlt, das zu essen, was die Natur der Jahreszeit gemäß gerade zu bieten hat. Zu berücksichtigen ist allerdings, daß die Menschen des Mittelalters nur sehr wenige und unvollkommene Techniken zur Haltbarmachung und Konservierung der Lebensmittel kannten. Von den heute uns zur Verfügung stehenden Möglichkeiten sei deshalb nicht abgerückt, Kühlschrank und Kühltruhe bringen zweifelsohne große Vorteile. Sie liegen schon allein darin, daß wir fast alle nützlichen Gemüse und Kräuter einfrieren können. So stehen sie auch in der Zeit zur Verfügung, in der sie nicht gerade frisch gedeihen. Eine Ausnahme sind all diejenigen Zutaten, die wir problemlos trocknen (siehe dazu unseren Kräuterteil im Anschluß an dieses Kapitel) oder einmachen können. Weiter sind wir heute in der glücklichen Lage, durch schnellere und eingespieltere Verkehrswege frische Gemüse und Früchte zu erhalten, die nicht unserer Jahreszeit oder unserem Klima entsprechen. Und diese Möglichkeiten sollten wir durchaus nützen. Von „Dosen-Nahrung" sei jedoch abgeraten, zu empfehlen sind nur Frischprodukte oder, wenn nicht anders möglich, tiefgekühlte Produkte.

Wo liegen aber nun die Unterscheidungen im Einzelnen? – Hören wir, was bei Hildegard am Beispiel des Winters zu lesen ist: „Der Mensch, der bei eisiger Winterkälte sehr heiße Speisen zu sich nimmt, und dabei selbst kalt ist, kann sich die ‚Schwarzgalle' zuziehen. Wer jedoch sehr kalte Speisen ißt, und dabei innerlich kalt ist, der bekommt davon Fieber." – Der richtige Weg liegt also auch hier in der Mitte. Sie empfiehlt während der kalten Jahreszeit gut temperierte Speisen, nicht zu heiß und nicht zu kalt. Nur so bringen sie dem Menschen „ein rechtes Blut". Nicht zu kalt aber auch nicht zu warm soll auch der Platz sein, an dem die Speisen eingenommen werden, „nur dann wird sich der Mensch in den Speisen die Gesundheit erhalten". – So sei auch gleich mit der verbreiteten Meinung aufgeräumt, daß das heiße Süppchen aus klammen Händen gelöffelt etwas besonders gutes und nützliches wäre. Zudem sind uns ja Ratschläge vertraut, die mahnen, weder zu kalt noch zu heiß zu essen. Dennoch entspricht es nicht unserer Mentalität und „Eßkultur", daß wir etwa „nur" lauwarme oder mild temperierte Speisen zu uns nehmen. Denken wir nur an den Ärger, den eine nicht „heiß" servierte Mahlzeit in so manch einem von uns verursacht. – So besteht auch kein Grund, uns über die Eßgewohnheiten der Südländer zu erheben. Zum Beispiel in Griechenland wird kaum eine Mahlzeit heiß serviert – in unseren Augen ein Beweis für die Unzulänglichkeit einer Küche. – Jetzt sollten wir es besser wissen. Erinnern wir uns auch daran, was Hildegard über die Wärme des Eßplatzes gesagt hat und denken an unsere oft überheizten Räume im Winter.

Ebenso eindeutig äußert sich die Klosterfrau des Mittelalters über richtige und falsche Eß- und Trinkgewohnheiten im Sommer. In einem Kapitel „Von der großen Sommerhitze und der Verschiedenheit der Mahlzeiten" können wir nachlesen: „Der Mensch, der im Sommer heiße Speisen zu sich nimmt und auch innerlich sehr warm ist, verursacht bei sich leicht die Gicht. Wer aber innerlich sehr warm ist und sehr kalte Speisen zu sich nimmt, verursacht eine Verschleimung des Magens. So soll der Mensch im Sommer warme und kalte Nahrung in gemäßigter Form essen, diese bringt dann ein gutes Blut und gesundes Fleisch." – Entscheidend ist neben dem „wie" auch das „wieviel". Ißt nämlich der innerlich erhitzte Mensch viel, so Hildegard, erhitzt sich sein Blut vom reichlichen Essen und die Körpersäfte wandeln sich zum Schlechten, das „Fleisch des Körpers würde aufgebläht". Ißt er aber mäßig, so bringt ihm dies keinen Schaden, sondern erhält seine Gesundheit. Ruhig etwas reichlicher essen darf man dagegen im Winter, „es macht gesund und fett". Wobei mit „fett" nicht die Unförmigkeit gemeint ist, sondern ein normales Maß.

Für alle Jahreszeiten gilt, daß sich der Mensch vor „kochendheißen und dampfenden Speisen hüte".

Eigens kommt Hildegard auch auf die rechten und unrechten Trinkgewohnheiten zu sprechen. So mahnt sie den Menschen, im Winter nicht zuviel zu trinken, „weil auch die Luft seine Säfte feucht macht. Durch übermäßiges Trinken verwandelt der Mensch seine Säfte und zieht sich Krankheit zu". Ebenso empfiehlt sie im Winter eher Wein und Bier als Wasser, da zu dieser Zeit „das Wasser wegen der großen Durchfeuchtung der Erde nicht so gut sei." –

Im Sommer dagegen darf man etwas reichlicher trinken, in etwa angeglichen an die Menge der Speisen und ihrer Eigenart, da zu dieser Zeit die „Säfte trockener werden". Ist man im Sommer sehr erhitzt, so soll man etwas temperiertes (lauwarmes) Wasser trinken und sich anschließend leicht bewegen. „Dies nützt der Gesundheit mehr als wenn der Mensch Wein trinkt". – Fühlt man sich aber schwach oder kränklich, so empfiehlt Hildegard ein Gemisch aus Wein und Wasser oder Bier und Wasser. Denken wir bei diesen Ratschlägen ebenfalls kurz an die Trinkgewohnheiten der Südländer, die zu allen Mahlzeiten ein Glas Wein, auch mit Wasser gemischt, trinken.

„Vor übermäßigem Trinken hüte sich der Mensch zu allen Zeiten... er soll sich aber auch kein Getränk vorenthalten, da er sonst schwerfällig wird... und es dem Menschen keine gute Verdauung einbringt."

Basierend auf den allgemeinen Ratschlägen über das jahreszeitlich bedingte Essen und Trinken und den konkreten Erkenntnissen über die Nützlichkeit von Kräutern und Nahrungsmitteln, haben wir nun auf den folgenden Seiten Rezeptvorschläge zusammengestellt, die Sie ernährungsbewußt durchs Jahr begleiten sollen.

Fit ins Frühjahr

Das Frühjahr ist heute die „klassische" Zeit der Fastenkuren, der Reinigung und Entschlackung des Körpers von angesammelten Schlacken und Fettpolstern. Im Mittelalter hatte das Fasten freilich noch eine etwas andere Bedeutung. Dient es uns heute in erster Linie zur Fitness und zur Wiedererlangung der „Badehosenfigur", war das Fasten zu Zeiten Hildegards eine echte Aufgabe. Zum einen war es religiöser Natur, um seine Bußfertigkeit gegenüber dem Herrn und Schöpfer zu zeigen, zum anderen ein Akt von gesundheitlicher und auch sozialpolitischer Bedeutung. Das sehr reichliche aber auch einseitige Essen machte Fastentage geradezu notwendig. Auch verlangte die Kirche noch mehr Opferbereitschaft von ihren Gläubigen. Was sich heute auf die „klassischen Fastentage" Karfreitag, Aschermittwoch und Gründonnerstag reduziert hat, war im Mittelalter fester Bestandteil des Lebens rund ums Jahr. Und wenn an Sonn- und Feiertagen „gevöllert" wurde, so gingen entweder Fastentage oder auch vom Geldbeutel diktierte „magere Tage" voraus. Als Beispiel sei hier nur noch die Adventszeit aufgeführt, die früher noch Fastenzeit war. So durfte dann an Weihnachten auch bei Tisch ordentlich gefeiert werden. Heute beginnt die immer noch sehr verbreitete „Weihnachtsvöllerei" schon mit diversen „Nikolausfeiern" und endet meist erst nach Neujahr. Kein Wunder, wenn wir es dann im Frühjahr nötig haben, unsere Fastenkur zu machen, auch wenn sie mehr der Eitelkeit als der Bußfertigkeit dient.

Nach Hildegard bedeutet das Fasten jedoch keine Selbstkasteiung oder „Nulldiät". Vielmehr warnt sie die Menschen davor, sich in übertriebener Weise der Nahrung zu enthalten und so dem Körper den angemessenen Ersatz an sonst gewohnter Nahrung vorzuenthalten. Dies schlägt sich nicht nur auf die Gesundheit, sondern auch auf den Geist nieder. Fasten- oder Frühjahrskur soll in unserem Sinne heißen, sich zwar zur reduzieren, dennoch nicht das rechte Maß außer Augen zu lassen. Außerdem gibt es nach Hildegard einige sehr probate und auch leckere Speisen und Getränke, die uns die Frühjahrskur nicht zur qualvollen Enthaltsamkeit werden lassen. Auf den nachfolgenden Seiten haben wir einige Vorschläge zusammengestellt, die Ihnen helfen sollen, „fit ins Frühjahr" zu kommen.

Frühstück (jeweils für 1 Person)

Apfel-Sellerie-Quark

Zutaten:
100 g Magerquark,
2 EL Milch,
50 g Sellerieknolle,
50 g Apfelschnitze,
1 EL Zitronensaft

Zubereitung: Den Magerquark gut mit der Milch verrühren, Apfel und Sellerieknolle waschen, dünn schälen und jeweils 50 Gramm davon kleinraspeln. Sofort mit dem Zitronensaft und dem Milchquark gut vermischen. Dazu eine Scheibe Knäckebrot oder Dinkelbrot mit Butter und Honig.

Brombeerquark

Zutaten:
2 große Eßlöffel Magerquark, 2 EL Milch, 50 g Brombeeren, (frisch oder eingemacht),
1 Prise Zucker,
1 TL Zitronensaft

Zubereitung: Den Magerquark in ein kleines Dessertschüsselchen geben und gut mit der Milch verrühren. Die Brombeeren dazugeben und den Quark mit einem Spritzer Zitronensaft und einer Prise Zucker abschmecken. Eventuell dazu ein Dinkelbrot mit Honig servieren.

Frühlingsfrühstück

Zutaten:
2 Eßlöffel Magerquark,
2 EL frisch gehackte Kräuter,
1 Prise Salz, Pfeffer,
0,2 l Orangensaft,
1 Scheibe Knäckebrot,
1 Scheibe Vollkornbrot,
1 EL Butter,
1 TL Honig, 1 Ei,
1 Glas Fencheltee

Zubereitung: Den Magerquark mit den frischen Kräutern gut vermischen und mit etwas Salz und Pfeffer abschmecken. Das Ei weichkochen und kurz abschrecken. Das Knäckebrot mit der Hälfte der Butter bestreichen und den Quark daraufgeben. Das Dinkelbrot mit der anderen Hälfte der Butter und dem Honig bestreichen. Dazu eine Tasse Fencheltee und ein Glas Orangensaft.

Müsli aus Dinkelschrot

Zubereitung: Das Dinkelschrot kurz in Wasser aufkochen und über Nacht quellen lassen. Am nächsten Morgen die Milch leicht anwärmen, den Honig und die Rosinen untermischen, die Orange schälen und würfeln. Die Honigmilch mit den Orangestückchen und dem Dinkelschrot gut durchmischen und servieren.

Zutaten:
50 g Dinkelschrot,
10–15 Rosinen,
1 TL Honig,
⅛ l Milch,
½ Orange

Mittagessen

Gebackene Kohlrabi

Zubereitung: Die Kohlrabi unter kaltem Wasser gut abwaschen (den Stiel entfernen) und in Scheiben aufschneiden (etwa zentimeterdicke Scheiben). Etwas Öl in der Pfanne erhitzen und die Kohlrabischeiben von beiden Seiten goldbraun braten, herausnehmen und in eine gefettete Form schichten. Die Kräuter kleinhacken, mit den Eiern und der Milch verquirlen und über das Gemüse schütten. Mit Salz und Pfeffer leicht würzen. Im vorgewärmten Backofen etwa 30 Minuten bei 200 Grad backen lassen.

Zutaten:
1 Kilo Kohlrabi,
2 Bund Petersilie,
1 Zweig Majoran,
1 Zweig Thymian,
6 Eier, 6 EL Milch,
Salz, Pfeffer,
2 EL Öl

Rindfleischsuppe mit Sellerie

Zubereitung: Das Rindfleisch zusammen mit dem Suppengemüse und einer Zwiebel weichkochen. Die Sellerieknollen dünn schälen, in feine Scheibchen schneiden und in der Brühe garkochen. Das Fleisch in kleine Scheibchen schneiden und zusammen mit den kleinen Selleriescheibchen und den kleingehackten Kräutern heiß servieren.

Zutaten:
500 g mageres Rindfleisch,
1 Bund Suppengemüse
2 Knollen Sellerie,
1 Zwiebel, Petersilie,
Liebstöckel,
Schnittlauch, Salz
und Pfeffer

Fleischspieße mit Salbei

Zutaten:
250 g Rinderlende,
250 g Leber,
1 Bund Salbei,
2 EL Kräuteröl,
Salz und Pfeffer
frisch aus der Mühle

Zubereitung: Rinderlende und Leber unter kaltem Wasser gut abspülen, trockentupfen und in kleine mundgerechte Würfel schneiden. Den Salbeibüschel kurz unter kaltem Wasser abschwenken, trockentupfen und die Blätter abwechselnd mit einem Stücken Leber und einem Würfelchen Lende auf Schaschlikspießchen stecken. Gleichmäßig mit etwas Salz und frischem Pfeffer würzen und etwa zehn Minuten von allen Seiten rundherum braten. Dazu: Dinkelbrot mit Knoblauch.

Gebeizte Kräuterforellen

Zutaten:
2 Forellen (filetieren lassen),
2 Bund Dill,
1 Bund Petersilie,
5–6 Blättchen Zitronenmelisse,
1 Zitrone, 1 TL Salz

Zubereitung: Die Forellenfilets unter kaltem Wasser abspülen und trockentupfen. Die Filets von allen Seiten gut mit Salz einreiben und auf ein Blatt Alufolie legen. Die Kräuter feinhacken und die Filets dick damit einreiben und bestreuen. Die Fischfilets mit der Folie zusammenrollen (oder nur eng umschließen) und mindestens einen Tag in einer Schüssel im Kühlschrank gut durchziehen lassen. Vor dem Servieren mit Zitronensaft beträufeln. Dazu: Dinkelvollkornbrot.

Abendessen

Gemüsesuppe

Zutaten:
500 g frisches Gemüse,
1 l Fleischbrühe,
1 Handvoll Kräuter,
1 EL Butter, Salz,
Pfeffer

Zubereitung: Das Gemüse abwaschen, vorbereiten, in kleine Scheibchen schneiden und in Butter leicht andünsten. Mit Fleischbrühe aufgießen und das Gemüse garkochen (darf ruhig noch etwas knackig sein). Die frischen Kräuter hacken und kurz vor dem Servieren über die Suppe streuen. Dazu: Dinkelbrot.

Hühnerbrüstchen mit Basilikum

Zubereitung: Die Hühnerbrüstchen abspülen, trockentupfen und in etwas Öl rundherum anbraten. Aus der Pfanne nehmen, salzen und pfeffern. Die Zwiebel kleinhacken und im Bratöl glasig dünsten, mit Weißwein ablöschen. Das Fleisch wieder dazugeben und etwa 25 Minuten fertiggaren lassen. Kurz vor dem Servieren die kleingehackten Basilikumblättchen unter die Weinsoße rühren. Dazu: Dinkelrisotto.

Zutaten:
4 Hühnerbrüstchen,
¼ l Weißwein,
1 Bund Basilikum,
4 EL Kräuteröl, Salz,
Pfeffer, 1 Zwiebel

Hackfleischauflauf

Zubereitung: Das Hackfleisch gut mit Salz, Pfeffer, Senf, Majoran, dem zerdrückten Knoblauch, dem Tomatenmark, den Semmelbröseln und den Eiern vermischen und durchkneten. Die Zucchini waschen und in kleine Scheibchen schneiden. Eine feuerfeste Glasform etwas fetten und das Hackfleisch abwechselnd mit den Zucchinischeiben (jeweils mit der gehackten Petersilie bestreuen) hineinschichten. Im vorgeheizten Backofen etwa 35 bis 40 Minuten backen. Dazu: Dinkelbrot und Grüner Salat.

Zutaten:
250 g Rinderhackfleisch, 250 g
Beefsteakhack,
4 kleine Zucchini,
1 Bund Petersilie,
1 Knoblauchzehe,
2 EL Dinkelsemmelbrösel,
2 EL Tomatenmark,
1 TL Senf,
1 EL Majoran, 2 Eier

Krabbenfleisch mit Dillsahne

Zubereitung: Das Krabbenfleisch mit etwas Zitronensaft beträufeln und in einer kleinen Schüssel ein paar Minuten durchziehen lassen. Den Dill kleinhacken und zusammen mit der sauren Sahne, Salz und Pfeffer zu einer Soße verrühren. Das Krabbenfleisch dazugeben und gut mit der Soße vermischen. Serviervorschlag: auf einer Scheibe Dinkelbrot (Vollkorn- oder Weißbrot).

Zutaten:
100 g Krabbenfleisch (pro Person),
1 Bund Dill,
⅛ l saure Sahne,
2 TL Zitronensaft,
Salz, Pfeffer

Salate, die jede Mahlzeit ersetzen

Spargelsalat mit Brunnenkresse

Zutaten:
500 g frischer Spargel,
1 Handvoll Brunnenkresse,
2 EL Zitronensaft,
2 EL Kräuteröl, Salz,
Schwarzer Pfeffer

Zubereitung: Den Spargel von oben nach unten dicker werdend schälen, in Salzwasser ca. 25 Minuten garkochen und anschließend kaltstellen. Die Brunnenkresse kurz unter kaltem Wasser abschwenken und mit einer Marinade aus Zitronensaft, Kräuteröl und etwas Spargelsud vermischen. Die Spargel in kleine Stückchen schneiden und mit der Marinade gut vermischen. Vor dem Servieren den Salat etwa 30 Minuten gut durchziehen lassen. Dazu: Dinkelvollkornbrot.

Zucchinisalat mit Rindfleischstreifen

Zutaten:
4 kleine Zucchini,
200 g Rinderbraten,
2 große Büschel Basilikum,
2 EL Weinessig,
2 EL Kräuteröl,
1 TL Senf,
2 EL Sahne, Salz,
Pfeffer

Zubereitung: Die Zucchini waschen, von ihren Stielen befreien und in sehr dünne Scheibchen schneiden (Gurkenhobel). Aus Weinessig, Kräuteröl, Senf, Salz, Pfeffer und Sahne eine Marinade rühren. Die Zucchinischeibchen hineingeben und einige Zeit gut durchziehen, beizen lassen. Kurz vor dem Servieren das kalte Rindfleisch in kleine Streifchen schneiden und untermischen. Dazu: Dinkelknoblauchbrot (Zucchini sind Nachtschattengewächse und sollten nur bei guter Verträglichkeit genossen werden).

Feldsalat mit Schafskäse

Zutaten:
2 Büschel Feldsalat,
200 g Schafskäse, je ein Büschel Petersilie und Basilikum,
2 EL Kräuteröl,
2 EL Weinessig,
Salz, Pfeffer

Zubereitung: Den Salat gut waschen, putzen und trockenschwenken. Das Öl zusammen mit dem Weinessig, Salz, Pfeffer und den kleingehackten Kräutern zu einer Marinade verarbeiten. Die Salatblättchen hineingeben und gut durchmischen. Den Schafskäse leicht zerbröckeln und ebenfalls locker unter den Salat mischen, mit Schnittlauch bestreuen. Dazu: Dinkelvollkornbrot.

Geflügelsalat

Zubereitung: Das gegarte Hühnerfleisch in kleine Stückchen schneiden (ohne Haut). Die Petersilie kleinhacken und mit dem Zitronensaft, der gewürfelten Orange, dem Senf und der Sahne zu einer Soße verrühren. Die Hühnerfleischstückchen hineingeben, gut vermischen und mit Salz und Pfeffer abschmecken (auch mit Äpfeln). Dazu: Dinkelbrot.

Zutaten:
400 g Hühnerfleisch, 1 EL Zitronensaft, 1 TL Senf, 1 Bund Petersilie, 1 Orange, ⅛ l Sahne, Salz, Pfeffer

Kalbfleischsalat mit Dill und Radieschen

Zubereitung: Das gegarte Kalbfleisch (kalt) in dünne Scheiben schneiden. Den Zitronensaft zusammen mit dem Kräuteröl, der zerdrückten Knoblauchzehe, dem kleingehackten Dill sowie Salz und Pfeffer zu einer Marinade verrühren. Das Kalbfleisch dazugeben und mit den kleingeschnittenen Radieschen (feine Scheibchen) vermischen. Das Ganze mindestens eine halbe Stunde durchziehen lassen und mit Dinkelbrot servieren.

Zutaten:
400 g Kalbfleisch (gegart), 1 Bund Dill, 2 EL Zitronensaft, 2 EL Kräuteröl, 1 Bund Radieschen, 1 Zehe Knoblauch, Salz, Pfeffer

Kopfsalat mit Dinkel-Knoblauchbrot

Zubereitung: Den Kopfsalat auseinanderteilen, putzen, unter kaltem Wasser gut abwaschen und in mundgerechte Blättchen zerteilen. Die Kräuter kleinhacken und mit dem Weinessig, dem Kräuteröl, der Prise Zucker und dem Joghurt zu einer Marinade verarbeiten. Vier Scheiben Dinkelweißbrot etwas mit Knoblauchbutter bestreichen und goldgelb rösten. Die Salatblätter in die Marinade geben, gut untermischen und zusammen mit dem Knoblauchbrot servieren.

Zutaten:
2 Kopfsalate, 1 Handvoll frische Kräuter, 1 Becher Joghurt (Magerstufe), 2 EL Weinessig, 2 EL Kräuteröl, 1 Prise Zucker, Salz, Pfeffer, 4 Scheiben Dinkelweißbrot

Gefüllte Honigmelone

Zutaten:
2 kleine Honigmelonen, 1 Bund Dill, 2 kleine Äpfel, 200 g Krabbenfleisch, 1 EL Zitronensaft, 1 EL Apfelbrandy (Calvados), 1 Prise Zucker

Zubereitung: Die zwei kleinen Honigmelonen waschen und halbieren, die Kerne mit einem Löffel herauskratzen. Die Äpfel schälen, entkernen und in kleine Scheibchen schneiden. Den Dill kleinhacken und zusammen mit dem Zitronensaft, dem Apfelbrandy und dem Zucker zu einer Marinade verarbeiten. Die Apfelscheibchen untermischen und das Ganze in die Melonenhälften füllen. Etwa 15 Minuten durchziehen lassen und kalt servieren (Nicht aus dem Kühlschrank!)

Sellerie-Apfelsalat

Zutaten:
4 kleine oder 2 große Sellerieknollen, 2 Äpfel, 1 Handvoll Kräuter (Petersilie, Schnittlauch ect.), 2 EL Öl, 2 EL Weinessig, 1 Tasse Buttermilch, Salz, Pfeffer

Zubereitung: Die Sellerieknollen putzen, dünn schälen, in Scheiben schneiden und in Wasser garkochen, abtropfen und kaltstellen. Die Äpfel waschen, schälen, entkernen und in dünne Scheibchen schneiden. Die Kräuter kleinhacken und zusammen mit Öl, Essig, Salz, Pfeffer und der Buttermilch zu einer Marinade verarbeiten. Die Selleriescheibchen und die Apfelschnitzchen dazugeben, kaltstellen und kräftig durchziehen lassen. Dieser Salat eignet sich als Beilage, Vorspeise und zusammen mit Dinkelbrot auch als Hauptgericht.

Kürbis süß-sauer

Zutaten:
1 Kürbis (ca. 2 Kilo), ¼ l Weinessig, 750 g Zucker, 2 Stangen Zimt, 5–6 Nelken

Zubereitung: Den Kürbis vierteln, die Kerne mit einem Löffel herauskratzen, schälen und in kleine Würfel schneiden. Die Würfel am besten in eine Steingutschüssel legen und mit der Hälfte des Weinessigs und etwas Wasser übergießen, durchrühren und über Nacht ziehen lassen. Die Kürbisstückchen herausnehmen, abtropfen lassen. Die Flüssigkeit zusammen mit dem Zucker, den Nelken und dem Mark der Zimtstangen aufkochen lassen, den Kürbis hineingeben und leicht glasig kochen.

Große Salatplatte

Zubereitung: Alle frischen Zutaten gründlich waschen, putzen, in mundgerechte „Happen" zerteilen und auf einer Platte anrichten. Weinessig, Öl, Salz und Pfeffer sowie die gehackten Frischkräuter zu einer Marinade verarbeiten und diese über die angerichteten Salate verteilen. Das Ganze mit den geviertelten Eiern garnieren. Dazu: Dinkelvollkornbrot.

Zutaten:
1 Kopfsalat,
ca. 125 g Feldsalat,
1 Bund Radieschen,
4 Stangen gekochter Spargel,
4 Artischockenherzen,
2 hartgekochte Eier,
2 EL Weinessig (oder Zitronensaft),
2–3 EL Kräuteröl,
1 Handvoll gemischte Kräuter,
Salz, Pfeffer

Fenchelsalat mit Kräutern

Zubereitung: Die Fenchelknollen putzen, das zarte Grün beiseite legen, unter kaltem Wasser gut abwaschen und grob raspeln. In eine Schüssel geben und etwa zehn Minuten in Zitronensaft ziehen lassen. Die Kräuter kleinhacken und zusammen mit Essig, Öl, Salz, Pfeffer und der Sahne zu einer Marinade verarbeiten, etwas Zucker dazugeben und kräftig durchrühren. Den Fenchel mit der Marinade gut vermengen, nochmals ein paar Minuten durchziehen lassen und servieren. Bei Tisch etwas von dem kleingehackten, zarten Grün darüberstreuen.

Zutaten:
4 Fenchelknollen,
1 Handvoll Kräuter (Petersilie, Dill, Kerbel etc.),
Saft einer ½ Zitrone,
1–2 EL Kräuteröl,
2 EL Weinessig,
⅛ l süße Sahne,
Salz, Pfeffer, 1 Prise Zucker

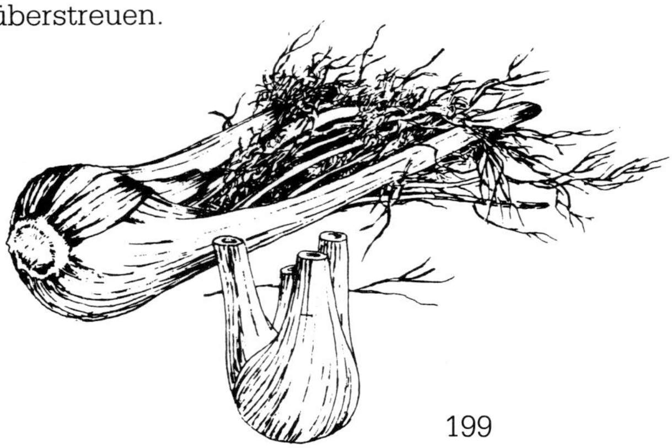

Brunnenkressesalat mit Apfelschnitzen

Zutaten:
4 Handvoll frische Brunnenkresse,
1 süßlicher Apfel,
3–4 EL Kräuteröl,
2 EL Weinessig, je ein Bund Dill und Petersilie, Saft einer Orange, Salz, Pfeffer,
1 Prise Zucker

Zubereitung: Die Kressebüschel sauber verlesen, unter kaltem Wasser kurz überspülen und trockenschütteln. Den Apfel schälen, entkernen und in feine Scheiben schneiden. In einer Schüssel die Marinade aus dem Saft der Orange, dem Öl und Essig sowie den kleingehackten Kräutern anrichten, die Kresse und die Apfelscheiben dazugeben und mit etwas Salz, Pfeffer und einer Prise Zucker abschmecken. Sofort servieren!

Kommentar
Im Gegensatz zur Gartenkresse („vermehrt die üblen Säfte im Menschen und schadet der Milz...") findet die Brunnenkresse bei Hildegard (gedünstet) bei Gelbsucht und Fieber Verwendung. Positiv wirkt sie sich auch auf die Verdauung aus. Die Frucht des Apfelbaumes bezeichnet Hildegard als „zart und leicht verdaulich", allerdings bloß für Gesunde. Kranken schadet sie roh, sie soll nur als abgelagerter Winterapfel roh gegessen werden, ansonsten nur gekocht oder gebraten.

Löwenzahnsalat mit Orangenstückchen

Zubereitung: Die zarten, jungen Löwenzahnblätter (Frühjahr) kurz unter kaltem Wasser abspülen, trockenschütteln und in fingerbreite Stückchen schneiden. Orange schälen und in kleine Würfel schneiden. Eine Marinade aus Essig, Öl, einer Prise Zucker und etwas Schwarzem Pfeffer zubereiten. Eventuell mit einem Teelöffel Senf abschmecken. Die Orangenstückchen samt Saft dazugeben, kurz verrühren und die Löwenzahnblätter untermischen. Etwa fünf bis zehn Minuten durchziehen lassen und vor dem Servieren mit gehacktem Schnittlauch bestreuen. Der Salat läßt sich auch schön mit ein paar Dinkelbrotwürfeln garnieren, die kurz vorher in etwas Knoblauchbutter geröstet wurden.

Zutaten:
2–3 Handvoll frische Löwenzahnblätter,
1 Orange,
1–2 EL Kräuteröl,
1–2 EL Wein- oder Kräuteressig,
1 Prise Zucker,
Schwarzer Pfeffer aus der Mühle,
Schnittlauch,
1 TL Senf

Kommentar

Die sehr vitaminreichen jungen Blätter des Löwenzahns eignen sich wegen ihrer blutreinigenden Funktion gut für eine Frühjahrskur.

Rettichsalat

Zubereitung: Die Rettiche unter kaltem Wasser gut abspülen, putzen (entweder nur abschaben oder auch sehr dünn schälen) und je nach Wunsch mit dem Gemüsehobel in feine Scheibchen schneiden oder grob raspeln (Radieschen nur fein in Scheiben schneiden). In eine Schüssel legen und mit einer kräftigen Prise Salz etwa zehn Minuten ziehen lassen. Mit Zitronensaft, Essig, Öl und etwas Salz in einer Schüssel eine Marinade ansetzen und den gebeizten Rettich (Salzlauge abschütten) hineingeben. Kurz vor dem Servieren mit Pfeffer aus der Mühle abschmecken und mit gehacktem Schnittlauch bestreuen (Geeignet zur Frühjahrskur).

Zutaten:
2 große Rettiche oder
4 Bund Radieschen,
1 Bund Schnittlauch,
Saft einer ½ Zitrone,
2 EL Kräuteröl,
2 EL Weinessig,
Salz, Schwarzer Pfeffer

Kalte Köstlichkeiten für heiße Sommertage

Der Sommer ist die Zeit, in der sich das Leben vor allem draußen abspielt, im Garten oder auch in Gottes freier Natur. Da möchte keine Hausfrau gerne stundenlang in der ohnehin schon warmen Küche zubringen und an großen Menüs „arbeiten". Schwere und reichliche Mahlzeiten sind im Sommer ohnehin nicht angebracht, sie würden den oft schon etwas „strapazierten" Organismus nur noch mehr belasten. So sollten die Speisen und Getränke zum einen schnell zubereitet sein, zum anderen leicht und gut verdaulich sein – und, wie wir bereits gehört haben, nach Hildegard niemals zu heiß oder zu kalt genossen werden. So sollte uns auch der Kühlschrank im Sommer lediglich dazu dienen, Zutaten frisch zu halten und nicht zu schnell verderben zu lassen – und niemals dazu, fertige Gerichte aus der „Kalten Küche" noch mehr abzukühlen. Dies gilt insbesonders für die Getränke, die keinesfalls „eiskalt" (also ohne Eiswürfel) getrunken werden sollen.

Bei der Auswahl unserer Nahrung ist im Sommer zudem darauf zu achten, daß der Salzhaushalt des Körpers nicht durcheinander kommt. Durch starkes Schwitzen verliert der Mensch wichtige Mineralien, die im Extremfall sogar ausgeglichen werden müssen. Denken wir nur an das Nationalgetränk der Mexikaner, den Tequila. Dabei geht es weniger um den Alkohol, als um die Angewohnheit, sich den Handrücken mit etwas Zitronensaft einzureiben, Salz daraufzustreuen und es kurz vor dem Trinken abzulecken. Der Sinn liegt darin, den Salzhaushalt, der durch übermäßiges Schwitzen aus dem Gleichgewicht gekommen ist, wieder aufzustocken. In unseren Breiten kommt es allerdings nur selten zu dererlei Extremfällen, zuweilen vielleicht bei Sportlern. – Zu einer geregelten Verdauung verhelfen uns nach Hildegard eine ganze Reihe von Kräutern. Die sollten wir gerade im Sommer nützen, lassen sie sich doch fast immer frisch bekommen und in allen Varianten zu- und aufbereiten.

Da wir in unserem allgemeinen Rezeptteil schon einige Gerichte vorgestellt haben, die sich auch sehr gut für heiße Tage eignen, möchten wir Ihnen in diesem Kapitel einige Vorschläge machen, die sich vor allem mit Getränken (Säften, Milchmixgetränken und Kräutertees), Kaltschalen und kalten Suppen befassen.

Beerenkaltschale

Zutaten:
je 250 g Brombeeren, Himbeeren und Johannisbeeren, 200 g Zucker, ½ Päckchen Vanillinzucker, ⅛ l Weißwein, Saft einer Zitrone, 4 cl Kräuterlikör (süß), 1 Liter Buttermilch

Zubereitung: Die Beeren vorsichtig unter kaltem Wasser waschen und in einem Sieb abtropfen lassen. Zucker mit Vanillinzucker in Weißwein aufkochen lassen, bis sich der Zucker aufgelöst hat. Erkalten lassen und mit dem Zitronensaft und dem Likör verrühren (ca. 30 Minuten ziehen lassen). Kurz vor dem Servieren die Beeren und die Buttermilch dazurühren. Wählt man als Beilage Dinkelgrießschnitten, ist diese Beerenkaltschale auch ein vollwertiges Gericht.

Fruchtsalat

Zutaten:
½ Honigmelone, je zwei Äpfel, Kiwis und Mangos, 150 g Trauben, 1 Banane, 1 Zitrone, 1 EL Honig, 2 cl. Cointreau, 1 Spritzer Angostura

Zubereitung: Die Früchte waschen, schälen und entkernen, das Fruchtfleisch in kleine Würfel schneiden (die Kiwis in Scheiben schneiden). Die Zitrone auspressen, den Saft zusammen mit dem Cointreau und dem Honig zu einer Marinade vermischen, eventuell etwas Fruchtsaft beimischen. Die Früchtewürfel und -scheiben nun dazugeben, gut mit der Marinade vermischen, mit Angostura abschmecken und etwa eine halbe Stunde gut durchziehen lassen. Dazu: Dinkelauflauf.

Kräuterquark

Zutaten:
500 g Quark, 3 EL Milch, 1 Zwiebel, 2 Handvoll gemischte Kräuter, 1 Bund Schnittlauch, 1 Knoblauchzehe, Salz, Schwarzer Pfeffer

Zubereitung: Den Quark zusammen mit der Milch leicht cremig rühren. Die Kräuter kleinhacken, ebenso die Zwiebel und die Knoblauchzehe. Alles zusammen mit dem Quark kräftig verrühren und mit Salz und Pfeffer abschmecken. Dazu ißt man am besten Dinkelvollkornbrot.

Kalte Kräutersuppe

Zubereitung: Den Kopfsalat, den Spinat sowie die Kräuter waschen, kleinhacken und in einem Topf kurz andünsten. Die Fleischbrühe dazugießen und das Ganze kurz aufkochen lassen. Zitronensaft dazugeben, mit Pfeffer und Salz abschmecken und kalt werden lassen. Kurz vor dem Servieren den Joghurt dazurühren. Dazu: Dinkelvollkornbrot (auch als Gelee).

Zutaten:
1 Kopf Grüner Salat,
1 Tasse Spinat,
Petersilie, Dill,
Kerbel,
2–3 Blätter
Borretsch,
1 l Fleischbrühe,
1 Knoblauchzehe,
1 EL Zitronensaft,
1 Becher Joghurt

Kalte Putenbrust auf Gemüsesalat

Zubereitung: Die Putenbrust salzen, pfeffern und von allen Seiten anbraten. Die Fleischbrühe angießen und die Brust etwa 45–60 Minuten fertiggaren lassen. Unterdessen den Sellerie raspeln und die Bohnen kleinschnipseln, beides kurz in Wasser garen, abseihen und kaltstellen. Eine Marinade aus etwas Öl und saurer Sahne rühren, mit Salz und Pfeffer abschmecken und die kalte Putenbrust in Scheiben darauf anrichten. Dazu: Dinkelbrot.

Zutaten:
ca. 1 Kilo
Putenbrust,
150 g Sellerie,
150 g Grüne Bohnen,
2 EL Kräuteröl,
⅛ l Fleischbrühe,
5 EL saure Sahne,
Salz, Pfeffer

Kalte Avocadocremesuppe

Zubereitung: Die vier Avocados aufschneiden, entkernen und das Fruchtfleisch mit einem Löffel aus der Schale nehmen. Das Fleisch, zusammen mit dem Zitronensaft, mit einer Gabel zerdrücken. Sahne, Weißwein und Hühnerbrühe kräftig unterrühren, die gehackten Kräuter dazugeben und mit Salz und Pfeffer sowie dem Muskatnußpulver abschmecken. Dazu: Knoblauchbutter-Dinkelbrot.

Zutaten:
4 Avocados,
¼ l entfettete
Hühnerbrühe,
⅛ l Weißwein,
⅛ l süße Sahne, je
eine Messerspitze
Muskat, Salz,
und Pfeffer, je ein
Bund Petersilie,
1 EL Zitronensaft

Joghurtsuppe mit Melone

Zutaten:
4 Becher Joghurt,
⅛ l saure Sahne,
1 Bund Dill,
1 Honigmelone,
¼ l Milch

Zubereitung: Die Honigmelone halbieren und die Kerne mit einem Löffel herauskratzen. Das Fruchtfleisch aus der Schale schneiden und zu kleinen Würfelchen verarbeiten. Den Joghurt in eine Schüssel geben, die gehackten Dillspitzen zusammen mit der Sahne kräftig unterrühren und mit der Milch angießen. Melonenwürfel mit der Joghurt-Dill-Mischung vermengen und sofort servieren, sonst zieht die Melone zuviel Wasser.

Gemüse-Kalbfleischsülze

Zutaten:
wie oben, dazu jedoch 500 g Kalbfleisch (gekocht),
1 Lorbeerblatt,
1 Bund Radieschen

Zubereitung: Im Prinzip wie unter „Gemüsesülze" geschildert. Lediglich die Kalbfleischbrühe kann teilweise den Wein und das Wasser ersetzten. Das kalte Kalbfleisch wird in kleine Würfel geschnitten und lagenweise der Sülze beigegeben. Diese etwas deftigere Variante serviert man am besten mit Brunnenkresse, Radieschen und Vollkornbrot.

Quarkpudding mit Dreifruchtsoße

Zutaten:
Für die Soße:
200 g Brombeeren,
200 g Himbeeren,
200 g rote Johannisbeeren, ¼ l Rotwein,
¼ l Sauerkirschsaft,
etwas Speisestärke
Für den Teig:
250 g Quark,
¼ l Milch, 4 Eier,
250 g Dinkelgrieß,
½ Päckchen Backpulver, 60 g Butter,
150 g Zucker

Zubereitung: Für den Puddingteig die Butter zusammen mit Zucker, Eiern, Zitronensaft und Vanillinzucker schaumig rühren, den Quark und die Milch dazugeben. Den Dinkelgrieß mit einer Spur Dinkelmehl und dem Backpulver vermischen und unter die Quarkmasse ziehen. Den Teig in eine gefettete Form geben und im vorgeheizten Rohr etwa 35–40 Minuten backen lassen. Für die Soße die Früchte in Rotwein und Kirschsaft leicht ziehen lassen (bei mittlerer Hitze) und anschließend mit etwas Stärke binden (muß nicht sein). Den fertigen Pudding stürzen, aufschneiden und mit der Fruchtsoße übergießen (Der Quarkpudding eignet sich sowohl als warme wie auch kalte Speise).

Gemüsesülze

Zubereitung: Petersilie, Kerbel, Estragon und Pfefferkörner rund zehn Minuten in einem viertel Liter Wasser sieden lassen, den Kräutersud abseihen und darin die kleingeschnittenen Gemüse garkochen. Die Gemüse herausnehmen und kaltstellen. Die Gelatine in Wasser aufweichen und in der Brühe auflösen. Nun die Brühe mit dem Wein auffüllen und erkalten lassen. In eine Glasschüssel einen Spiegel gießen, erstarren lassen und als erste Schicht Dillzweige und Eierscheiben darauflegen. Aspikmasse dazugeben, erstarren lassen. In weiteren Schichten jeweils die Gemüse einlegen, mit Masse bedecken, erstarren lassen u.s.w. Die Sülze zum Schluß nochmals im Kühlschrank etwa drei Stunden festigen lassen. Stürzen und mit Dinkelvollkornbrot servieren.

Zutaten:
250 g Grüne Bohnen,
2 Fenchelknollen,
4 Spargel, je ein
Bund Petersilie,
Kerbel und Estragon,
1 TL Salz,
6–8 Körner
Kubebenpfeffer,
10 Blatt Gelatine,
je ein Bund Petersilie
und Dill,
½ l Weißwein,
2 hartgekochte Eier

Spinatmilch

Zubereitung: Den Spinat unter kaltem Wasser gut abwaschen, kurz aufkochen und in einem Mixer kurz pürieren. Den Zitronensaft, das Eigelb und den Honig dazugeben, nochmals kurz durchquirlen. Die Buttermilch dazugeben, nur noch ein paarmal umrühren und in Gläser abfüllen. Mit kleingehackter Petersilie garnieren.

Zutaten:
500 g Spinat,
1 TL Zitronensaft,
½ l Buttermilch,
1 EL Honig, 1 Eigelb

Minze-Apfel-Drink

Zubereitung: Den kalten Pfefferminztee gut mit dem Apfel- und Zitronensaft vermischen, den Likör dazugeben. Die Pfefferminzblättchen kleinhacken und unter das Getränk rühren. In Gläser füllen und jeweils mit ein paar zusätzlichen Minzeblättchen garnieren.

Zutaten:
½ l Pfefferminztee,
2 cl Pfefferminzlikör,
0,4 l Apfelsaft,
4 Stengel frische
Minze,
1 EL Zitronensaft

Apfelmilch

Zutaten:
1 l Buttermilch,
4 Tassen Apfelmus,
1 EL Zitronensaft,
8–10 Blättchen Zitronenmelisse,
2 Messerspitzen Zimt

Zubereitung: Das Apfelmus zusammen mit der Buttermilch, dem Zitronensaft und den kleingehackten Zitronenmelisseblättchen im Mixer gut durchquirlen und mit etwas Zimt abschmecken. Wer es gerne ein bißchen „angereichert" hat, gibt einen Schuß Calvados (Apfelbrandy) dazu. Sofort in Gläser abfüllen und servieren.

Dreifruchtsaft

Zutaten:
2 Kilo Beeren (rote Johannisbeeren, Himbeeren und Brombeeren zu gleichen Teilen),
1 Liter Wasser,
je Liter Saft:
450 g Zucker

Zubereitung: Die Johannisbeeren verlesen und abwaschen, die Himbeeren und Brombeeren kurz überspülen. Alle Beeren zusammen zerstampfen und in Wasser aufkochen lassen. Den Saft durch ein Tuch seihen und die Fruchtrückstände gut auspressen. Den Saft abmessen und die gleiche Menge Zucker dazugeben. Etwa 10–15 Minuten kochen lassen und heiß in Flaschen abfüllen.

Kräutermixmilch

Zutaten:
1 Handvoll gemischte Frischkräuter,
1 Bund Schnittlauch,
Saft einer halben Zitrone,
1 Prise Zucker,
2 TL geriebener Meerrettich,
¼ l Buttermilch,
½ l Milch,
1 Prise Salz

Zubereitung: Die Kräuter können ganz nach Geschmack und „Zielrichtung" der Jahreszeit entsprechend zusammengestellt werden. Zu empfehlen sind zum Beispiel Petersilie, Minze, Zitronenmelisse, Liebstöckel etc. – Alle Zutaten in einen Mixbecher geben, durchmixen, bis die Flüssigkeit schaumig wird, und in Gläser füllen.

Selleriebowle

Zubereitung: Die Sellerieknollen waschen, dünn schälen und in hauchdünne Scheibchen schneiden. Den Zucker mit dem Viertel Weißwein aufkochen lassen, bis sich der Zucker gelöst hat, etwas abkühlen und über die Selleriescheibchen gießen. Alles in ein Bowleglas füllen, den Cognac dazugeben und eine Stunde ziehen lassen. Dann den Weißwein dazuschütten und nochmals eine Stunde ziehen lassen. Vor dem Servieren mit Mineralwasser aufgießen.

Zutaten:
500 g Sellerieknollen,
¼ l Weißwein,
3–4 EL Zucker,
4 cl Cognac,
1 Flasche trockener Weißwein, 1 Flasche Mineralwasser

Sommerpunsch

Zubereitung: Brombeeren und Kirschen waschen, abtropfen lassen und die Kirschen entstielen. Die Äpfel und Orangen schälen und in kleine Würfel schneiden. Alle Früchte in ein Bowlegefäß geben und mit Zucker, Orangenlikör und Zitronensaft vermischen (etwa 1 Stunde ziehen lassen). Mit Rotwein aufgießen und nochmals 1–2 Stunden kaltstellen. Kurz vor dem Servieren den Sekt dazuschütten.

Zutaten:
250 g Brombeeren,
250 g Sauerkirschen,
2 kleine Äpfel,
2 Orangen,
80 g Zucker,
2 cl Orangenlikör,
1 Tasse kalter Tee,
1 Flasche Rotwein,
1 Flasche trockenen Sekt,
2 EL Zitronensaft

Herbstzeit – Einmachzeit

Wenn die Tage wieder spürbar kürzer werden, die Nebel sich nur schwer auflösen und die ersten Nachtfröste Einzug halten, dann ist die große Zeit des Einmachens gekommen. Vieles von den Früchten und Gemüsen, das uns im Frühling und Sommer fast selbstverständlich geworden ist, möchten wir auch in den Winter „hinüberretten". Wenn uns Tiefkühlkost und „exotische" Früchte heute auch oftmals die Einmacharbeit ersparen, so ist dies doch meist auch eine Frage des Geldbeutels und des persönlichen Geschmackes. Denn mögen tiefgefrorene Himbeeren noch so verlockend aussehen, so geht doch nichts über selbstgemachte Kompotte und eingemachte Früchte. Der wesentliche Vorteil des „Selbstgemachten" liegt jedoch darin, daß wir Gemüse und Früchte ganz nach unseren eigenen Vorstellungen sehr phantasievoll kombinieren können. – Und wo bekommt man heute schon Apfelgelee mit Salbei, Quitten in Calvados, Winteräpfel in Weißwein oder Johannisbeerwein und Melissenlikör? – Wenn überhaupt, so zu horrenden Preisen in Delikateßläden. Dies gilt ebenso für diverse Kräuteressige und Kräuteröle, die wir das ganze Jahr über in der Küche gut gebrauchen können. Im übrigen sind dies alles auch sehr schöne Mitbringsel und Geschenkideen. Dürfen wir doch in der Regel davon ausgehen, daß eine Flasche Thymianöl oder ein Glas Quittengelee mit Rosenblättern mehr Freude macht, als eine Schachtel Pralinen oder eine „unpersönliche" Flasche Wein. Vom Nutzen für die Gesundheit ganz zu schweigen.

Wenn uns die Heilige Hildegard von Bingen auch sehr viele Aussagen über die Nützlichkeit oder Untauglichkeit bestimmter Nahrungsmittel für die Gesundheit hinterlassen hat, so finden wir jedoch keine unmittelbaren Hinweise auf das Einmachen und Haltbarmachen von Gemüsen, Früchten und Kräutern. Damit hatten die Menschen im 12. Jahrhundert noch viel zu viel Probleme, wenn wir auch in unserem Einleitungskapitel über die Kochkunst im Mittelalter gehört haben, daß man sich durchaus zu helfen wußte. – Wir haben uns an den Aussagen über die Nahrungsmittel orientiert und möchten Ihnen im nachfolgenden Rezeptteil einige Anregungen geben, wie sich Früchte und Kräuter phantasievoll und nützlich für die Gesundheit einmachen lassen und somit auch gute Dienste im Herbst und Winter leisten.

Grundrezept zur Likörherstellung

Zutaten:
1 Kilo Früchte,
½ l Wasser,
1 l Weingeist (70%),
ca. 500 g Zucker, je nach Geschmack,
Gewürze (Zimt, Anis, Nelken)

Zubereitung: Für einen Fruchtlikör rechnet man mit etwa einem Kilo Früchten. Diese werden zerkleinert (auch püriert). Besonders saftarme Sorten (Kräuter, Schlehen, Quitten etc.) werden zunächst mit dem Weingeist „ausgezogen", d. h., man läßt sie mit dem Alkohol ein bis drei Tage durchziehen. Saftreiche Sorten können auch gleich mit Wasser und Gewürzen aufgekocht werden. – Den Zucker zusammen mit den Gewürzen aufkochen lassen, abkühlen und mit dem ausgepreßten Alkoholsaft vermischen (Fruchtrückstände gut auspressen). Alles zusammen erhitzt in Flaschen abfüllen und etwa drei Wochen ziehen lassen. Abseihen, nochmals auf Flaschen ziehen und am besten rund drei Monate ruhen lassen. Alle Vorgänge bei Zimmertemperatur.

Brombeerlikör

Zutaten:
1 Kilo Brombeeren,
1 l Wasser,
1 Kilo Zucker,
1 l Weingeist (70%),
1 Stange Zimt,
1 EL Gewürznelken

Zubereitung: Die Brombeeren zusammen mit dem Wasser, den Gewürzen und dem Zucker aufkochen und über Nacht ziehen lassen. Am nächsten Morgen gut umrühren, durch ein Tuch den Saft abseihen und die Rückstände der Beeren gut auspressen. Das Ganze leicht erhitzen, den Weingeist nach Abkühlen dazugeben, in Flaschen abfüllen und rund drei Wochen bei Raumtemperatur verschlossen ziehen lassen. Danach den Likör nochmals abseihen und wieder auf Flaschen ziehen. Erstmals nach etwa 14 Tagen probieren. Je größer die Geduld, desto besser der Geschmack und das Aroma.

Quittenlikör

Zubereitung: Die vollreifen Quittenfrüchte kleinschneiden oder im Mixer pürieren, mit dem Weingeist übergießen und mindestens acht Tage durchziehen lassen. Den Alkoholsaft abseihen und die Fruchtrückstände gut auspressen. Den Zucker zusammen mit den Gewürzen kurz aufkochen, alles gut miteinander vermischen und in Flaschen abgefüllt an einem Platz mit Raumtemperatur gut verschlossen 14 Tage bis drei Wochen ziehen lassen. Nochmals abseihen, wieder in die Flaschen zurückgießen und am besten rund drei Monate ruhen lassen.

Zutaten:
1 Kilo Quitten (Birnquitten),
1 l Wasser,
1 l Weingeist (70%),
ca. 750 g Zucker,
1 Zimtstange,
1 EL Gewürznelken

Kräuterlikör

Zubereitung: Die frischen Kräuter kurz unter kaltem Wasser abbrausen, trockenschütteln und in einem Topf mit dem Weingeist übergießen. Zugedeckt etwa zwei Wochen ziehen lassen (einen Tag vor Ende die Schale einer unbehandelten Zitrone dazugeben). Den Zucker in Wasser aufkochen, bis er sich gelöst hat, und mit dem Kräuterauszug vermischen, das Ganze durch ein Tuch seihen (die Kräuter abfiltern), in Flaschen abfüllen und gut verschlossen zwei bis drei Monate stehen lassen.

Zutaten:
je 2 Handvoll (ca. 30 g) Frischkräuter (Minze, Salbei, Thymian, Basilikum, Petersilie, Majoran),
1 l Weingeist (70%),
½ l Wasser,
500 g Zucker,
1 Zitrone (Schale)

Brombeeren in Kräuterlikör

Zutaten:
500 g Brombeeren,
150 g Zucker,
0,7 l Kräuterlikör (siehe Seite 213),
1 Zimtstange,
2–3 Gewürznelken

Zubereitung: Die Brombeeren zusammen mit den Gewürzen und dem Zucker (nur locker mischen) in einer Schüssel ziehen lassen, solange, bis sich der Zucker aufgelöst hat. Die Früchte nebst Fruchtsirup in ein Einmachglas füllen und den Kräuterlikör darübergießen. Das Glas verschließen und an einem dunklen Ort nicht länger als zwei Monate kaltstellen, danach läuft man Gefahr, daß die Früchte verderben.

Kürbis in Weißwein

Zutaten:
1 Speisekürbis je 500 g Kürbis ca,
250 g Zucker,
½ l Weißwein,
½ l Wasser,
10 Pfefferkörner,
6–8 Gewürznelken,
2 Messerspitzen Muskatnußpulver

Zubereitung: Den Kürbis vierteln, die Kerne mit einem Löffel herauskratzen, das Fleisch aus der Schale schneiden und würfeln. Den Zucker in Wasser aufkochen lassen, zusammen mit den Pfefferkörnern und Gewürznelken, den Wein dazugießen und die Kürbisstückchen kurz überbrühen, bis sie leicht durchsichtig geworden sind. Die Früchte herausnehmen und in Einmachgläser schichten. Den Sud nochmals aufkochen lassen, die Gewürze abseihen, mit Muskatnußpulver abschmecken und über die Kürbisstücken in die Gläser gießen. Die geschlossenen Gläser bei 80 Grad rund 25 Minuten im Backrohr einkochen, bzw. pasteurisieren.

Brombeerwein

Zutaten:
3 l Brombeersaft, 5 l Wasser, 1 Kilo Zucker, 1 EL Honig, 30 g Zitronensäure, 4 Hefenährsalztabletten, 1 Hefekultur

Zubereitung: Den Saft aus den in einem Sieb zerstampften und durch ein Tuch abgeseihten Brombeeren in eine große Schüssel geben. Das Wasser zusammen mit dem Zucker und dem Honig aufkochen lassen, bis sich beides aufgelöst hat, vom Herd nehmen und kalt werden lassen. Die Zuckerlösung mit dem Saft vermischen, die kristallisierte Zitronensäure, das Nährsalz und die Hefe dazugeben und durchrühren. Alles in ein Gärgefäß (Ballon mit Gärverschluß –) sauberhalten – füllen, den Verschluß aufsetzen und bei Raumtemperatur gären lassen. Nach 14 Tagen den Wein abseihen (ev. Rückstände), am besten durch ein Tuch, in den gereinigten Ballon zurückfüllen und etwa drei Monate nachgären lassen, in Flaschen abfüllen.

Honigwein (Met)

Zutaten:
3 Kilo Honig, 5 l Wasser, 1 EL Zimt, Anis oder Fenchel, 1 Päckchen Reinzuchthefe

Zubereitung: Den Honig in einen großen Topf geben und zusammen mit dem Wasser während kräftigem Durchrühren aufkochen lassen, die Gewürze dazugeben. Die Flüssigkeit mehrmals abschöpfen und abkühlen lassen. Die Hefe mit etwas Flüssigkeit verrühren und unter den Honigsud rühren. Den Sud in einen Ballon gießen und mit dem Gärverschluß (Glasröhrchen) verschließen. Bei Raumtemperatur gären lassen. Nach 14 Tagen den Honigwein durch ein Tuch abseihen (wenn keine Kohlensäure mehr aufsteigt!) und in Flaschen abfüllen. Etwa drei Monate lagern.

Äpfel in Weißwein

Zutaten:
3 Kilo Äpfel, 1 l trockener Weißwein, 1 l Wasser, 500 g Zucker, 2 Stangen Zimt, 1 Stengel Apfelkraut

Zubereitung: Die Äpfel schälen, in Schnitze schneiden (oder auch ganz lassen), entkernen. Den Zucker in Wasser aufkochen lassen, abschäumen, Apfelkraut, Zimt und Weißwein dazugeben und nochmals erhitzen. Die Äpfel in Einmachgläser schichten, Apfelkraut und Zimtstangen aus der Brühe nehmen und den Sud über die Äpfel in die Gläser gießen. Die Gläser schließen und rund 25 Minuten bei rund 75 Grad im Backofen einkochen (am besten auf der Fettpfanne mit einer dünnen Schicht Wasser). Vor dem pasteurisieren darauf achten, daß keine „Dinge" in die Gläser geraten, die einen Gärungsprozeß auslösen können – Brotkrümel, Fliegen ect.

Quitten mit Zimtstangen

Zutaten:
ca. 3 Kilo Birnquitten, 1 l Wasser, ½ l Weißwein, 750 g Zucker, 3–4 Zimtstangen

Zubereitung: Die Quitten waschen, schälen und halbieren (das Gehäuse herausschneiden). Das Wasser zum Kochen bringen, eine halbe Quitte hineingeben, zusammen mit den Schalen und Kerngehäusen rund 45 Minuten durchkochen und die Rückstände durch ein Sieb passieren, der Brühe wieder zufügen. Zucker, Wein und Zimt mit dem Quittensud verrühren, die Quitten dazugeben und solange kochen, bis sich die Quitten leicht rötlich verfärben. Die Früchte in Einmachgläser schichten, den Sud darübergießen und die verschlossenen Gläser rund 25 Minuten bei 70 Grad einkochen.

Apfel-Birnen-Marmelade

Zubereitung: Die Äpfel und Birnen gut abwaschen, schälen, entkernen und in kleine Scheiben schneiden. Zusammen mit dem Zucker in einen Topf geben, zum Kochen bringen und etwa fünf Minuten unter ständigem Rühren köcheln lassen. Von der Feuerstelle nehmen, den Calvados (Apfelbrandy) dazurühren und heiß in Gläser abfüllen, mit Einmachhaut verschließen.

Zutaten:
500 g Äpfel, 500 g Birnen, 750 g Gelierzucker, 2 Vanilleschoten, 4 cl Calvados

Mangomarmelade mit Minze

Zubereitung: Die vier Mangofrüchte halbieren, das Fruchtfleisch mit einem Löffel aus der Schale kratzen, abwiegen und die gleiche Menge Zucker dazugeben. Alles gut im Mixer pürieren und in einem Topf ganz kurz aufkochen lassen. Die Minzeblättchen kleinhacken und unter die Masse ziehen. Von der Kochstelle nehmen und heiß in Gläser abfüllen, mit Einmachhaut verschließen. Je nach Geschmack kann man die Marmelade vor dem Abfüllen auch mit etwas Pfefferminzlikör abschmecken.

Zutaten:
4 große Mangos, das gleiche Gewicht an Gelier-Zucker, 2 Büschel frische Minze, 4 cl Pfefferminzlikör

Kastanienmarmelade

Zubereitung: Die Eßkastanien rundherum einschneiden und etwa eine dreiviertel Stunde garkochen. Die Maronen herausnehmen, schälen und zerhacken (am besten im Mixer pürieren). Den Zucker in einem Liter Wasser aufkochen und abschäumen, die Eßkastanien hineinrühren, das Mark der Vanilleschoten dazugeben nebst Schale. Alles zusammen bei niedriger Hitze eine halbe Stunde köcheln lassen, hin und wieder umrühren, damit nichts anbrennt. Zum Schluß die Marmelade mit dem Grappa oder Cognac abschmecken und heiß in Gläser füllen, mit Einmachhaut verschließen. (Ev. zu Grießschnitten)

Zutaten:
1 Kilo Eßkastanien, 600 g Zucker, 2 Vanilleschoten, 4 cl Grappa (Traubenbrandy) oder Cognac

Apfelgelee mit Salbei und Gewürzen

Zutaten:
1 Kilo Äpfel, 1 Zweig frischer Salbei, Schale ½ Zitrone, Zucker nach Gewicht des Saftes, 4–5 Gewürznelken, 1 Stange Zimt, 4 cl Calvados (Apfelbrandy)

Zubereitung: Die Äpfel waschen, schälen, vierteln und in einem halben Liter Wasser zusammen mit den Gewürzen und dem Zitronensaft weichkochen. Das Mus nun durch ein Sieb seihen und die Fruchtrückstände kräftig auspressen. Den Saft abwiegen, die gleiche Menge Zucker dazugeben, ebenso den Salbei. Alles zusammen nochmals für ungefähr fünf Minuten durchkochen lassen, den Salbei herausfischen und mit Calvados abschmecken. In jedes Glas ein bis zwei Blättchen Salbei legen, den Saft einfüllen und die Gläser mit Einmachhaut verschließen. Sollte der Saft nach ein paar Minuten noch nicht gelieren, weiterkochen.

Quittengelee mit Rosenblättern

Zutaten:
1 Kilo Quitten (Birnquitten), ¾ l Weißwein, 1 Kilo Gelierzucker (sollte der Saftmenge entsprechen), Blütenblätter von 5–6 Rosen

Zubereitung: Die Quitten gut waschen, abreiben, dünn schälen, in Schnitze schneiden und in einem genügend großen Topf in Weißwein und einem halben Liter Wasser etwa 45 Minuten weichkochen (die Schalen am besten ebenfalls mitkochen). Das Ganze durch ein Tuch abseihen und die Fruchtrückstände gut auspressen. Den Saft wiegen, die gleiche Menge Gelierzucker dazugeben und nochmals rund eine halbe Stunde durchkochen lassen (Gelierprobe). Unterdessen die Blütenblätter der (ungespritzten!) Rosen mit einem Seiher kurz in heißes Wasser tauchen, abschrecken und im Quittensaft mitkochen lassen. Keine weiteren Gewürze verwenden, da sonst das feine Rosenaroma verloren geht.

Knoblauch-Kräuter-Öl

Zubereitung: Die Kräuter ein paar Tage trocknen lassen (können auch frisch verwendet werden) und zu einem schmalen Büschel binden. Die Knoblauchzehen schälen und zusammen mit den Pfefferkörnern und dem Kräuterbüschel in eine Flasche geben. Das Öl (am besten kaltgepreßtes) darübergießen und die Flasche verkorkt zwei bis drei Wochen stehen lassen.

Zutaten:
je ein kleines Büschel Basilikum, Zitronenmelisse und Thymian, 2–3 Knoblauchzehen,
6–8 Pfefferkörner,
¾ l Olivenöl

Knoblauch-Kräuter-Essig

Zubereitung: Die Kräuter waschen, trockentupfen und als Frischkräuter zu einem kleinen Büschel binden. Die Knoblauchzehen schälen und zusammen mit den Pfefferkörnern und den Lorbeerblättern in eine Flasche geben. Die Essigessenz darübergießen, mit Rot- oder Weißwein aufgießen und die gut verkorkte Flasche bei Zimmertemperatur etwa 14 Tage stehen lassen. Die Kräuter müssen nicht unbedingt abgeseiht werden, die Flasche kann nach Essigentnahme ein paarmal mit Weinessig nachgefüllt werden. Überhaupt läßt sich die Wein-Essigessenz-Mischung auch durch einen guten Weinessig ersetzen (Essigessenz nicht bei Rheuma oder Gicht).

Zutaten:
je ein Zweig Thymian, Salbei und Rosmarin,
2–3 Knoblauchzehen,
6–8 Pfefferkörner,
2 Lorbeerblätter,
100 g Essigessenz,
½ l Rot- oder Weißwein

Knoblauchöl
8–10 Knoblauchzehen, ¾ l Öl

Rosmarinöl
2 Zweige frischer Rosmarin,
2–3 Knoblauchzehen, ¾ l Öl

Thymianöl
2 Stengel frischer Thymian,
2–3 Knoblauchzehen, ¾ l Öl

Salbeiessig
1 Zweig Salbei (ca. 15 Blatt),
1 Zweig Rosmarin, ¾ l Weinessig

Basilikumessig
1 großes Büschel Basilikum,
6–7 Kubeben, ¾ l Weinessig

Dillessig
1 großes Büschel Dill,
2–3 Kubeben, ¾ l Weinessig

Eigene Rezepte

Erfahrungen

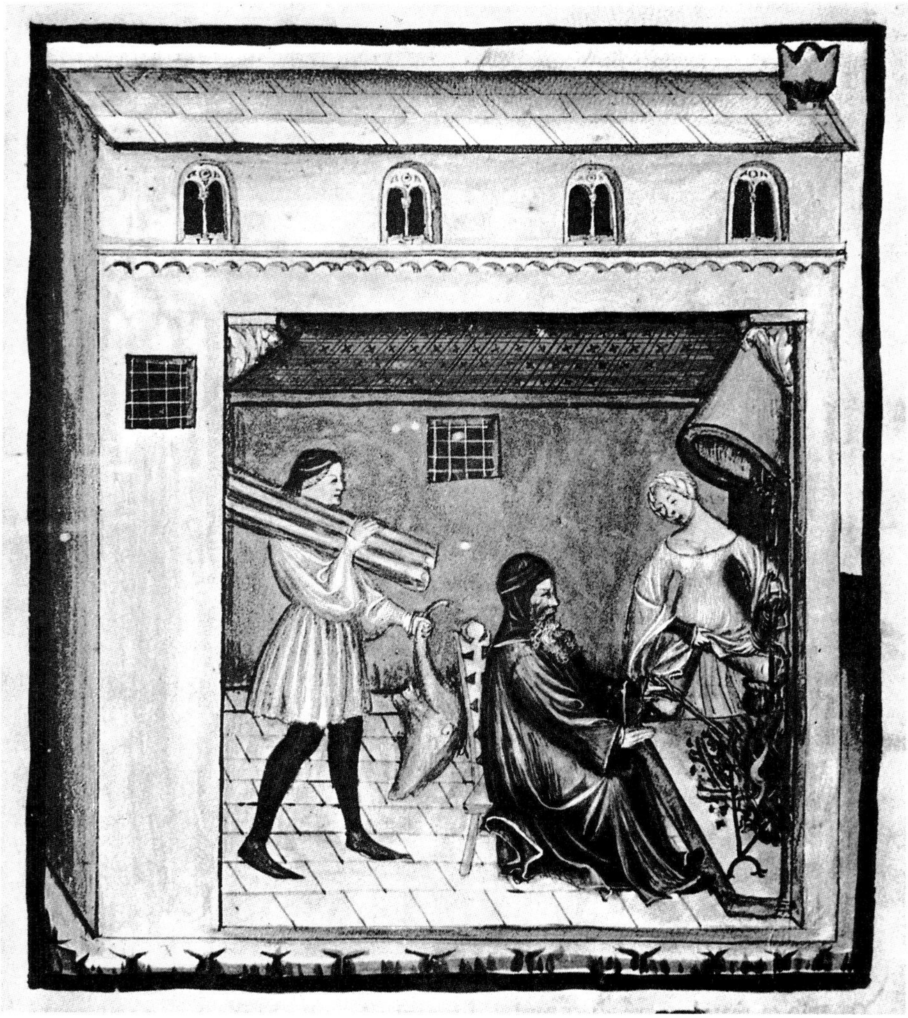

Widerstandsfähig durch den Winter

In keiner anderen Jahreszeit müssen wir so sehr auf unsere Gesundheit achten wie im Winter. Naßkaltes Wetter, kalte Füße und durchnäßte Schuhe machen uns ebenso anfällig für Erkältungen und Grippe wie überheizte Räume und rasche Temperaturunterschiede zwischen Wohnung und Straße. Hier gilt es vorzubeugen, seinen Körper „abzuhärten" und widerstandsfähig zu machen.

Neben der generellen Empfehlung Hildegards, im Winter weder zu kalt noch zu heiß zu essen, wohltemperierte Speisen in wohltemperierten Räumen zu sich zu nehmen, gibt es auch einige gute Möglichkeiten, sich durch bestimmte Speisen zu „wappnen". Wir sagen bewußt „Speisen" und nicht „Medizinen", obwohl einige der nachfolgenden Rezepte aus dem Bereich der „Hildegardmedizin" stammen, so zum Beispiel der Petersilienwein oder die Quittenwürfele. Denn gerade diese beiden „Mittel" kann man jederzeit zu sich nehmen und damit auch entsprechende Vorsorge betreiben. Eine weitere Rolle spielen besonders in der kalten Jahreszeit verschiedene Kräutertees. Sie können ganz spezifisch bei bestimmten Leiden eingesetzt werden, haben aber auch eine allgemein wohltuende und kräftigende Wirkung auf den Organismus.

Gleichzeitig ist der Winter jedoch die Zeit, in der man sich wieder mehr der Küche widmet. Insbesondere zu den Feiertagen wie Weihnachten und Neujahr wird immer noch sehr üppig und deftig aufgekocht, von den verschiedenen Weihnachtsbäckereien ganz abgesehen. Und da für viele von uns der Advent heute keine Fastenzeit mehr ist, sind wir gerade in dieser Zeit aufgefordert, das rechte Maß zu halten. Zudem gibt es einige sehr schöne Möglichkeiten, die Weihnachtsbäckereien nach den Vorgaben der „Hildegard-Kräuter" leicht abzuwandeln und somit auch bekömmlicher und gesundheitsdienlicher zu machen. Dies sollte dann auch für unsere Festtagsbraten gelten. Kein Mensch soll auf seine Weihnachtsgans verzichten, hat aber eine Reihe von Möglichkeiten, mit den richtigen Kräutern und Zutaten seine Mahlzeiten bekömmlicher zu machen (siehe dazu auch unser Kapitel „Fleisch").

Grippepulver

Zutaten:
(je nach Bedarf)
80 g Pelargonienpulver,
70 g Bertrampulver,
50 g Muskatnußpulver

Zubereitung: Die angegebenen Pulver in einer kleinen Schüssel gut miteinander vermischen und in ein kleines, verkorkbares Fläschchen abfüllen. Die angegebene Menge der Einzelzutaten ergibt 200 Gramm Grippepulver und dürfte unter normalen Umständen für die kalte Jahreszeit genügen (Pelargonie ist auch unter dem Namen „Englische Edelpelargonie“ oder „Reiherschnabel“ bekannt).

Kommentar
Insgesamt werden diesem Breitband-Grippemittel fünf gute Eigenschaften zugeschrieben. Bei Husten mischt man es als Pulver am besten dem Teig von Mehlspeisen bei, des besseren Geschmackes wegen. Dies gilt auch bei Schnupfen. Bei Erkältungen und Grippe ganz allgemein läßt sich das Pulver am besten mit einem Glas warmem Wein vermischt trinken. Dieser Wein ist übrigens auch ein gutes Mittel zur Vorbeugung. Schließlich wirkt das Grippepulver auch stabilisierend auf das durch eine Grippe geschwächte Herz (auch auf Butterbrot).

Petersilienwein

Zutaten:
300 g Petersilie,
2–3 EL Weinessig,
500 g Honig,
2 l Weißwein oder
1 l Weißwein und
1 l Madeira (ganz nach Geschmack)

Zubereitung: Die Petersilie samt Stengel kleinhakken und zusammen mit dem Wein, dem Weinessig und dem Honig aufkochen lassen, anschließend etwa 15 Minuten ziehen lassen. Zum Schluß den Madeira-Wein dazugeben und abfüllen, sterilisieren. (Der Madeira-Wein kann selbstverständlich durch Weißwein ersetzt werden.)

Meisterwurzwein

Zubereitung: Den Meisterwurz in kleine Stückchen grob zerstoßen (oder auch zerreiben) und über Nacht in ein halbes Glas trockenen Weißwein einlegen. Am nächsten Morgen die andere Hälfte des frischen Weines dazugeben, den Meisterwurz abseihen und tagsüber in kleinen Schlucken trinken.

Zutaten:
(pro Person)
ca. 1 TL Meisterwurz,
0,2 l trockener Weißwein

Kommentar
„Der Meisterwurz ist warm und ist nützlich gegen Fieber. Und wer Fieber hat, ganz gleich welcher Art, der nehme Meisterwurz und zerstoße ihn mäßig, gieße einen halben Becher Wein dazu und lasse ihn über Nacht stehen..." – Hildegard hat also die ganz konkrete Anwendungsweise vorgegeben. Innerhalb der „Hildegardmedizin" gilt der Meisterwurzwein heute als das Grippe- und Fiebermittel schlechthin und verspricht rasche Linderung. Den Wein sollte man über zwei bis vier Tage trinken. Sollte noch keine Besserung eingetreten sein, so auch länger. Der Meisterwurz hilft zudem bei Verdauungsstörungen und Übersäuerung des Magens.

Grippe und Erkältung

Zubereitung: Einen gehäuften Teelöffel dieser Kräutermischung in einem Viertel kaltem Wasser unter gelegentlichem Umrühren sechs bis zehn Stunden ziehen lassen. Kurz vor dem Trinken den Tee abseihen und auf Trinktemperatur erwärmen.

Zutaten:
(je nach Bedarf)
2 Teile Fenchel,
1 Teil Brunnenkresse

Kommentar
Dieser Tee findet seine Anwendung vor allem bei Frühjahrs- und Herbstbeginn, den klassischen „Grippezeiten". Generell aber bei allen Wetterschwankungen, die eine Vorbeugung gegen Grippe sinnvoll erscheinen lassen.

Bei Kreislaufschwäche

Zutaten:
5 Teile Baldrian,
3 Teile Mistel,
3 Teile Raute, je
2 Teile Fenchel,
Rosmarin und
Ehrenpreis,
1 Teil Thymian

Zubereitung: Zwei Teelöffel der Kräutermischung mit einem Viertel kaltem Wasser ansetzen, kurz aufkochen, zehn Minuten ziehen lassen und abseihen. Zwei Tassen pro Tag sind die richtige Dosierung, und zwar eine Tasse morgens und eine Tasse abends schluckweise, langsam trinken.

Kommentar
Diese Kräutermischung eignet sich vor allem bei einer Neigung zu Schwindel und Kreislaufstörungen. Regelmäßige Bewegung, viel frische Luft und Speisen mit wenig Fett sind die richtigen „Begleittherapien". Ein ausgezeichnetes kreislaufförderndes Mittel ist auch der „Salbeikräuterwein". Dazu nimmt man eine Handvoll frischer Blätter vom Gartensalbei auf einen Liter trockenen, naturbelassenen Weißwein.

Gegen Erkältungen allgemein

Zutaten:
2 Teile Brennessel,
1 Teil Tausendgüldenkraut,
2 Teile Schafgarbe,
2 Teile Wegwarte

Zubereitung: Eineinhalb Teelöffel der Kräutermischung in einem Viertel kaltem Wasser für eine Stunde ziehen lassen. Kurz aufkochen und nochmals etwa zehn Minuten ziehen lassen. Den Tee abseihen und so warm wie möglich schlückchenweise trinken. Je nach Bedarf sollte man täglich zwei bis drei Tassen trinken.

Kommentar
Diese Mischung ist zur Vorbeugung wie auch bei allgemeinem Unbehagen, Frösteln am ganzen Körper nach einer Verkühlung oder Durchnässung der Kleidung, nach einem längeren Aufenthalt in der Kälte wie auch bei naßkaltem Wetter ganz allgemein zu empfehlen.

Brust- und Hustentee

Zubereitung: Einen gehäuften Teelöffel der Kräutermischung mit einem Viertel kaltem Wasser übergießen, drei Stunden ziehen lassen und kurz aufkochen. Nochmals rund fünf Minuten ziehen lassen, abseihen und warm in kleinen Schlucken trinken. Die Menge sollte bei etwa drei Tassen pro Tag liegen (über den Tag verteilt).

Zutaten:
5 Teile Königskerze,
5 Teile Huflattich,
4 Teile Löwenzahn,
3 Teile Wegwarte

Kommentar
Dieser Brust- und Hustentee löst den festsitzenden Schleim in den Bronchien und erleichtert das Abhusten. Die Brust-Hustenteemischung wird in ihrer Wirksamkeit noch erhöht, wenn man nach dem Abseihen dem Tee noch einen Eßlöffel Waldhonig hinzugibt und ihn eventuell mit ein paar Tropfen Melissengeist oder Anis verstärkt.

Bei Reizhusten

Zutaten:
5 Teile Melisse,
4 Teile Nelkenwurz,
2 Teile wohlr. Veilchen,
2 Teile Betonie (Ziest),
1 Teil Mistel

Zubereitung: Eineinhalb Teelöffel der Kräutermischung mit einem Viertel kaltem Wasser übergießen und rund sechs Stunden ziehen lassen. Kurz aufkochen und nochmals fünf Minuten ziehen lassen. Abseihen und in kleinen Schlucken trinken. Pro Tag sollte man drei Tassen des Kräutertees auf den ganzen Tag verteilt trinken.

Kommentar
Dieser Tee empfiehlt sich insbesondere bei hartnäckigem Reizhusten und trockenem Husten. Sollte sich im Lauf der Kur noch keine Besserung zeigen, so empfiehlt sich für eine weitere Woche folgende Teemischung: fünf Teile wohlriechendes Veilchen, zwei Teile Betonie, drei Teile Huflattich und zur Süße einen Eßlöffel Honig.

Stärkung der Atemwege

Zutaten:
3 Teile Lungenkraut,
3 Teile Beifuß,
2 Teile Birkenblätter,
2 Teile kleinblättriger Weidenröschen,
2 Teile Fliederrinde,
1 Teil Mistel

Zubereitung: Zwei gehäufte Teelöffel der Kräutermischung mit einem Viertel kaltem Wasser übergießen und über Nacht stehen lassen (etwa 10–12 Stunden). Das Ganze etwa eine Minute aufkochen lassen, abseihen und langsam trinken. Zur Vorbeugung und Behandlung von Erkrankungen der Atemwege sind zwei Tassen pro Tag die richtige Dosierung.

Kommentar
Seine vornehmliche Verwendung findet diese Kräutermischung zum Tee aufbereitet bei Halsentzündung, Halsschmerzen und rauher Kehle. Zusätzlich empfiehlt sich zur Heilung bei Halsweh das Gurgeln mit Eisenkraut-Tee.

Atemnot und Husten

Zubereitung: Den Quark zusammen mit der Sahne, den Kräutern und Gewürzen gut vermischen, den geriebenen Meerrettich unterrühren und mit Salz und etwas Zitronensaft oder Weinessig abschmekken. Ein bis zwei Eßlöffel auf einem Stückchen Dinkelbrot bringen schon eine unerwartet rasche Besserung.

Zutaten:
125 g Magerquark,
125 g süße Sahne,
½ frisch geriebene Meerrettichwurzel,
1–2 EL Weinessig oder Zitronensaft,
1–2 EL Galgantpulver, je eine Prise Pfeffer, Kardamom, Ingwer und Bertram,
1 Prise Salz

Hustensaft

Zubereitung: Anis, Fenchel, Dillsamen und Dillkraut kleingehackt (oder im Mixer püriert) mit einem halben Liter Wasser aufkochen lassen. Ebensoviel Salbei und Thymian in 400 Milliliter Wasser aufkochen und abseihen. Beide Tees zusammen mit einem Pfund Bienenhonig aufkochen, gut durchrühren und heiß in Flaschen abfüllen. – Bei Beschwerden ein bis zwei Eßlöffel des Saftes im Mund behalten, ihn leicht umherschwenken und dann erst hinunterschlucken.

Zutaten:
je zwei gehäufte EL Anis, Fenchel, Dillsamen und Dillkraut, die selbe Menge an Salbei und Thymian,
½ l Wasser,
0,4 l Wasser,
500 g Bienenhonig

Muskat-Kekse

Zutaten:
315 g dunkles Dinkelmehl, 125 g geriebene Mandeln, 315 g Butter, 200 g Zucker, 3 Eigelb, 4 Eier, 1 Prise Salz, ½ Päckchen Backpulver, 45 g Muskatmischung (50 g Muskat, 45 g Zimt, 5 g Nelkenpulver)

Zubereitung: Die angegebenen Zutaten zu einen kräftigen Mürbeteig verarbeiten. Den Teig auf ein gefettetes Backblech spritzen (oder mit einem Teelöffel ausstechen und kleine Plätzchen auf das Blech formen) und bei etwa 200 Grad rund 25 Minuten im vorgeheizten Backrohr backen. Will man den Teig ausrollen und die Plätzchen ausstechen, so nimmt man etwas weniger von den Eiern, etwa die Hälfte bis zwei Drittel.

Kommentar

Die nervenberuhigenden Kekse verdanken ihre Wirksamkeit in erster Linie der Muskatmischung. Über sie schreibt Hildegard ganz eindeutig, daß sie die „Bitterkeit des Herzens und der Sinne vertreibt". „Es macht einen fröhlichen Geist und reinigt die Sinne". Die Mandelkerne empfiehlt sie bei Lungen- und Leberbeschwerden und demjenigen, „der ein leeres Gehirn hat und dessen Gesicht von blasser Farbe ist" (Auf den Blausäuregehalt achten!)

Quittenwürfel

Zutaten:
1 Kilo dickes Quittenmus,
400 Gramm Zucker,
30 g Galgantpulver,
18 g Bertram,
3 g Kardamom,
100 g Hagebuttenmark

Zubereitung: Alle Zutaten gut miteinander vermischen und eventuell kurz aufkochen lassen. Den Teig etwa einen Zentimeter dick auf ein leicht gefettetes Backblech aufstreichen und einige Tage trocknen lassen. Anschließend in etwa quadratzentimetergroße Würfel schneiden und nochmals mindestens drei bis vier Tage nachtrocknen lassen. Am besten bewahrt man die Quittenwürfel in einer Keksdose auf.

Grog mit Honig

Zutaten
4 EL Honig,
½ l Kräutertee
(auch schwarzer Tee),
4 EL Zitronensaft,
4 cl Rum

Zubereitung
Den Kräutertee aufbrühen, die Kräuter abseihen. Nach und nach bei milder Hitze den Honig und Zitronensaft hinzugeben. Kurz aufkochen lassen, den Topf von der Herdstelle nehmen und den Rum dazugießen. Umrühren, in Gläsern servieren und warm trinken.

Feuerzangenbowle

Zutaten
2 l Weißwein,
½ Zitrone,
1 Orange,
1 Stange Zimt,
3–4 Nelken,
¼ l Rum
(hochprozentig),
¼ l Arrak,
1 Zuckerhut

Zubereitung
Den Weißwein in einen genügend großen Kessel geben, den Saft einer Orange und einer halben Zitrone dazugießen. Das Ganze bei milder Hitze erwärmen, Zimt und Nelken zufügen und kurz sieden lassen. Den Zuckerhut auf einer Feuerzange über den Kessel legen, das Rum-Arrak-Gemisch darüberträufeln und anzünden. Nach dem Einträufeln des Zuckers in den Wein das Getränk heiß in Punschgläser abfüllen und warm servieren.

Heißer Bierlikör

Zubereitung
Das dunkle Bier in einem genügend großen Topf langsam zum Kochen bringen, den Zucker dazurühren und zusammen mit den Zimtstangen, dem Galgantstückchen und eventuell etwas Zitronenschale rund 20 Minuten köcheln lassen. Den Topf von der Kochstelle nehmen, das Gebräu abkühlen lassen und mit dem Alkohol verrühren. Das Ganze durch ein Tuch in Flaschen abseihen. Mindestens zwei Monate stehen lassen, besser etwas länger. Den Bierlikör vor dem Servieren leicht erhitzen.

Zutaten
2 l dunkles Bier (auch Starkbier),
1 Kilo brauner Zucker,
1¼ 75%iger Alkohol
1 Stückchen Galgantwurzel,
2 Zimtstangen

Glühwein

Zubereitung
Den Wein in einem Topf langsam erhitzen (nicht zum Kochen bringen!), die Zimtstangen und Gewürznelken hinzugeben, ebenso die geschälte und gewürfelte Orange und Zitrone. Nochmals ziehen lassen und heiß servieren.

Zutaten
1 l Rotwein,
150 g Zucker,
2–3 Stangen Zimt,
4–5 Gewürznelken,
je eine Orange/Zitrone

Eigene Rezepte

Erfahrungen

Kräuter in der Küchenpraxis

„Taufrisch auf den Tisch“ lautet das beste Kräuterrezept. Daneben gibt es ein paar Tricks, wie Sie die volle Würze beim Kochen und Konservieren bis zuletzt bewahren.

Kräuter in der Küchenpraxis

Kräuter sind zarte Geschöpfe, die schonend behandelt werden wollen. Was sie uns so wertvoll macht, sind die ätherischen Öle, die für das charakteristische Aroma eines jeden Krauts verantwortlich sind. Diese Öle verflüchtigen sich leider nur allzu rasch. In den vollen Genuß unserer Kräuterwürze werden wir deshalb nur kommen, wenn wir beim täglichen Umgang mit ihnen ein paar Kleinigkeiten beachten – ein wenig Mühe wird durch intensiven Duft und Geschmack belohnt werden!

Schneiden, wiegen, hacken

sollten Sie Kräuter möglichst nicht auf einem Holzbrett, da der kostbare Saft vom Holz aufgesaugt wird. Das kann nicht passieren, wenn Sie ein Brett mit glasierter Oberfläche oder ein Plastikbrettchen als Unterlage verwenden. Aus demselben Grund werden frische Kräuter nicht in einem Holzmörser zerrieben; ein „Apothekermörser" aus Porzellan oder Metall ist eine Anschaffung fürs Leben.
Elegant gelöst wird das Problem des Zerkleinerns von Kräutern durch eine Petersilienmühle, in der sich selbstverständlich auch andere Kräuter „mahlen" lassen. Gering bleibt der Saft- und Aromaverlust auch, wenn Sie Ihre Kräuter nicht mehr mit dem Messer hacken, sondern mit der Küchenschere direkt über dem zu würzenden Gericht kleinschneiden.

Vorsicht: Zartes bitte nicht mitkochen!

Die empfindlichsten unter den Kräutern verlieren ihre Würzkraft völlig, wenn sie mit den Speisen mitgegart werden. Erst kurz vor dem Servieren wird alles zartblättrige Grün zugegeben: Basilikum, Borretsch, Estragon, Dill, Petersilie, Pimpinelle, Schnittlauch und Zitronenmelisse. Längere Garzeiten bekommen zäheren, festblättrigen Kräutern wie Thymian und Rosmarin. Alle Kräuter werden erst unmittelbar vor Verwendung zerkleinert.

Wohin mit frischen Kräutern?

Am besten sofort in den Kochtopf! Wer sich aus dem eigenen Beet oder Pflanztopf mit frisch gepflückten Kräutern versorgen kann, wird an den Rezepten der Hildegard-Küche die meiste Freude haben. Aber nicht immer besteht die Möglichkeit dazu.
Falls Sie Frischkräuter länger aufheben müssen, sollten Sie einen weitverbreiteten Irrtum vermeiden: Stellen Sie Ihren Kräuterstrauß bitte

nicht in ein Wasserglas aufs Fensterbrett, womöglich noch in die Sonne. Dies wäre die sicherste Methode, die Kräuter rasch und gründlich ihrer Vitamine zu entledigen. Besser hält sich Ihr Würzgrün im Kühlschrank. Zunächst werden die Kräuter gewaschen und gut abgetropft: Schwenken Sie sie ein paarmal kräftig aus. Locker in einer Plastiktüte oder in Alufolie eingewickelt, halten sich die Kräuter im Gemüsefach mehrere Tage.

Kräuter einfrieren

Nicht alle Kräuter sind zum Einfrieren geeignet: Majoran, Salbei und Thymian sollten Sie lieber trocknen. Gute Ergebnisse dürfen Sie dagegen bei Petersilie, Schnittlauch und Dill erwarten – diese drei Kräuter eignen sich wiederum nicht zum Trocknen, sie schmecken dann nur noch wie Heu. Auch bei Basilikum, Bohnenkraut, Borretsch, Estragon, Liebstöckel, Minze, Pimpinelle, Selleriegrün und Zitronenmelisse kann sich das Einfrieren lohnen. Probieren Sie einfach bei Ihren Lieblingskräutern aus, ob Sie Ihnen auch noch tiefgefroren schmecken.
Am wenigsten Arbeit macht es, wenn Sie die Kräuter im Ganzen büschelweise im Gefrierbeutel verpacken und einfrieren – beschriften nicht vergessen! Die gefrorenen Blätter lassen sich dann leicht zwischen den Fingern zerbröseln. Entnehmen Sie immer nur soviel Kräuter, wie Sie für Ihr Gericht benötigen; aufbewahren lassen sich aufgetaute Kräuter nicht mehr.
Als praktisch hat sich erwiesen, gehackte Kräuter in Eiswürfelbehälter zu füllen und mit etwas Wasser gefrieren zu lassen. Hier können Sie mit verschiedenen Kräutermischungen experimentieren. Die Würfel werden in Gefrierbeuteln oder Plastikboxen aufbewahrt und portionsweise entnommen.
Tiefgefrorene Kräuter halten sich ein halbes Jahr – gerade lang genug, bis Ihnen nach dem Winter wieder frisches Grün zur Verfügung steht.

Schonendes Trocknen

Vor allem die Besitzer von Kräutergärten oder Kräutersammler werden von dieser Möglichkeit Gebrauch machen, sich einen Kräutervorrat für Küche und Hausapotheke zuzulegen. Außer Schnittlauch, Dill und Petersilie können Sie fast alle Kräuter trocknen. Voraussetzung ist, daß Sie sie dann ernten, wenn sie den Höhepunkt ihrer Wirkkraft erreicht haben. Dies ist bei den meisten Kräutern zu Beginn der Blüte. Was Sie beim Sammeln von Wildkräutern beachten sollten, gilt auch für den Hausgar-

ten: Warten Sie einen schönen, sonnigen Tag ab und pflücken Sie morgens nach dem Abtrocknen des Taus oder spätnachmittags, nicht jedoch während der Mittagshitze.
Schneiden Sie die Stengel lang genug ab, damit Sie sie bündeln können. Der Vorgang des Trocknens soll langsam und gleichmäßig ablaufen. Hängen Sie Ihre Kräuter an einem schattigen, möglichst luftigen Ort auf, an den die Sonne nicht hingelangen kann: Sie würde die Wirkstoffe der Pflanzen zerstören. Wem kein Platz im Freien oder ein Dachboden zur Verfügung steht, der hängt seine Kräuterbündel eben an einer Leine im Schlafzimmer oder im Flur auf und sorgt für ausreichende Durchlüftung. Das sieht hübsch aus und bringt eine ganz neue Duftnote in die Wohnung!
Aufwendiger ist es, die Kräuter flach liegend zu trocknen, da Sie einen Rost kaufen oder basteln müssen – die Luft muß von allen Seiten frei um die Kräuter zirkulieren können.
Um den Zeitpunkt nicht zu verpassen, an dem die Kräuter fertig getrocknet sind, brauchen Sie etwas Fingerspitzengefühl: Die Blätter müssen rascheln und sich leicht von den Stengeln streifen lassen, dürfen aber noch nicht so trocken sein, daß sie zu Staub zerfallen. Zu feuchte Blätter wiederum fangen beim Lagern an zu schimmeln. Sie sollten also den Trockenvorgang aufmerksam überwachen, der je nach Witterung drei Tage bis zwei Wochen dauern kann.
Füllen Sie nun Ihre Ausbeute in Schraubgläser oder gut verschließbare Blechdosen. Etiketten sorgen für Ordnung und dafür, daß Sie die Kräuter nicht verwechseln – getrocknet sehen sie alle ziemlich ähnlich aus. Schützen Sie Ihre Kräuterschätze vor grellem Sonnenlicht. Nach einem Jahr sollten Sie sich von Restbeständen trennen, da dann die Würz- und Heilkraft der Kräuter stark nachläßt.

Kräuteressig, Kräuteröl

Eine Jahrtausende alte Methode, Kräuter zu konservieren, ist das Einlegen in Essig oder Öl. Es sollte wieder mehr zu Ehren kommen, zumal es wenig Zeit und Mühe erfordert. Wenn im Winter die Kräuter knapp sind, sorgt mit Kräutern versetzter Essig für pikante Würze im Salat. Kräuteröl kann ebenfalls an den Salat gegeben werden, bereiten Sie aber auch Gemüseeintöpfe damit zu oder pinseln Sie Bratenstücke und Schälrippchen damit ein. Kräuteressig und -öl lassen sich auch sehr gut verschenken; Weitblickende sammeln rechtzeitig hübsche Flaschen für diesen Zweck.
Zur klassischen Küche gehört der Estragon-Essig; Sie können nach

demselben Rezept aber auch Dill oder Basilikum verarbeiten. Stecken Sie dazu ein paar ausgesucht schöne Kräuterstengel in eine saubere Glasflasche und gießen Sie guten Weinessig darüber, ob Weißwein- oder Rotweinessig, ist Geschmackssache. Wichtig ist, daß die Kräuter gut bedeckt sind; liegen die Blattspitzen im Freien, können sie zu faulen anfangen und der Essig verdirbt. Die Flasche wird verkorkt und an ein sonniges Fenster gestellt. Bei diesem Kräuterrezept ist Sonnenlicht ausnahmsweise erwünscht, da es den Aroma-Austausch fördert. Schütteln Sie die Flasche jeden Tag einmal kräftig durch. Nach zwei bis drei Wochen ist die Würze der Kräuter in den Essig übergegangen. Der Essig ist gebrauchsfertig; an einem dunklen Ort läßt er sich mehrere Jahre aufbewahren.

Selbstverständlich können Sie auch Essig mit einer Mischung aus verschiedenen Kräutern zubereiten. Falls Sie die Kräuter vor dem Einlegen kleinschneiden, empfiehlt es sich, den Essig zum Schluß durchzuseihen, damit keine unansehnlichen Blättchen in den Salat geraten. Hier ein paar Vorschläge für Kräutermischungen (siehe auch die Rezepte auf Seite 219):

- Dill, Zitronenmelisse, Basilikum;
- Basilikum, Bohnenkraut, Kapuzinerkresse, Thymian;
- Kerbel, Selleriegrün, Lorbeerblätter usw. . . .

Wer's scharf und pikant mag, kann jede Kräutermischung durch eine in Scheiben geschnittene Zwiebel, einige Knoblauchzehen, ein paar Pfefferkörner und ein bis zwei Chilischoten abrunden.

Kräuteröl wird im Prinzip genauso hergestellt, nur braucht es bis zu sechs Wochen, bis sich der Kräutergeschmack dem Öl ganz mitgeteilt hat. Verwenden Sie nur hochwertige, kaltgeschlagene Öle, zum Beispiel Olivenöl, Distelöl, Sonnenblumenöl. Dazu passen folgende Kräuter besonders gut: Majoran, Thymian, Eberraute, Salbei, Rosmarin, Dill, Lavendel und Knoblauch. Filtern Sie das Öl durch einen mit Gaze ausgekleideten Trichter oder einen Kaffeefilter und bewahren Sie es in dunklen Flaschen an einem kühlen Ort auf – nicht allzulange, damit es nicht ranzig wird.

B
1837
TONIC BITTERS
RUSSIAN

Wie lege ich meinen Hildegard-Garten an?

Sie besitzen keinen Garten? Nicht einmal einen Balkon? Nur allzu viele Stadtbewohner befinden sich in dieser Lage. Aber trösten Sie sich: Das ist noch lange kein Grund, auf selbstgezogene Hildegard-Kräuter zu verzichten! Denn so frisch (und so schmackhaft) wie aus dem eigenen „Anbau" werden Sie sie bestimmt nirgends erhalten.
Überblättern Sie die folgenden Seiten also nicht – selbst wenn Ihnen nur ein kleines Fensterbrett zur Verfügung steht, selbst wenn Sie bisher auf keinerlei gärtnerische Erfolge zurückblicken können. Gerade der Kleinst-Kräutergarten auf der Fensterbank im Zimmer wurde in diesem Kapitel besonders berücksichtigt; eingeschworene „Nicht-Gärtner" werden staunen, wieviele Hildegard-Kräuter hier unter scheinbar ungünstigen Bedingungen gedeihen können. Natürlich gibt es auch Tips für den Kräuteranbau auf dem Balkon und im Garten. Wer sich bisher wenig mit Pflanzen beschäftigt hat, braucht ja keinen übertriebenen Ehrgeiz zu entwickeln – Vorsichtige beginnen eben nur mit zwei, drei Kräutern, vom Gärtner gekauft. Wahrscheinlich wird es nicht lange dabei bleiben!
Vorrangig wird man Kräuter ziehen, von denen man die frischen Blätter erntet und die leicht zu pflegen sind. Denn wo kann man schon Estragon, Boretsch, Basilikum, Majoran als Frischkräuter kaufen? Spezialisten wird es darüber hinaus Spaß machen, auch selbst für ihren Bedarf an Gewürzsamen zu sorgen; deshalb finden Sie unten im Kräuter-ABC auch Pflanzen wie Anis, Koriander und Kümmel. Wer schließlich über einen größeren Garten verfügt, möchte vielleicht sogar Brunnenkresse, Löwenzahn und Meerrettich selbst ziehen. Doch fangen wir mit dem Einfachsten an.

Kräuter auf der Fensterbank

Licht, Luft, Feuchtigkeit und die richtige Erde, das sind die wichtigsten Voraussetzungen für das Wachstum aller Pflanzen. Geeignete Erde kann sich jeder beschaffen, davon wird noch die Rede sein (siehe unten, Kapitel „Säen und Pflanzen"). Die anderen Umweltbedingungen sind weitgehend vorgegeben, versuchen Sie, das Beste daraus zu machen.
Nicht genug Licht erhalten Kräuter am Nordfenster. Doch selbst wenn alle Ihre Fenster nach Norden hin gehen, brauchen Sie nicht aufzugeben: Sorgen Sie für eine zusätzliche Lichtquelle. Im Fachhandel sind spezielle Strahler oder Leuchtstoffröhren erhältlich, die nur wenig Strom

verbrauchen; eine 40-Watt-Glühbirne, ein Stück oberhalb der Pflanzung aufgehängt, tut's auch. Zwölf Stunden am Tag sollte diese Ersatzsonne für Ihre Kräuter leuchten, dann brauchen sie Nachtruhe wie die Menschen auch. Ost- und Westlage bieten keine Probleme. Bei reinen Südfenstern sollten Sie dafür sorgen, daß die Kräuter nicht der prallen Mittagssonne ausgesetzt sind; Stores oder Scheibengardinen erfüllen diesen Zweck bereits. Falls auf der Fensterbank der Platz nicht ausreicht: Auch noch einen Meter vom Fenster entfernt gedeihen Kräuter – auf einer Blumenbank, im Wandregal, im Hängekorb zum Beispiel. Nur wählt man für diese Standorte nicht gerade die sonnenhungrigsten unter den Würzpflanzen. Gute Erfahrungen wurden mit Petersilie, Kerbel, Schnittlauch, Estragon und Minze gemacht. Alle hinter dem Fenster gezogenen Kräuter sollten von Zeit zu Zeit gedreht werden, damit sie nicht einseitig wachsen. Die Ansprüche der Kräuter an Luft werden am besten erfüllt, wenn man sie vors Fenster ins Freie stellen kann. Doch das ist nicht immer möglich: An manchen Fassaden darf kein Blumenkasten befestigt werden. Oder das Fenster liegt an einer stark befahrenen Straße, wo die Pflanzen zu viele Schadstoffe aufnehmen würden. Da gibt es nur eine Lösung: Die Kräuter bleiben drinnen, dafür lüften Sie regelmäßig (auch Ihnen tut das gut!). Zugluft allerdings lieben Kräuter nicht.

Ideal ist feuchte, mäßig warme Luft; 18 °C sollten nicht überschritten werden. Problematisch wird das vor allem im Winter, wenn geheizt wird; meist befinden sich die Heizkörper auch noch unter den Fensterbänken und damit direkt unter den Pflanzen. Die Gefahr ist groß, daß die Kräuter eine solche trockene Wärme nicht verkraften. Das „feuchteste Klima" herrscht noch in der Küche; dort können Sie den Heizungsthermostat auch ruhig auf 18 °C einstellen, ohne zu frieren, da beim Kochen genügend zusätzliche Wärme frei wird. Wenn Sie noch möglichst oft Wasser in der Luft versprühen, werden sich Ihre Kräuter auch im Winter in der Küche wohlfühlen. Eine andere Möglichkeit: Falls Sie der Kräuterduft nicht stört, übersiedeln Sie Ihre Zöglinge doch ins Schlafzimmer, den wohl kühlsten Raum der Wohnung.

Welches sind nun die richtigen Kräuter für den Zimmergärtner? Schon genannt wurden Petersilie, Kerbel, Minze, Estragon und Schnittlauch. Geeignet sind außerdem Basilikum, Beifuß, Bohnenkraut, Dill, Dost, Eberraute, Zitronenmelisse, Majoran, Rosmarin, Salbei und Thymian – eine stattliche Auswahl also! Versuchen können Sie's auch mit Borretsch, den Sie allein in einen geräumigen Topf pflanzen sollten, da er viel Platz beansprucht. Von Liebstöckel wird oft abgeraten, da er sehr tief wurzelt und stark in die Höhe schießt; man kann ihn aber durchaus am Fensterbrett ziehen, wenn man ihn nicht so alt werden läßt und öfters durch eine neu herangezogene Pflanze ersetzt. Welche Kräuter Sie letztlich wählen, hängt von Ihren persönlichen Eßvorlieben ab. Auch werden Sie feststellen, daß manche Kräuter wie von selbst prächtig gedeihen, während andere trotz aller Pflege nicht so recht wachsen wollen; auch Kräuter scheinen ihre „persönlichen Vorlieben" zu haben.

Kräuter auf dem Balkon

Wer nur einen Nordbalkon besitzt, muß zumindest für den Kräuteranbau unter die Zimmergärtner gehen (was durchaus kein trauriges Los ist, siehe oben). Bei Südbalkonen ist für etwas Schatten zu sorgen, zum Beispiel durch ein hübsches Spalier von Kletter- und Rankenpflanzen. In ausgesprochenen Höhenlagen – ab dem 5. Obergeschoß etwa – kann es zugig werden; hier ist ein Windschutz angebracht. Bei solchen Balkonen hängt man die Kräuterkästen besser nicht an die Außenseite, sondern stellt sie in einer windgeschützten Ecke auf.
Balkongärtner müssen vor allem auf eines achten: daß ihre Kräuterpflanzung nicht austrocknet. Viel mehr als im Zimmer oder im Freilandbeet wird Feuchtigkeit abgegeben, und an heißen Tagen kann es nötig sein, mehrmals zu gießen, morgens und abends, nie jedoch während der heißen Mittagszeit.

Kräuter im Garten

In einem Punkt hat's der Gartenbesitzer schwerer als die Zimmer- und Balkongärtner: Er hat die Qual der Wahl, wo er seinen Kräutergarten anlegen soll. Bedenken Sie dabei, daß für die Kräuter das sonnigste Plätzchen gerade gut genug ist – in der Sonne entfalten sich die ätherischen Öle am reichsten, und die Kräuter werden einen wunderbaren Duft verströmen. Lassen Sie also Ihre Würzpflanzen kein Schattendasein führen, vermeiden Sie Staunässe und sorgen Sie schließlich für Luft – Platznot bekommt den Kräutern nicht, zu dicht gepflanzt, sind sie anfällig für Krankheiten. Verzichten Sie lieber auf die eine oder andere Art, und überschätzen Sie Ihren Bedarf nicht: Ein Salbeistrauch, eine Liebstöckelpflanze und ein Busch Thymian genügen für den Familienbedarf vollauf.
Ist Ihr Garten sehr offen angelegt und dem Wind ausgesetzt, werden die Kräuter für einen Windschutz dankbar sein: eine Mauer im Norden, einen Zaun oder eine Hecke im Westen (die aber nicht so hoch sein dürfen, daß sie die Kräuter beschatten). Vor der weiß getünchten Süd-

mauer des Hauses würden sich die Kräuter besonders wohl fühlen, da hier Sonne und Wärme abgestrahlt werden. Ohnehin sollte der Kräutergarten nicht zu weit vom Haus entfernt liegen, damit Sie bei Regen nicht die Lust verlieren, das würzige Grün zu schneiden.
Im Herbst wird das Beet vorbereitet, die Erde gut gelockert und eventuell mit Kompost versetzt. Schwere, nasse Lehm- und Tonböden müssen mit Sand und Torf aufgelockert werden. Im Frühjahr wird dann noch einmal reifer Kompost eingeharkt, um einen möglichst hohen Humusanteil in der oberen Beetschicht zu erzielen. Humusreiche, lockere Erde bekommt Kräutern wie fast allen Pflanzen; hier erübrigt sich das Düngen. Ist der Boden zu nährstoffreich, wird sich zwar das Blattwerk der Kräuter üppig entwickeln, das Aroma jedoch umso weniger. Wenn Ihr Boden allerdings recht mager ist, kann bei Schnittlauch, Borretsch und Liebstöckel, den „gefräßigeren" unter den Kräutern, eine Düngergabe von Vorteil sein. Verwenden Sie nur organischen Dünger, zum Beispiel Hornspäne oder eine Mischung aus Horn-, Blut- und Knochenmehl. Chemische Schädlingsbekämpfung verbietet sich von selbst, schließlich wollen Sie sich ja mit Ihren Kräutern etwas Gutes tun. Hier ist nicht der Platz, um ausführlich über biologischen Pflanzenanbau zu berichten; zu diesem Thema werden Sie jedoch zahlreiche gute Fachbücher finden – vielleicht auch Rat beim Nachbarn?

Kräutergärten schön gestalten

Nicht umsonst hat sich die Form, in der Kräuter in Kloster- und Bauerngärten angebaut wurden, jahrhundertelang erhalten: Ordnung und Übersicht herrschen in dem geräumigen Rechteck, das durch geradlinige, einander kreuzende Wege in schmale Beete geteilt wird. Wer ganz der Tradition Hildegards folgen möchte, wird sich wohl den Klostergarten als Vorbild nehmen. Allerdings werden wir uns heute aus Raumgründen meist mit einer Kleinausgabe, einem kleinen Rechteck oder Quadrat mit einem einzigen Wegkreuz zufrieden geben, was für den Hausgebrauch auch völlig genügt. Hildegard hätte in die Mitte wohl noch einen Rosenstock gepflanzt...
Wem der Klostergarten zu streng geometrisch erscheint, der kann es ja mit einem Rondell oder unregelmäßigen Beeten mit geschwungenen Wegen versuchen. Im kleinsten Gärtchen schließlich ist Raum für eine lange, schmale Rabatte, in der eine Fülle von Kräutern gedeihen können. Ein paar Steinplatten zwischen den Pflanzen erleichtern Pflege und Ernte.
Bei sehr schwerem, lehmigem oder tonhaltigem Boden muß für einen

guten Wasserabzug gesorgt werden. Auch hierfür bietet die Gartengeschichte ein lehrreiches Beispiel: das Hochbeet, wie es auf zahlreichen spätmittelalterlichen Abbildungen von Kräutergärten zu sehen ist. Man hebt zunächst eine etwa 30 Zentimeter tiefe Grube aus und füllt sie mit Kies auf. Dann bekommt das Beet einen Holzrahmen. (Dies ist die klassische Version. Natürlich können Sie Ihr Kräuterbeet auch mit Pflöcken, schweren Holzbohlen oder einem Steinmäuerchen umgeben.) Auf den Kies schüttet man eine Lage Sand auf, darauf folgt eine Schicht Reisig. Damit ist eine gute Drainage gesichert, und man kann den eigentlichen (gut gelockerten) Humus aufbringen.
Sicher hätte Hildegard gestaunt über unsere schulmeisterliche Einteilung der Gewächse Gottes in „Zier- und Nutzpflanzen". Daß Ihr Kräutergarten mehr als nur ein reiner Nutzgarten sein wird, dafür sorgen schon die betörenden Düfte, die an heißen Sommertagen aufsteigen. Hier läßt sich manch angenehme Stunde verbringen! Es lohnt sich daher, zwischen die Kräuter bunte Sommerblumen zu setzen: Ringelblumen, Akelei, Wicken, Rittersporn, Königskerzen, Margeriten, Glockenblumen, Lilien, um nur wenige Beispiele typischer Bauernblumen zu geben; manche dieser Blütenschönheiten hat Hildegard auch als Heilpflanzen erfolgreich angewendet. Besonders hübsch sieht es aus, wenn Sie von jeder Blumensorte mehrere Exemplare in regelmäßigen Abständen ansäen; so wirkt der Kräutergarten bunt, aber doch nicht wirr.
Bei aller Phantasie, mit der Sie Ihren Kräutergarten gestalten, sollten Sie die praktische Seite nicht aus dem Auge verlieren: Legen Sie die Beete so schmal an, daß Sie die Kräuter noch bequem erreichen können. Und pflanzen Sie hochwachsende Kräuter nach „hinten", am besten auf die Nordseite, damit sie die niedrigen Sorten nicht überschatten.

Wer paßt zu wem?

Zimmer- und Balkongärtner können natürlich jedes Kraut in einen eigenen Topf setzen. Doch platzsparender – und hübscher – ist es, mehrere Arten zusammen in einen Kasten zu pflanzen. Doch nicht jedes Kraut verträgt sich mit jedem beliebigen Nachbarn, da recht unterschiedliche Ansprüche an Erde, Sonne und Feuchtigkeit bestehen. Auch Freilandgärtner müssen dies bei der Gruppierung ihrer Kräuter beachten.

Bei den Würzpflanzen lassen sich zwei große Gruppen unterscheiden: die „Einheimischen" und die „Einwanderer". Die Gäste aus dem Mittelmeerraum lieben lockeren, kalkhaltigen und eher mageren Boden; sie können gar nicht genug Sonne bekommen. Gießen Sie sie sehr zurückhaltend! Dost, Thymian und Rosmarin können Sie gut in einen Kasten oder in ein Beet pflanzen; mischen Sie etwas Sand und Kalk unter den Humus. Auch Salbei fühlt sich in dieser Gemeinschaft wohl, allerdings braucht er reichlich Kompost. Diesen Mittelmeerpflanzen können Sie auch Beifuß und Eberraute zugesellen, nur müssen Sie auf ausreichend Ellbogenfreiheit achten: Diese beiden hochwachsenden Stauden benötigen Platz um sich. Zimmer- und Balkongärtner pflanzen sie am besten separat in größere Töpfe oder Kübel. In die Nachbarschaft paßt auch Lorbeer, auf den Zimmergärtner ganz verzichten müssen; Balkongärtner mit viel Platz können es mit einem tiefen Kübel versuchen, in dem der Strauch einige Jahre gedeihen kann.

Basilikum und Bohnenkraut stammen zwar auch aus den Mittelmeerländern, sollten aber nicht mitten unter die oben aufgeführten mehrjährigen Pflanzen gesetzt werden, da sie als einjährige Pflanzen jedes Jahr neu ausgesät werden müssen. Grundsätzlich sollten ein- oder zweijährige Pflanzen nicht mit ausdauernden Stauden gemischt werden, damit nicht jährlich neben den Ausdauernden herumgebuddelt wird und sie in Ruhe wachsen können.

Entweder pflanzen Sie also Basilikum und Bohnenkraut an den Rand der „Mittelmeerbeete", oder Sie gesellen die beiden der zweiten großen Kräutergruppe zu, die einen weniger trockenen, humusreichen Boden bevorzugt. Mit Knoblauch verträgt sich Basilikum ausgesprochen gut – dies ist allerdings mehr eine Mischung für den Garten. Es ist einen Versuch wert, Basilikum, Schnittlauch, Dill, Petersilie und Bohnenkraut gemeinsam in einen Kasten zu pflanzen und an ein sonniges Plätzchen zu stellen. Andere Kräuter wiederum bevorzugen Halbschatten (für Zimmergärtner bedeutet dies Schutz vor praller Mittagssonne): Estragon und Minze, die paarweise zusammengepflanzt werden können, sowie Kerbel und Liebstöckel.

Welche Kräuter zueinanderpassen, werden Sie selbst feststellen, wenn Sie das nachfolgende Kräuter-ABC aufmerksam durchlesen. Umsichtige Balkon- und Zimmergärtner wählen für ihre Sammelpflanzungen statt eines langen Kastens lieber zwei oder drei kürzere: Sie sind nicht so schwer, lassen sich bei Hagel und schweren Regenschauern leicht herunterheben und an einen geschützten Ort stellen; Fensterbrettgärtner drehen ihre Kästen auch regelmäßig um, damit die Pflanzen gleichmäßig von der Sonne beschienen werden.
Für das Anlegen von Sammelpflanzungen wichtig zu wissen ist noch, daß sich einige Würzpflanzen überhaupt nicht miteinander vertragen. Pflanzen Sie
- Liebstöckel nicht neben Minze (Liebstöckel ist ohnehin ein Einzelgänger),
- Fenchel nicht neben Dill und Kümmel.

Petersilie braucht jedes Jahr einen anderen Standort; für Zimmergärtner bedeutet das: nicht nachsäen, sondern in einen frischen Topf neu aussäen. Überhaupt sollten Sie bei ein- und zweijährigen Pflanzen nie dieselbe Sorte wieder an denselben Fleck säen, sondern eine Art „Fruchtwechsel" beachten.

Säen und Pflanzen

Von ausdauernden (mehrjährigen) Pflanzen kauft man am besten die Jungstauden in einer Gärtnerei. Hier erhält man auch Setzlinge von ein- und zweijährigen Pflanzen, die Sie aber auch aus Samen ziehen können. Balkon- und Freilandgärtner können unempfindliche Sorten direkt ins Freie säen; eine „Vorkultur" auf der Fensterbank, wie sie der Zimmergärtner bei allen seinen Kräutern durchführt, ist jedoch nie verkehrt.
Besorgen Sie im Fachgeschäft die richtige Erdmischung zum Aussäen, die wenig Nährstoffzugabe und keinen Langzeitdünger enthält. Säen Sie die Samen mit reichlich Abstand in flache Schalen und bedecken Sie sie mit Erde: Lichtkeimer mit einer sehr dünnen, Dunkelkeimer mit einer dickeren Schicht. Nun wird die Aussaat mit Wasser besprüht und mit einer Glasscheibe oder einer transparenten Plastiktüte abgedeckt, damit sie nicht austrocknet. Der richtige Platz für die Anzuchtgefäße ist ein sonniges, warmes Fensterbrett. Sobald die Saat aufkeimt, wird die Abdeckung abgenommen. Lassen Sie die Pflänzchen weiterwachsen, bis sich zwei oder drei Blattpaare entwickelt haben. Dann sind sie groß genug zum Pikieren oder Vereinzeln.
Beim Pikieren verpflanzt man die Jungpflänzchen in einzelne Ton- oder Torftöpfchen, die mit lockerer Erde gefüllt sind. Am besten hebt man

das Pflänzchen mit einem Löffelstiel aus der Anzuchtschale, bohrt z. B. mit einem Bleistift ein Loch in die Erde des neuen Gefäßes und setzt das Pflänzchen vorsichtig hinein. Anschließend gießt man sparsam – das genügt meist, um der Pflanze Halt in der Erde zu geben. Vereinzelt werden dagegen bereits in Reihen angesäte Kräuter, bei denen Umpflanzen nicht ratsam ist. Zu dicht stehende Pflänzchen werden dabei einfach herausgezogen oder abgeschnitten.
Jetzt brauchen die jungen Kräuter viel frische Luft, um sich zu kräftigen; Sonne dagegen kann die zarten Blättchen ermatten. Öffnen Sie regelmäßig die Fenster und sorgen Sie für Schatten (falls Sie keine Scheibengardinen haben, können Sie zum Schutz Seidenpapier auf die Scheiben kleben).
Nun wachsen die Kräuter zu Setzlingen heran, die ins Freie umgepflanzt werden können, sobald die Maifröste vorüber sind; Zimmerkräuter kommen dann in ihr endgültiges Pflanzgefäß. Bis dahin bereitet man die Beete vor (siehe oben, Kapitel „Kräuter im Garten") sowie die Füllungen für Kästen, Kübel und Töpfe: Die Abzugslöcher werden mit Scherben abgedeckt, dann füllt man eine etwa drei Zentimenter dicke Lage Kies oder Sand ein. Es folgt bis zur halben Höhe eine Schicht fertig gekaufter Blumenerde. Besser dran ist, wer seine Pflanzerde selbst mischen kann: aus je einem Drittel Kompost, Sand und Torf (oder Torfersatz). Denken Sie daran, für die „Südländer" etwas Kalk beizugeben! Anders als im Garten ist beim Kräuteranbau im Topf oder Kasten für ausreichende Düngung zu sorgen; die Nährstoffvorräte der Erde sind in den relativ kleinen Gefäßen schnell erschöpft. Streuen Sie eine Handvoll Hornspäne ein – diese Menge ist für einen 50 Zentimeter langen Kasten berechnet. Jetzt kann bis obenhin mit Erde aufgefüllt werden. Bevor Sie die Setzlinge einpflanzen, muß das Substrat gut angefeuchtet werden.
Zimmergärtner und Balkongärtner werden grundsätzlich öfter gießen müssen als Freilandgärtner; auch brauchen die nährstoffhungrigeren unter den Kräutern alle sechs bis acht Wochen eine Gabe von organischem Flüssigdünger (z. B. Guano), was im Gartenbeet nicht nötig sein dürfte. Bald werden Sie von selbst ein Gespür dafür entwickeln, was Ihren Pfleglingen gut tut – sie werden es Ihnen mit unnachahmlicher Würze und Duft danken.

ABC der Hildegard-Kräuter

In aller Kürze finden Sie hier zu jeder Pflanze nur das vermerkt, was Sie wissen müssen, damit Ihnen der Anbau gelingt: ob das Kraut ein-, zweijährig oder ausdauernd ist, wie groß es werden kann (sehr wichtig, damit Sie ihm genügend Raum gönnen, so daß es später nicht zartere Kräuter überwuchert oder beschattet). Den Zimmergärtnern sei zum Trost gesagt, daß sie auch ausladende Pflanzen wie Dill, Borretsch und Liebstöckel jeweils in separaten Töpfen halten können, sie werden im Zimmer nicht so groß wie im Freien. Des weiteren erfahren Sie, ob das beschriebene Kraut zu den Licht- oder Dunkelkeimern gehört, wann es blüht (das kann für die Ernte von Bedeutung sein). Auch wird darauf hingewiesen, was Zimmer- und Balkongärtner besonders zu beachten haben. Sie erhalten Informationen über den geeigneten Standort, Zeit und Bedingungen der Aussaat sowie Pflegehinweise. Abschließend geben wir Tips, wann Sie welche Pflanzenteile ernten können.

Anis

Wichtige Merkmale: Einjährig. Wird bis 70 cm hoch. Dunkelkeimer. Same reift ab August.
Tip für Zimmergärtner: Nur in Südfenstern können Sie die Anzucht versuchen. Auf dem Balkon hat Anis gute Chancen.
Standort: Lockerer, humusreicher, etwas kalkhaltiger Boden. Sonnig, windgeschützt.
Anbau und Pflege: Vorkultur auf der Fensterbank. In mildem Klima auch Aussaat ins Freie ab Anfang April mit 25 cm Reihenabstand.
Die handhohen Pflänzchen werden auf einen Abstand von 10 cm vereinzelt. Erde ab und zu (mit der Gabel) auflockern.
Ernte: Sobald sich die Samen der Hauptdolden bräunlich färben. Die Früchte der Nebendolden, die dann noch nicht ausgewachsen sind, müssen nachreifen. Zum Trocknen ganze Pflanze abschneiden und mit den Dolden nach unten aufhängen.

Basilikum

Wichtige Merkmale: Einjährig. Wächst 15–60 cm hoch. Lichtkeimer. Blüht von Juli bis August.
Hinweis für Zimmergärtner: Basilikum gedeiht ausgezeichnet auf der Fensterbank, in verregneten Sommern sogar besser drinnen als im Freien. Wählen Sie das Kleinblättrige Basilikum, das nicht so hoch wächst und aromatischer ist. Entspitzen Sie die Triebe, dann wird die Pflanze buschiger. Sie entwickelt mehr Blätter, wenn Sie die Mehrzahl der Blütenknospen abzwicken.
Standort: Lockerer, humusreicher Boden; viel Sonne.
Anbau und Pflege: Vorkultur ab Ende März, beim Pikieren mehrere Pflänzchen auf einmal relativ tief in einen kleinen Topf setzen. Die Setzlinge ab Mitte Mai ins Freie umpflanzen, Abstand 25 × 25 cm. In trockenen Sommern gut gießen. Im Kasten liebt es die Nachbarschaft von Salbei, Rosmarin, Knoblauch und Tomaten.
Ernte: Sobald mehrere Blättchen ausgebildet sind, laufend. Am würzigsten kurz vor und während der Blüte.

Beifuß

Wichtige Merkmale: Ausdauernd. Wird im Freien 100–150 cm hoch. Blüte im August.
Tip für Zimmergärtner: Gedeiht einzeln in größerem Gefäß.
Standort: Möglichst magere Erde mit Kalk; sonnig.
Anbau und Pflege: Anspruchslos. Eine Pflanze genügt. Anzucht aus Samen lohnt nicht; besser besorgt man einen Setzling oder holt von Schutthalden und Baugruben, wo der Beifuß oft wild wächst, einen Ableger. Einpflanzen im März/April oder September/Oktober. Ein Jahr später die Triebe auf 15 cm zurückschneiden, damit die Staude neu austreibt.
Ernte: Frische Blättchen nur vor der Blüte. Später nur noch die Blütenknospen.

Bohnenkraut

Wichtige Merkmale: Einjährig. Wird 30–40 cm hoch. Lichtkeimer. Blüht von Juli bis Oktober.
Tip für Zimmergärtner: Gut geeignet für die Fensterbank, dann aber mehr gießen.
Standort: Lockerer, humoser Boden; sonnig.
Anbau und Pflege: Vorkultur ab Anfang April; Sämlinge vereinzeln. Oder Aussaat direkt ins Freie ab Mai, Reihenabstand 25 cm, späterer Pflanzenabstand 25 cm. Spätere Aussaat Ende Mai/Anfang Juni sorgt für „Nachschub". Mäßig gießen.
Ernte: Stärkste Würzkraft vor und während der Blüte. Zum Trocknen blühend ernten.

Boretsch

Wichtige Merkmale: Einjährig. Bis 80 cm hoch, bis 50 cm breit. Dunkelkeimer. Blüht prächtig blau von Mai bis September.
Tip für Zimmergärtner: Braucht viel Platz! Einzelgänger in großem Topf, gleich dort ansäen. Viel gießen.
Standort: Nahrhafter, gut wasserdurchlässiger Boden.
Anbau und Pflege: Aussaat zu drei oder vier Samen pro Pflanzloch, im Freien von April bis Juni, in der Vorkultur schon früher. Sämlinge vereinzeln, nicht verpflanzen. Nicht austrocknen lassen.
Ernte: Nur junge Triebe, Blätter, Blüten; ältere Blätter werden hart und zäh.

Brunnenkresse

Wichtige Merkmale: Ausdauernd. Bildet im Wasser bis 70 cm lange waagrechte Stengel. Dunkelkeimer. Blüht von Mai bis September.
Tip für Zimmergärtner: Lassen Sie die Finger davon! Balkongärtner mit viel Platz können eine Kultur in großen Plastikschüsseln versuchen.
Standort: Nasser, nährstoffreicher Boden, am besten an Fließgewässern. Schattig.
Anbau und Pflege: Aussaat in flachen Schalen, ständig feucht halten. Nach etwa zwei Wochen mit 7 cm Abstand in feuchte Kästen umsetzen; Erde immer fingerbreit mit Wasser bedecken. Erde

öfters auflockern, damit sich keine Algen bilden. Alle sechs Wochen mit Flüssigdünger gießen. Mit Stecklingen immer wieder neue Pflanzungen anlegen.
Ernte: Erster Schnitt bei 12 cm Trieblänge, dann den ganzen Sommer bis in den Oktober hinein.

Dill

Wichtige Merkmale: Einjährig. Wird 50–125 cm hoch. Dunkelkeimer. Blüht von Juni bis August.
Tip für Zimmergärtner: Gleich an Ort und Stelle aussäen, dann vereinzeln, so daß jede Pflanze mindestens 2 cm Platz hat. Wird im Zimmer nicht so hoch.
Standort: Humoser, lockerer Boden. Windgeschützt. Viel Licht und Sonne. Nicht zu trocken, aber keine Staunässe.
Anbau und Pflege: Aussaat im Freien ab April, Reihenabstand mindestens 25 cm. Zur Samengewinnung vereinzeln auf 25 cm Pflanzenabstand, will man nur die Blätter ernten, auf 7 cm Abstand. Alle vier bis sechs Wochen Folgesaaten anlegen. Dill nicht neben Fenchel pflanzen!
Ernte: Die Blättchen laufend, sobald die Pflanzen 20 cm hoch sind. Die Samen, wenn sie zu bräunen beginnen. Die Dolden kopfüber aufhängen und trocknen lassen.

Dost (Oregano)

Wichtige Merkmale: Ausdauernd. Wird 30–50 cm hoch. Blüte von Juli bis September.
Tip für Zimmergärtner: Für die Zimmerkultur gut geeignet. Im Winter kühler stellen (wenn möglich, um 15 °C). Bleibt der Dost auf der Fensterbank, ab und zu mit Flüssigdünger düngen (außer von November bis Januar).
Standort: Karger, durchlässiger Boden, trocken, sonnig, warm.
Anbau und Pflege: Aussaat im Freien ab April, in Reihen mit 25 cm Abstand. Verziehen auf 30 cm Pflanzenabstand. Beim Überwintern im Freien mit

Kiefernreisig abdecken. Im Frühjahr vor dem Austrieb bis dicht über dem Boden zurückschneiden.
Ernte: Stärkste Würze während der Blüte. Zum Trocknen das blühende Kraut handhoch über dem Boden abschneiden.

Eberraute

Wichtige Merkmale: Ausdauernd. Bis 100 cm hoch. Blüht von Juli bis Oktober.
Tip für Zimmergärtner: Haltung im großen Topf möglich, da der Busch gut zurückgeschnitten werden kann.
Standort: Humoser, kalkiger Boden; sonnig.
Anbau und Pflege: Samen sind nicht erhältlich; besorgen Sie einen Steckling (ein Busch genügt). Evtl. weitere Vermehrung durch Stecklinge. Nicht zu viel gießen. Bei mehreren Pflanzen Abstand von 40 × 40 cm einhalten. Im Winter Frostschutz aus Kiefernreisig.
Ernte: Laufend die zarten Triebspitzen pflücken.

Estragon (Bertram)

Wichtige Merkmale: Ausdauernd. Wird 60–150 cm hoch. Blüte im Juni.
Tip für Zimmergärtner: Wählen Sie nicht den Russischen Estragon, sondern den aromatischeren Deutschen Estragon, von dem allerdings keine Samen, sondern nur Setzlinge oder Wurzelableger erhältlich sind. Ab und zu düngen!
Standort: Humusreicher, feuchter Boden, sonnig; aber auch Halbschatten wird vertragen.
Anbau und Pflege: Russischer Estragon wird ab April ins Freie ausgesät und später auf einen Abstand von 40 × 40 cm versetzt. Die Ableger des Deutschen Estragons pflanzen Sie im Abstand von 30 × 40 cm ein. Bereiten Sie ein reichlich kompostiertes Beet vor und geben Sie eine Handvoll organischen Dünger zusätzlich. Nicht austrocknen lassen! Im Winter durch eine Abdeckung mit Kiefernreisig vor Frost schützen. Estragon hält sich

drei bis vier Jahre, sorgen Sie rechtzeitig im Sommer für Nachschub durch Stecklinge.
Ernte: Während des ganzen Sommers frische, grüne Triebspitzen. Pikante Konservierung als Estragon-Essig, Estragon-Öl.

Fenchel

Wichtige Merkmale: Zweijährig. Wird bis zu zwei Meter hoch. Blüte im zweiten Jahr von Juli bis September.
Tip für Zimmergärtner: Fenchel läßt sich nicht bis zur Samenreife im Zimmer kultivieren, außer vielleicht im ersten Wachstumsjahr auf der Fensterbank.
Standort: Anspruchsvoll. Nährstoffreicher, aber kalkhaltiger, tiefgründiger Boden. Feucht, aber auch sonnig und warm.
Anbau und Pflege: Im ersten Jahr Aussaat in Reihen mit 20 cm Abstand. Im Herbst handhoch über dem Boden zurückschneiden, mit Kiefernreisig vor der Winterkälte schützen. Im März oder April des zweiten Jahres Pflanzen an den endgültigen Standort umpflanzen, Abstand 40 × 60 cm. In milderen Gegenden kann der Fenchel einige Jahre alt werden; im Herbst zurückschneiden, dann treibt er im Frühjahr neu aus. Nicht neben Dill, Kümmel pflanzen!
Ernte: Das Grün von Frühjahr bis Herbst. Samen im Spätsommer, wenn sie braun werden.

Gartenkresse

Wichtige Merkmale: Einjährig. Kann 20–50 cm hoch werden. Lichtkeimer. Blüht ab Mai bzw. etwa zwei Monate nach der Aussaat.
Tip für Zimmergärtner: Im Gegensatz zur Brunnenkresse ist Gartenkresse sehr einfach zu ziehen, vor allem, wenn man sich auf die Keimblätter beschränkt: Dann wächst sie auch unterm Bett! Man kann sie in flache Schalen auf Erde säen, aber auch auf feuchte Watte, Sand, Papiertaschentücher oder „Kressetiere“ aus Ton.

Standort: Eher schattig, feucht.
Anbau und Pflege: Im Garten wird Kresse an schattige Stellen gesät. Immer gut feucht halten! Ab März mit 10 cm Reihenabstand aussäen, laufend nachsäen.
Ernte: Die handhohen Pflänzchen schneiden. Evtl. einige Pflanzen auswachsen und Samen für die Nachzucht bilden lassen.

Kerbel

Wichtige Merkmale: Als Würzkraut nur einjährig. Wird 30–60 cm hoch. Lichtkeimer. Blüte von Mai bis August.
Tip für Zimmergärtner: Kerbel verbraucht sich schnell – am besten reservieren Sie für ihn einen ganzen Kasten und säen alle zwei Wochen nach. Dünn säen! Im Blumentopf läßt man nur zwei Pflanzen zusammen wachsen.
Standort: Lockerer Humusboden, mäßig feucht. Halbschatten.
Anbau und Pflege: Aussaat ins Freie ab Anfang April; dünn mit 10 cm Reihenabstand aussäen, später auf 10 cm vereinzeln. Alle zwei Wochen eine neue Reihe nachsäen. Feucht halten, sonst entwikkeln sich zu schnell Blüten. Knospen abzwicken. Abgeerntete Pflanzen entfernen.
Ernte: Ab sechs Wochen nach der Aussaat. Nur die zarten Blätter vor der Blüte schmecken. Öfteres Schneiden fördert den Wuchs.

Knoblauch

Wichtige Merkmale: Wird nur einjährig kultiviert. Wächst bis zu 60 cm hoch. – Ein Verwandter ist der wild wachsende Bärlauch, den Sie an schattigen Plätzen finden können.
Tip für Zimmergärtner: Versuchen Sie Ihr Glück, wenn Sie der starke Duft der Pflanze nicht stört!
Standort: Locker und humusreich, nicht frisch gedüngt. Sonnig.
Anbau und Pflege: Im März/April einzelne Knoblauchzehen mit 15 cm Abstand 5 cm tief einpflan-

zen. Wenig gießen – bei zuviel Feuchtigkeit faulen die Knollen. Verträgt sich gut in Pflanzgemeinschaft mit Basilikum.
Ernte: Die grünen Röhrenblätter im Sommer (Verwendung wie Schnittlauch und Frühlingszwiebeln). Die Knollen im August an der Luft trocknen, bis das Laub dürr ist. Zu Zöpfen flechten, luftig und trocken aufbewahren.

Koriander

Wichtige Merkmale: Einjährig. Wird 30–60 cm hoch. Dunkelkeimer. Blüte von Juni bis Juli.
Tip für Zimmergärtner: Die Kultur im großen Topf ist möglich – wenn Sie der unangenehme „Wanzenduft" der Pflanze nicht stört.
Standort: Leichter, lockerer, etwas kalkhaltiger Boden. Sonnig.
Anbau und Pflege: Aussaat ins Freie Anfang April; Reihenabstand 30 cm, Samen 1 cm hoch mit Erde bedecken. Später auf 10–15 cm Pflanzenabstand auslichten. Boden öfters lockern und frei von Unkraut halten; sparsam gießen.
Ernte: Samenkörner, sobald sie sich grau verfärben. Dolden zum Trocknen kopfüber aufhängen.

Krauseminze

Wichtige Merkmale: Ausdauernd. Wird 25–30 cm hoch. Blüte von Juli bis August. Starkduftende Verwandte der Pfefferminze, wächst nicht so hoch wie diese.
Tip für Zimmergärtner: Kultur möglich, nicht zu kleine Gefäße wählen und gut feucht halten. Keine pralle Mittagssonne.
Standort: Humusreicher, feuchter Boden. Luftig, Halbschatten. Beet reichlich kompostieren.
Anbau und Pflege: Wurzelableger besorgen (da Minze keine Samen ausbildet). Mit 25 cm Abstand flach in die Erde legen, leicht bedecken. Anfangs Unkraut sorgfältig entfernen. Ab und zu eine Gabe von organischem Dünger verabreichen. Im Herbst oder zeitigen Frühjahr zurückschneiden, damit die

Minze frisch austreibt. Beim Überwintern im Freien Frostschutz aus Kiefernzweigen.
Ernte: Laufend; stärkstes Aroma kurz vor der Blüte.

Kümmel

Wichtige Merkmale: Zweijährig (bis ausdauernd). Wird etwa einen Meter hoch. Lichtkeimer. Blüte im zweiten Jahr von Mai bis Juli.
Tip für Zimmergärtner: Kümmel läßt sich schlecht im Zimmer halten. Aber Sie können ihn leicht sammeln – er wächst auf ziemlich allen Wiesen. Sein Verwandter, der Kreuzkümmel, reift nur richtig aus, wenn er sehr viel Wärme erhält.
Standort: Tiefgrundig; etwas Kalk und Dünger untermischen.
Anbau und Pflege: Aussaat im April; Reihenabstand 30 cm. Sämlinge dann auf 20 cm vereinzeln. Auf dem Balkon je eine Pflanze in einen tiefen Topf setzen. Im ersten Jahr entwickelt sich eine Blattrosette, im zweiten Jahr erst treibt der Stengel aus. Für genügend Feuchtigkeit sorgen. Gedeiht nicht neben Fenchel!
Ernte: Im ersten Jahr das Blattwerk, im zweiten Jahr die Früchte, sobald sie sich braun verfärben.

Liebstöckel

Wichtige Merkmale: Ausdauernd. Wird bis zu zwei Meter hoch, wurzelt 30–40 cm tief. Dunkelkeimer. Blüte von Juni bis August.
Tip für Zimmergärtner: Versuchen Sie's mit einem Setzling in einem tiefen Topf – eine Pflanze genügt vollauf.
Standort: Feucht, nährstoffreich. Halbschatten.
Anbau und Pflege: Aussaat ins Freie ab Ende März, Reihenabstand 30–40 cm. Dann vereinzeln auf 50 cm. Gut mit Kompost oder Dünger versorgen. Liebstöckel ist winterhart. Die oberirdischen Teile sterben ab – Balkon- und Zimmergärtner können zurückschneiden. Neben Minze geht Liebstökkel ein, sonst verdrängt er jede andere Pflanze.
Ernte: Laufend die zarten, jungen Blätter.

Löwenzahn

Wichtige Merkmale: Ausdauernd. Blüht im Frühjahr. Der Milchsaft der Stengel ist giftig!
Tip für Zimmergärtner: Gedeiht weder im Zimmer noch auf dem Balkon. Gehen Sie sammeln!
Standort: Außer Feuchtigkeit keine besonderen Ansprüche.
Anbau und Pflege: Samen spezieller Gartensorten sind erhältlich. Achten Sie darauf, daß sich der Löwenzahn nicht an unerwünschten Stellen ausbreitet!
Ernte: Nur die zarten Blätter im Frühjahr.

Lorbeer

Wichtige Merkmale: Ausdauernder Strauch.
Tip für Zimmergärtner: Leider muß Lorbeer den Sommer im Freien verbringen.
Standort: Kräftige, nährstoffreiche Erde, viel Licht und Sonne, windgeschützt.
Anbau und Pflege: Balkongärtner kaufen am besten eine Kübelpflanze. Lorbeer läßt sich auch aus Stecklingen ziehen. Im Sommer reichlich gießen und düngen. Überwintern in einem hellen, kühlen Raum, Idealtemperatur bei 10 °C.
Ernte: Die Blätter jederzeit, außer im Winter.

Majoran

Wichtige Merkmale: Als Würzpflanze bei uns nur einjährig. Wird bis 50 cm hoch. Lichtkeimer. Blüte von Juni bis September.
Tip für Zimmergärtner: Im Zimmer gedeiht am besten der Deutsche Majoran. Säen Sie im Juli für den Wintervorrat neu aus.
Standort: Kräftiger, humusreicher Boden mit gutem Wasserabzug. Sonnig, windgeschützt.
Anbau und Pflege: Vorkultur ab März auf der Fensterbank. Samen dünn aussäen, dann die Sämlinge zu zweien bis dreien in kleine Töpfe umsetzen. Beim Umpflanzen ins Freie auch wieder je zwei bis drei Pflanzen mit 15 cm Abstand einsetzen. Draußen eher trocken halten, innen sparsam gießen.

Ernte: Laufend frische Triebspitzen, die am frühen Morgen und am späten Abend ihre stärkste Würzkraft haben. Neue Blätter wachsen nach, wenn Sie vom Trieb 6–7 cm stehen lassen.

Meerrettich

Wichtige Merkmale: Ausdauernd. Wächst nur im Garten, wo er viel Platz braucht.
Standort: Nahrhafter, tiefgründiger Boden, gleichmäßig feucht.
Anbau und Pflege: Im Herbst das Beet tief lockern, mit reichlich Kompost und Langzeitdünger (Hornspänen) versorgen, mit einer Mulchschicht abdekken. Ab März einige Wurzelstücke an einer Stelle einpflanzen, wo sich der Meerrettich ungestört ausbreiten darf.
Ernte: Im Sommer Wurzelstücke nach Bedarf abschneiden.

Petersilie

Wichtige Merkmale: Zweijährig. Dunkelkeimer. Blüht im zweiten Jahr von Juni bis Juli.
Tip für Zimmergärtner: Läßt sich in tiefen Töpfen gut im Zimmer halten.
Standort: Nahrhafter, humusreicher, lockerer Boden. Feucht und halbschattig.
Anbau und Pflege: Aussaat im Freien schon ab März; Reihenabstand 10–15 cm. Die Keimlinge erscheinen erst nach drei bis vier Wochen. Die Erde regelmäßig lockern, nicht austrocknen lassen. Im Winter mit Kiefernreisig schützen, dann treibt die Pflanze weiter frisches Grün. Für den Winterbedarf im Haus sät man im Juli oder August den Samen gleich in Töpfe. Im folgenden Jahr nicht an derselben Stelle aussäen!
Ernte: Jederzeit.

Rosmarin

Wichtige Merkmale: Ausdauernder Strauch. Wird 50–150 cm hoch. Blüte von März bis Juli.
Tip für Zimmergärtner: Für die Zimmerkultur geeignet; soll im Winter kühler gestellt werden.

Standort: Durchlässiger, humoser Boden. Viel Wärme und Sonne.
Anbau und Pflege: Aus Samen gezogen, wächst Rosmarin sehr langsam. Da ein bis zwei Pflanzen ausreichen, kauft man am besten Jungpflanzen in der Gärtnerei. Die Vermehrung durch Stecklinge ist problemlos. Rosmarin im Topf in das Sommerbeet einsetzen, im Spätherbst zum Überwintern ins Haus holen und an einen kühlen, hellen Ort stellen.
Ernte: Junge Triebspitzen und einzelne Blätter das ganze Jahr.

Salbei

Wichtige Merkmale: Ausdauernd. Wird bis 50 cm hoch. Blüte von Mai bis Juni.
Tip für Zimmergärtner: Aus der Gärtnerei einen Salbeistock besorgen – eine Pflanze reicht. Wählen Sie einen 20–25 cm großen Topf.
Standort: Kompostreicher, lockerer, kalkhaltiger Boden. Trocken und sonnig.
Anbau und Pflege: Schwere Böden mit Sand auflockern. Jungpflanzen kaufen und mit 30–40 cm Abstand einsetzen. Spätere Vermehrung durch Ableger möglich. Bei Balkonhaltung muß mehr gegossen werden als im Garten (Alarmzeichen: Der Salbeistock läßt die Blätter hängen). Beim Überwintern im Freien mit Kiefernreisig abdecken. Im zeitigen Frühjahr bis zu den verholzten Stengelteilen zurückschneiden.
Ernte: Die Blätter den ganzen Sommer über. Kurz vor der Blüte ist das Aroma am kräftigsten.

Sauerampfer

Wichtige Merkmale: Ausdauernd. Wird 30–80 cm hoch. Blüht von Mai bis Juli.
Tip für Zimmergärtner: Ein Versuch kann sich lohnen.
Standort: Feuchter, humusreicher Boden. Auch im Schatten.
Anbau und Pflege: Aussaat ins Freie im April mit 25 cm Reihenabstand. Vereinzeln auf 10–15 cm

Pflanzenabstand. Für den Hausgebrauch reichen drei bis vier Pflanzen. Regelmäßig gießen; Blütenrispen gleich herausbrechen, dann kann man mehr Blätter ernten.
Ernte: Nur die zarten, jungen Blätter vor der Blüte; die ersten schon acht bis zehn Wochen nach der Aussaat. Herz der Pflanze schonen!

Schnittlauch

Wichtige Merkmale: Ausdauernd. Wird etwa 30 cm hoch. Blüte von Mai bis August.
Tip für Zimmergärtner: Eine spezielle Sorte für Zimmerkultur ist erhältlich, aber mit den gängigen Sorten gelingt der Anbau auch, wenn man die Pflanzen im Winter hell und kühl hält.
Standort: Nährstoffreicher, feuchter, kalkhaltiger Boden. Sonnig, verträgt aber auch Halbschatten.
Anbau und Pflege: Am einfachsten kauft man eine Pflanze in der Gärtnerei; sie läßt sich durch Teilung des Wurzelballens vermehren. Aussaat ins Freie im April, beim Pikieren pflanzt man ein ganzes Büschel von etwa zwanzig Jungpflanzen zusammen. Zwischen den „Büschen" soll ein Abstand von 20 cm liegen. Die Erde mit organischem Dünger anreichern.
Ernte: Laufend. Knipst man die Knospenstengel ab, treibt der Stock mehr Röhrenblätter.

Thymian

Wichtige Merkmale: Ausdauernd. Wird 20–40 cm hoch. Lichtkeimer. Blüht von Mai bis September.
Tip für Zimmergärtner: Die Haltung ist an einem sonnigen Fenster möglich; mehr gießen als im Garten.
Standort: Karger, lockerer, kalkhaltiger Boden. Trocken, sonnig.
Anbau und Pflege: Da man höchstens zwei Stauden braucht, kauft man am besten die vorgezogenen Pflanzen beim Gärtner. Ab Mai werden sie ins Freie gesetzt; Pflanzenabstand 20 × 20 cm. Möglich ist aber auch Vorkultur ab März oder Aussaat

ins Freie ab April. Falls Sie wenig Thymian geerntet haben, müssen Sie die Triebe im zeitigen Frühjahr bis 5 cm über dem Boden zurückschneiden. Beim Überwintern im Freien Frostschutz mit Kiefernreisig.
Ernte: Frische Triebe und Blättchen, von Frühjahr bis Winter.

Wacholder

Wichtige Merkmale: Strauch, dessen Früchte erst im zweiten Jahr reifen. Haltung im Garten ist möglich. Zimmer- und Balkongärtner sammeln vielleicht die Beeren bei einem Heide-Urlaub.
Standort: Sandiger, durchlässiger, kalkhaltiger Boden.
Anbau und Pflege: Kaufen Sie den Wacholderstrauch in einer Baumschule. In der Pflege ist er anspruchslos; er hält es jahrzehntelang an einem Standort aus.
Ernte: Die reifen Beeren werden im Herbst gepflückt und getrocknet.

Ysop

Wichtige Merkmale: Ausdauernd. Wird etwa 60 cm hoch. Blüht von Juni bis September.
Tip für Zimmergärtner: Die Pflanze läßt sich gut im Topf halten.
Standort: Lockerer, durchlässiger Boden, sonniges Plätzchen.
Anbau und Pflege: Vorkultur auf der Fensterbank ab Anfang April, im Mai Verpflanzen ins Freie mit 25 × 30 cm Abstand. In Gärtnereien sind Jungpflanzen erhältlich.
Ernte: Blättchen und junge Triebe den ganzen Sommer hindurch. Zum Trocknen kurz vor der Blüte schneiden.

Zitronenmelisse

Wichtige Merkmale: Ausdauernd. Wird 30–100 cm hoch. Blüte von Juli bis August.
Tip für Zimmergärtner: Ein Busch läßt sich in einem größeren Topf halten. Ab und zu düngen.

Standort: Humoser, durchlässiger Boden; schwere Erde mit Sand vermischen. Reichlich Kompost zusetzen. Sonnig, windgeschützt.
Anbau und Pflege: Fertige Jungpflanzen sind in jeder Gärtnerei erhältlich. Aussaat ins Freie im Mai, später die Sämlinge auf 30 × 30 cm vereinzeln. Im Spätherbst oder zeitigen Frühjahr die Pflanzen auf 10 cm Trieblänge zurückschneiden. Zum Überwintern im Freien mit Kiefernzweigen abdecken; günstig wirkt sich auch eine 3 cm dicke Kompostschicht als Abdeckung aus.
Ernte: Frische Triebe und Blättchen ab Mai. Stärkstes Aroma vor der Blüte.

Kleiner Fahrplan für Küchenkräuter und Gewürze

Diese Tabelle zeigt Ihnen auf einen Blick, wie Sie einige wichtige Kräuter und Gewürze in Ihren täglichen Speisezettel einbeziehen können.

Verwendung bei:	Nelken	Pfeffer	Knoblauch	Koriander	Muskat	Wacholder	Kümmel	Zimt	Lorbeer
Suppen		●	●		●		●		
Fleisch	●	●	●			●	●		●
Geflügel		●	●		●	●	●		●
Wild	●	●	●	●		●	●		●
Fisch	●	●	●			●			●
Soßen		●	●	●	●				
Gemüse		●	●	●		●	●		●
Backwaren	●			●			●	●	
Süßspeisen	●							●	

Verwendung bei:	Basilikum	Dill	Estragon	Petersilie	Schnittlauch	Thymian	Zitronenmelisse
Braten	●					●	
Ragouts	●		●			●	
Hackfleisch	●			●		●	
Leber		●				●	
Geflügel	●			●		●	
Wild	●					●	
Fisch	●	●		●		●	●
Eiern				●	●		
Käse			●		●		
Quark		●		●	●		●
Butter		●	●	●	●	●	●
Gemüse	●		●	●	●	●	●
Kartoffeln		●		●	●	●	
Suppen	●	●	●	●	●	●	●
Soßen	●	●	●	●		●	●
Blattsalaten	●	●	●	●	●	●	●
Kräuteressig	●	●	●			●	●
Kräuteröl	●	●	●			●	●

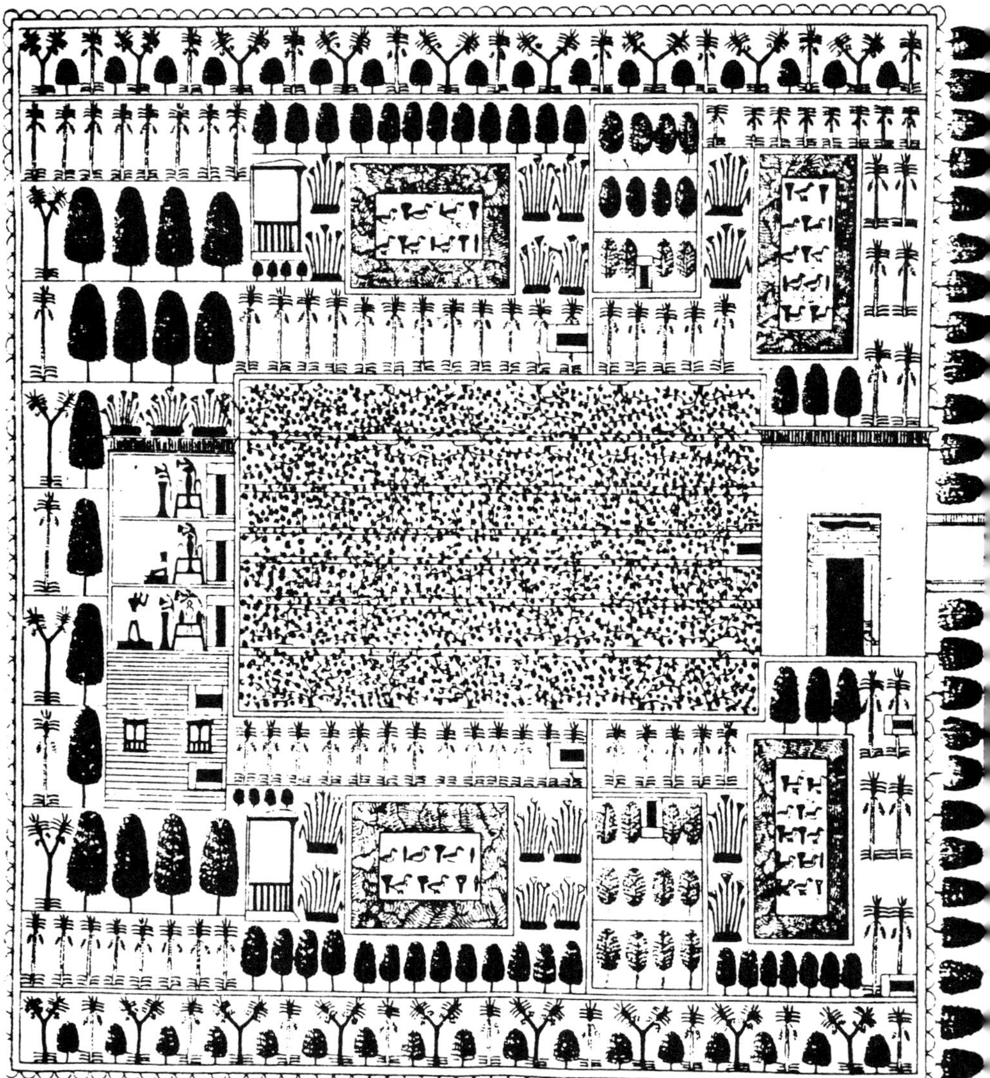

Ein Blick in alte Kräutergärten

Weizen, Hirse, Erbsen, Linsen, Rüben, Lauch, Kohl, Feldsalat – das war ziemlich alles an Getreide und Gemüse, was bei den alten Germanen auf den Tisch kam. Aber schon die Köchin der Jungsteinzeit vergaß bei der Zubereitung des täglichen Kohlgemüses nicht die Prise Kümmel, dessen verdauungsfördernde Wirkung sie zu schätzen wußte; auch würzte sie ausgiebig mit dem heute noch beliebtesten Küchenkraut, der Petersilie. Außer diesen Kräutern, die immer noch als typisch für unsere Küche gelten können, sorgte sicher noch manch anderes aromatisches Wildkraut für die rechte Würze. Angebaut jedoch wurden bei den Germanen wohl nur Kümmel, Mohn und Petersilie. Sorgsam umhegt, wuchsen sie im Gemüsegarten, der durch eine schulterhohe Einzäunung von den Feldern der Dorfgemeinschaft abgegrenzt war. Dieser meist aus Weiden geflochtene Zaun hielt scharrende Hühner, suhlende Schweine und streunende Hunde fern und machte den Anbau von Kräutern und feinen Gemüsen überhaupt erst möglich. Somit war der Zaun das wichtigste am Garten; daran läßt auch die Sprachgeschichte keinen Zweifel: „Garten" hieß ursprünglich nichts anderes als „Zaun", später erweiterte sich dann die Bedeutung auf die umzäunte Fläche. Während die Felder vom ganzen Dorf gemeinsam bewirtschaftet wurden, konnte die Hausfrau in ihrem Garten anbauen, was sie wollte – und wir dürfen sicher sein, daß die wenigen damals bekannten Kräuter in keinem Garten fehlten. In welch hohem Ansehen die Mühen des Gartenbaus standen, läßt eine alte fränkische Rechtsbestimmung erkennen: Das „Zerhauen von Geflecht und Reifen", also die Verletzung eines Zauns, wurde mit besonders schweren Strafen belegt.

Hohe Schule der Kräuter in der Antike

Zur Zeit, als die Germanen mit einem eintönigen, wenn auch deftigen Speisezettel vorliebnehmen mußten, kannte man im Mittelmeerraum bereits die Würz- und Heilkraft zahlloser Kräuter und wußte, wie man sie anbaut. Überhaupt war die Technik des Pflanzenbaus schon hoch entwickelt: Wandgemälde vermitteln einen Eindruck von der kunstvollen, regelmäßigen Gestaltung altägyptischer Gärten. Der ägyptische Arzt Imhotep, der im dritten Jahrtausend v. Chr. lebte, zog die Summe jahrhundertelanger medizinischer und gärtnerischer Erfahrungen und

beschrieb fünfhundert Kräuter bis ins Detail. Die Nachwelt verehrte Imhotep als Gott der Heilkunst; Bilder zeigen ihn stets mit einer dicken Papyrusrolle.
Unvergessen bleiben die Namen des Griechen Hippokrates und des Römers Galenos, die die Heilkunde, damals fast gleichzusetzen mit Pflanzenkunde, weitergaben und entwickelten. Noch heute bezeichnet man Arnzeimittel, die aus pflanzlichen Wirkstoffen hergestellt sind, als galenische Präparate. Heute weniger bekannt, aber für die Kräutergeschichte nicht weniger bedeutend ist der griechische Arzt Dioskurides (1. Jahrhundert n. Chr.). Seine große Arzneimittellehre versammelt achthundert Pflanzen. Über tausend Jahre lang blieb sie *das* maßgebliche Lehrbuch, durch welches das medizinische Wissen der Antike ins Mittelalter überliefert wurde. Jeder Heilkundige und Gelehrte schlug in allen Kräuterfragen erst einmal den „Dioskurides" auf, und sämtliche späteren Kräuterbuchautoren griffen auf diese Quelle zurück.

Kräuterwanderung über die Alpen

Eine erste Erweiterung des heimischen Kräuterbestands geht auf die römische Invasion in Germanien zurück. War das Gerücht vom Einerlei nordischer Küche bis zu den Römern vorgedrungen? Offensichtlich trauten die römischen Soldaten der germanischen Kochkunst wenig zu – auf ihren Feldzügen jedenfalls gehörten Küchenkräuter zur Grundausstattung des Marschgepäcks. So machten die Germanen erste Bekanntschaft mit südlichen Eß- und Würzgewohnheiten. In milderen Gegenden führten die Römer den Weinbau ein; die Getreidesorten wurden um den Roggen bereichert. Auch neue Obstsorten wurden aus Italien eingeführt: die Kirsche, der Pfirsich, die Pflaume und die Quitte. Ein tiefergreifender Einfluß jedoch ging von ganz anderer Seite aus.
Im Kerngebiet des alten Römerreiches, südöstlich von Rom, gründete Benedikt von Nursia Anfang des 6. Jahrhunderts ein Kloster, das zum Stammkloster eines mächtigen Ordens werden sollte. Bald hatten sich die Ableger des ersten Benediktinerklosters in ganz Europa verzweigt, und mit ihnen wanderten auch die Kräuter des Mutterlandes in alle Himmelsrichtungen.
Dank jener weisen Ordensregel, die neben geistlicher Betrachtung auch aktives Wirken nach außen, Arbeit in der Landwirtschaft und Fürsorge für Kranke vorschrieb, wurden die Benediktiner zur treibenden kulturellen Kraft im Mittelalter. In Kirchen- und Klosterbau, Handwerk und Lehre waren sie unübertroffen. Ihr Verdienst ist es schließlich auch, daß das alte Wissen um die Heilkraft der Kräuter nicht in Vergessenheit

geriet. Ihre Bibliotheken beherbergten die antiken Kräuterbücher, die in den klösterlichen Schreibstuben immer wieder gewissenhaft abgeschrieben und um eigene Erfahrungen bereichert wurden. Denn die Benediktiner beschränkten sich nicht auf Büchergelehrsamkeit. Die Kräuter des Dioskurides hatten einen festen Platz im Klostergarten: Mit Geduld und gärtnerischem Geschick brachten es die Mönche fertig, daß auch typisch südliche Gewächse wie Salbei, Thymian und Rosmarin in nördlicheren Gefilden Fuß faßten. In der klostereigenen Apotheke wurden die Kräuter zu Arzneien verarbeitet, die unzähligen Kranken zugute kamen. Ärzte gab es außerhalb der Klöster kaum, und so übernahmen denn die Orden, allen voran die Benediktiner, die medizinische Versorgung. Darüber hinaus arbeiteten die Mönche unermüdlich daran, die gärtnerischen Kenntnisse der Bevölkerung zu verbessern. Außer fachmännischen Rat gaben die Ordensleute bereitwillig auch Pflanzenableger weiter; neben feinen Gemüsen fanden auf diese Weise viele Würz- und Heilkräuter ihren Weg in die Gärten der Umwohner. Was die Benediktiner für die Bereicherung des Speisezettels und eine gesunde, abwechslungsreiche Ernährung geleistet haben, ist heute gar nicht mehr abzuschätzen.
Karl der Große unterstützte diese Bemühungen nach allen Kräften. Um die Palette der Kulturpflanzen zu bereichern, erließ er eine Reichsverordnung, die unter dem Namen „Capitulare de villis" bekannt geworden ist. Sie beginnt: „Wir wollen, daß man in den Gärten all diese Kräuter halte..." Es folgt eine Aufzählung von 70 Heil- und Gewürzpflanzen sowie rund 20 Obstsorten. Sicher hat der Kaiser diese detaillierten Anweisungen zur Einrichtung von Wirtschaftsgärten nicht ohne den Rat eines erfahrenen Gartenspezialisten – natürlich eines Benediktiners – zusammengestellt.

Vom Vergnügen des Gartenbaus

Zumindest für den Reichenauer Mönch Walahfried Strabo bedeutete die Pflege des Klostergartens viel mehr als nur eine lästige Pflicht. Um 840 n. Chr. verfaßte er ein ausführliches Lehrgedicht „Über die Anlage von Gärten". Die lebendige Sprache verrät es: Walahfried war ein Gärtner mit Leib und Seele! Gartenarbeit war damals mit erheblichen Anstrengungen verbunden, da nur einfachste Geräte zur Verfügung standen. Dennoch ging Walahfried das praktische Studium der Kräuter in freier Natur weit über ein beschauliches Leben im Müßiggang. Humorvoll schildert der Benediktiner, wie er in den ersten Frühlingstagen Hacke und Rechen hervorholt und sich abmüht, die Brennessel, „auf deren

Blättern Pfeile wachsen mit brennendem Gift", zu roden. Keine Schwielen hindern ihn, „in vollen Körben den Dünger im dürren Erdreich zu verteilen." Walahfried legt, wie das im Mittelalter üblich ist, ein erhöhtes Beet an und sichert es ringsum mit Pflöcken. Ein solches Hochbeet bietet sich an, wo der Boden karg ist und mit viel Humus und Kompost aufgebessert werden muß; auch zieht das Wasser gut ab. Außerdem bietet das Hochbeet eine nicht zu unterschätzende Annehmlichkeit: man braucht sich beim Ernten der Kräuter nicht so weit zu bücken! Auch die Gärtner von heute sollten die Möglichkeit erhöhter Beete nicht außer Acht lassen.

Walahfried empfiehlt, mit dem Säen zu warten, bis das Beet von Südwind und Sonnenhitze gut durchwärmt ist. Nun folgt die begeisterte Beschreibung von 24 Kräutern, darunter Wermut, Andorn, Odermenning, Rainfarn, Pfefferkraut, Frauenminze, Pfefferminze, Rosmarin, Salbei, Raute, Polei, Kreuzkümmel, Liebstöckel, Fenchel und viele andere. Man sieht, zu Walahfrieds Zeiten sind die Kräuterkenntnisse in Germanien schon recht fortgeschritten! Schließlich rät Walahfried jedem, selbst einen Garten anzulegen – was man darin anbaut, hält der Benediktiner für weniger wichtig als das „Garteln" an sich.

Diese erste „deutsche" Pflanzenschrift (sie war lateinisch abgefaßt) wurde im ganzen Mittelalter zum „Renner" unter den Gartenbüchern; Kenner nannten sie liebevoll „Gärtchen" (Hortulus). Wie Walahfrieds Klostergarten ausgesehen haben mag, davon gibt der Klosterplan von St. Gallen eine Vorstellung, der zwei Jahrzehnte vor Walahfrieds Gedicht entstanden ist.

Vier Arten von Gärten waren darin vorgesehen: die Ziergartenhöfe der Kreuzgänge, die den Mönchen in freien Stunden zur Erholung dienten; der Baumgarten, in dem Obstbäume kultiviert wurden – hier wurden die Mönche auch begraben; der Gemüsegarten, der den Eigenbedarf des Klosters deckte;

und schließlich der Kräutergarten, der gleich neben der Arztwohnung und der Krankenstation lag. Seine Grundform war ein Rechteck, geviertelt durch ein Wegkreuz. In jedem dieser Viertel wurden nebeneinander schmale Beete angelegt, die man von beiden Seiten bequem erreichen konnte. An den Gartenmauern verliefen ringsum lange, schmale Rabatten. Die Anlage von St. Gallen galt als vorbildlich für alle nachfolgenden Benediktinerklöster; auch die heilige Hildegard wird ihren Garten ähnlich eingerichtet haben. Bis heute ist der alte Klostergarten die klassische Grundform des Kräutergartens geblieben. Sie wurde meist nur wenig abgewandelt: durch einen Brunnen in der Mitte des Wegkreuzes, einen kleinen Teich oder ein Rondell mit einem Bäumchen oder Rosenstrauch als Blickfang darin.

Damit ist schon eine aufregende Entwicklung angedeutet: Während der Gemüsegarten ein reiner, zweckmäßig gestalteter Nutzgarten blieb, bestimmte im Kräutergarten nicht mehr allein der Nutzwert die Auswahl und Anordnung der Pflanzen; man bemühte sich bald, sie möglichst vorteilhaft zur Geltung zu bringen. Von Anfang an wurden im klösterlichen Kräutergarten auch Rosen, Lilien und Iris angepflanzt; dabei dachte man zunächst weniger an Blumenschmuck, sondern an die Heilkräfte, die diesen herrlichen Gewächsen zugeschrieben wurden. Doch darum blühten sie nicht weniger prächtig. Welch eine Augenweide, wenn zwischen den tausend kleinen Blüten der Kräuter, in allen Schattierungen getönt, immer wieder füllige rote Rosen, blaue Iristupfer und zarte weiße Lilienkelche den Blick auf sich ziehen! War es im Frühling die Blütenpracht, zog an Sommertagen der wunderbare Duft der Kräuter manchen Mönch aus dem Kreuzgang zum Kräutergarten hin. Ein Spaziergang zwischen den Kräuterbeeten erfrischt Leib und Seele bei Kranken und Gesunden; hier scheinen alle irdischen Wohlgerüche versammelt. Wer denkt schon beim würzigen Aroma

von Thymian, Rosmarin und Lavendel als erstes an den Nutzwert dieser Pflanzen? So kam es, daß die Kräutergärten der Klöster die eigentlichen Ziergärten an Schönheit oft übertrafen; Kräuter waren die heimlichen Lieblinge der Gärtner – wie auch Walahfrieds Gedicht hauptsächlich von Kräutern handelt. Manchmal wurde der Kräutergarten kurzerhand in den Haupthof zwischen die Kreuzgänge verlegt!
Neue Anstöße erhielt die Pflanzenkultur im 12. Jahrhundert. Auf den Kreuzzügen begegneten die staunenden Ritter den fremdartigen Kulturen des östlichen Mittelmeers; eine nie gesehene Pracht von Bäumen, Früchten und Blüten mußte jedem Kenner Achtung vor der Gartenkunst dieser „Heiden" abzwingen. Manche Ableger fanden mit den heimkehrenden Kreuzzüglern ihren Weg nach Europa. Nicht alle diese Pflanzen konnten sich an das rauhere Klima gewöhnen; dauerhaft eingenistet jedoch haben sich bei uns seit jener Zeit der Jasmin und – die Nelke, hinter der heute niemand mehr eine Exotin vermuten würde. Die Klostergärtner, allem Neuen aufgeschlossen, nahmen die südländischen Blütenwunder gern in ihre Pflanzungen auf. Ihre heidnische Herkunft hinderte die Mönche nicht, der Nelke alsbald eine christliche Symbolik anzuheften: Wie die Rose wurde sie zum Sinnbild für die Gottesmutter Maria.

Apothekergärten außerhalb der Klostermauern

Allmählich ging die Medizin, die Arzneibereitung und damit auch der Kräuteranbau in die Hände von Laien über. Auch daran waren die Kreuzzüge indirekt mitbeteiligt: Sie förderten die Berührung mit der arabischen Heilkunst, die ein besonders hohes Niveau erreicht hatte. Zentrum des neuen Wissens war Italien, wo in Salerno, Parma, Bologna, Modena die ersten abendländischen Universitäten gegründet worden waren. Studenten aus ganz Europa pilgerten zu den medizinischen Fakultäten und studierten die Schriften des arabischen Gelehrten Avicenna, mit denen die Heilkunde eine wissenschaftliche Grundlage erhielt. Im 12. Jahrhundert wurden die ersten Forderungen laut, daß jeder, der eine ärztliche Tätigkeit ausüben wollte, ein eingehendes medizinisches Studium nachweisen müsse. Nicht jedes Kloster konnte einen Bruder nach Italien schicken, um dort sein Wissen auf den neuesten Stand zu bringen. Die Medizin wurde zur Sache der Spezialisten.
Und die Spezialisierung griff immer weiter um sich: Schon der Hohenstaufenkaiser Friedrich II. erließ eine Medizinalordnung, die die Berufe Arzt und Apotheker voneinander trennte. Der Arzt sollte seine ganze

Zeit den Kranken widmen können; das aufwendige Anpflanzen, Pflegen und Aufbereiten von Heilkräutern übernahm ein anderer Spezialist. Der Apothekergarten unterschied sich vom Klostergarten vor allem dadurch, daß die Öfen, die zur Destillation der Kräuteressenzen benötigt wurden, gleich an Ort und Stelle gemauert wurden.

Ein Klostergarten im Kleinen: Der Bauerngarten

Von Anfang an waren die Mönche bemüht gewesen, ihr gärtnerisches Wissen unter die Leute zu bringen. Jeder Bauer, der seinen Zehnten ablieferte, jede Bauersfrau, die um ärztlichen Rat fragen kam, verließ das Kloster um einen praktischen Rat reicher, vielleicht auch mit einem Ableger oder Samentütchen im Beutel. Zunächst wuchs im Bauerngarten nur das Nötigste; man hatte ja alle Hände voll zu tun, um fürs Existenzminimum zu sorgen. Mit dem bescheidenen Wohlstand, den der Bauernstand erreichte, drang auch hier die Blumenpracht ein. Gleich mit den Pflanzen wurde die klösterliche Gartenform übernommen, ein Rechteck oder Quadrat mit Wegkreuz und schmalen Beeten, nach einem Jahrtausend auch heute noch für gut befunden. Doch in einem übertrifft der Bauerngarten sein klösterliches Vorbild: in der noch gesteigerten Vielfalt. Auf engstem Raum drängen sich Gemüse, Kräuter und Blüten; Nutzen und Schönheit finden hier zu einer üppigen Harmonie zusammen.
Meist wurden in den Innenbeeten Gemüse gezogen, während die Kräuter zusammen mit den Blumen eine farbenfrohe Umrahmung des Gartens bildeten. Aber auch bunte Mischungen waren beliebt. Mit sicherem Blick, was zur ländlichen Umgebung paßt, wählte die Bäuerin ihre Sommerblumen. Zum Kreis typischer Bauernblumen zählen Vergißmeinnicht, Ackerstiefmütterchen, Kornblumen, Primeln, Ringelblumen, Geranien, Margeriten, Akelei, Maßliebchen, Veilchen, Tränende Herzen. Bauerngärten bereicherten schließlich unsere heimische Pflanzenwelt. Manche Kräuter fanden den Weg aus den Bauerngärten zurück in die Natur; der Kümmel ist ein solcher verwilderter Kulturflüchtling.
Über die eigene Geschichte und Kultur reiner Ziergärten braucht hier nicht viel gesagt zu werden. Solche Lustgärten und Parks blieben den Adeligen und reichen Patriziern vorbehalten. Kräuter fanden darin kaum einen Platz, da mit dem verdächtigen Geruch des Nützlichen behaftet – eine Ausnahme bildet der dekorative Lorbeer. Ziergärten seien hier nur erwähnt, weil die Bauerngärten vom Formenspiel barocker Gartenanlagen nicht ganz unberührt geblieben sind: Das Rondell in der Gartenmitte kam in Mode, darin ein kleiner Teich oder ein Hochstamm-Rosenbäumchen. Die Beete ringsum bekamen entsprechend eine halbrunde Form. Wer Zeit genug für den Hausgarten aufbringen konnte, umrahmte seine Beete vielleicht noch mit niedrig gehaltenem Buchs.

Gärten in der Stadt

Nicht nur die Bauern, auch die Bürger in der Stadt legten Wert auf den eigenen Gemüse- und Kräutergarten, der seinen Platz hinter dem Haus fand. Wo dies nicht möglich war, wurden am Rand der Stadtmauern Gärtchen angelegt; auch die Ärmsten erhielten dort ihren eigenen Pflanzplatz. Diese Gärten spielten eine nicht zu unterschätzende Rolle bei der Versorgung der Städter mit frischem Gemüse und Heilkräutern. Mit dem Problem der Luftverschmutzung hatte man damals ja noch nicht zu kämpfen...

Schon früh kam man auf die Idee, Kästen vor die Fenster zu hängen und mit Blumen oder Kräutern zu bepflanzen. Vielleicht waren es die Besitzer hausferner Gärten leid, jedesmal bis zur Stadtmauer zu laufen, wenn sie einen Salat mit Kräutergrün würzen wollten. Sie zimmerten sich aus Holzbalken längliche Kisten zurecht, schaufelten eine Lage Steine zum Wasserabzug ein und füllten den Rest mit Pflanzerde auf. Vor allem in engen Gassen, wo keine Vorgärten angelegt werden konnten, erhielten die Häuser so einen freundlichen Blumenschmuck.

Bis zum Beginn der Industrialisierung hatte wohl so ziemlich jeder mit Gartenbau zu tun. So erklärt sich auch das große Bedürfnis nach fachmännischen Schriften zu diesem Thema. Im 18. Jahrhundert, als allmählich eine größere Bevölkerungsschicht Lesen und Schreiben lernte, setzt eine wahre Flut von „Hausväterliteratur" ein. Über allen technischen Fragen kam auch das Gestalterische nicht zu kurz, ein Beweis, daß Gärtnern eben immer mehr bedeutete als zum bloßen Lebensunterhalt beizutragen. Emanuel König hält in seinem 1705 erschienen Hausbuch den Gärtner an, darauf zu achten, daß seine Blumen die ganzen Frühlings- und Sommermonate über blühen. Unter den Blumenempfehlungen tauchen Kräuter wie selbstverständlich auf; noch heute können wir uns an seiner Liste orientieren:

März:	*Märzenveilchen, Schlüsselblumen, Narzissen, Hyazinthen.*
April:	*Tulpen, Königskronen, Anemonen, Lilien.*
Mai:	*Begonien, Rosen, Türkenbund, Feldnägelein, Fingerhut, Akelei, Knabenkraut.*
Juni:	*Rosen, Lilien, Rittersporn, Löwenmaul, Eisenhut.*
Juli:	*Lavendel, Thymian, Wegwarte, Salbei.*
August:	*Königskerze, Angelika, Habichtskraut, Passionsblume.*

Möglichkeiten für ein gesünderes Leben und
zur Linderung und Heilung von Beschwerden

„Hildegard-Küche" in der Gesundheitspraxis heute

icris,

Der Sinn der „Hildegard-Küche" für Gesunde und Kranke

Die Heilige Hildegard kann heute durchaus als die Schutzpatronin all derer angesehen werden, die sich von Berufs wegen mit der richtigen und gesunden Ernährung befassen, von den Ernährungsberatern über die Diätassistenten in Krankenhäusern und Sanatorien bis hin zu Diät-Ärzten. Hat sie doch in ihren Schriften die Möglichkeiten aufgezeigt, wie wir mit der bewußten Auswahl von Speisen und verantwortungsvollen Handhabung von Kräutern und Gewürzen nicht nur unser allgemeines Wohlbefinden steigern, sondern auch so manches Leiden lindern und sogar heilen können.

Wir sagen dies ganz bewußt einschränkend, denn genauso wenig wie es bei Hildegard ein „Wundermittel" gibt, dürfen wir von der „Hildegard-Küche" Wunder erwarten – wenn für einzelne von uns auch der gesundheitliche Erfolg oft einem Wunder gleichkommt. Und so wäre es auch überheblich, wollten wir die Erkenntnisse und Möglichkeiten der modernen Medizin ignorieren, gerade in den Fällen, wo eindeutige Krankheiten diagnostiziert wurden. Doch der Mensch ist nicht der Allmächtige, Allwissende, und das gilt auch für unsere Mediziner, denen sich viele von uns immer noch bedingungslos ausliefern. Der Sinn der „Hildegard-Küche" liegt darin, den Gesunden gesund zu erhalten und sein allgemeines Wohlbefinden zu steigern, den Arztbesuch wegen „kleiner Wehwehchen" überflüssig zu machen und bei bestimmten Leiden zuerst einmal die Heilkraft der Natur zu nützen, ohne sich sofort „auf Chemie setzen zu lassen".

Nur eines müssen wir bedenken: wir Menschen sind Geschöpfe Gottes und können nicht ungestraft auf Dauer gegen seine Gebote verstoßen. Ob dies nun „freiwillig" unter Berufung auf den freien Willen geschieht oder aus Unwissenheit heraus. Denn wer über Jahre hinweg gegen die Natur und somit auch gegen seinen Körper gelebt und gehandelt hat, der kann dann auch von der „Hildegard-Küche" keine „Wunder" erwarten.

Befolgen wir also zunächst einmal das „1. Gebot" der Hildegard-Küche, das Maßhalten, die „Diskretio" (siehe dazu auch unser Kapitel „Die Bedeutung der richtigen Ernährung bei Hildegard"). Die „Diskretio" besagt nichts anderes als das Maßhalten bei Essen und Trinken, beim Arbeiten und Ruhen, im Wachen und Schlafen, in der geistigen und körperlichen Produktivität. Denn Unmäßigkeit, ganz gleich auf welchem Gebiet, bringt unsere Einheit aus Leib, Geist und Seele aus dem Einklang, stört das Gleichgewicht Gottes universeller Schöpfung. Und diese Disharmonie kann ihre Auswirkungen in den verschiedensten Bereichen finden: von den unterschiedlichsten Formen der Unpäßlichkeit, des Unwohlseins, der Gemütsverstimmung, bis hin zu schweren Stoffwechselstörungen und ernsten organischen Leiden.

Ist es erst einmal so weit gekommen, darf man dennoch nicht die Hoffnung auf Besserung und Heilung aufgeben. Selbst dann, wenn die sogenannte Schulmedizin nicht mehr weiter weiß. Vielleicht gerade dann. Denn unzählige Beispiele haben bewiesen, daß sich Mut und Anstrengungen bezahlt machen, daß die Heilmittel der Heiligen Hildegard in ihrer richtigen Anwendung erfolgreicher sein können, als Pillen, der nur vermeintlich Mediziner-Weisheit letzter Schluß. Voraussetzung ist auch, daß wir demütig unseren Schöpfer um Hilfe bitten, daß er uns Menschen in den Weg stellt, die uns weiterhelfen können.

Ein klein wenig sollen dazu auch unsere Rezept- und Menüvorschläge beitragen, sowohl die im allgemeinen Teil, als auch die in den nachfolgenden Kapiteln zu den bestimmten „Risikogruppen". Wir wollen damit Hinweise geben, wie jeder einzelne von uns – oder mit Hilfe der Familie – vorbeugend sich verhalten kann, bestehende gesundheitliche Störungen durch seine tägliche Nahrung positiv beeinflussen kann.

„Gott gab dem Menschen Verstand, Vernunft und einen freien Willen,

den Verstand, um zu erfassen und zu begreifen, was Gott uns an Schönheit und Freude auf dieser Welt schenkte

die Vernunft, um Früchte, Kräuter und Pflanzen zur Gesunderhaltung von Mensch und Tier zu pflanzen, zu pflegen und zu nutzen

den freien Willen, um selbst zu ermessen, was uns gut und nützlich ist.

Darüber hinaus dürfen wir nie vergessen, welche Aufgabe Gott dem Menschen gab: die Natur in ihrer ganzen Schönheit und Ordnung zu erhalten – für alle Völker und die Generationen nach uns."

Beschwerden im Bereich Leber, Magen, Darm und Galle

Beschwerden und Erkrankungen im Bereich der Verdauungsorgane (Magen, Darm, Leber, Gallenblase und Bauchspeicheldrüse) haben in den letzten Jahren wieder deutlich an Gewicht gewonnen. Woran liegt das? – So ganz schlüssig kann das wohl keiner beantworten, dennoch gibt es einige Hinweise, die zumindest teilweise als Ursachen angesehen werden können. Da sind zum Beispiel zunächst einmal die funktionellen Magenbeschwerden wie der „nervöse Magen", chronische Magenschleimhautentzündungen (Gastritis), Magengeschwüre, Leberentzündungen (Hepatitis), Leberverfettung, Leberzirrhose, Gallenblasenentzündung, Bauchspeicheldrüsenentzündungen (Pankreatitis) und Beschwerden im Dünn- und Dickdarm. – Der Volksmund hilft uns da schon etwas weiter: „Iß nicht so heiß!, Iß nicht so hastig!, Trink nicht so schnell. Trink nicht so eiskalt" – übrigens alles auch Ratschläge der Hildegard, wie wir wissen. – Eine weitere Ursache ist sicherlich auch in unserem Berufs- wie auch Privatleben begründet. Streß, Hektik, Aufregungen und Ärger ganz allgemein führen schnell mal zu einem „nervösen Magen". Und dann ist da noch die „Disposition", was sich am besten mit Krankheitsbereitschaft übersetzen läßt. Diese kann erblich bedingt sein, aber auch durch Rauchen, übermäßigen Alkoholgenuß ect. erst geschaffen werden.

Doch wie können wir uns verhalten, wenn eine gewisse „Disposition" vorhanden ist oder es schon „zwickt"? – An dieser Stelle sei gleich mit der auch unter Medizinern immer noch verbreiteten Ansicht gebrochen, daß Gewürze oder Kräuter bei Erkrankungen der Verdauungsorgane zu den Tabus gehören. Gewürze können in Maßen, wie alles bei Hildegard, verwendet werden, mit unseren Küchenkräutern, frisch getrocknet oder auch gefroren, müssen wir keineswegs sparsam umgehen. Auch ist keine „spezielle Diät" erforderlich, die oft als „organbezogene Schonkost" verordnet wird. Sie ist oft einseitig und enthält kaum alle notwendigen Eiweiße, Vitamine und Mineralstoffe. Empfohlen sei dagegen eine „leichte Vollkost", wie sie heute auch von modernen Ernährungswissenschaftlern angewendet wird. Fragt man nach einer allgemeinen Regel, so dürfen wir sagen; „erlaubt ist, was vertragen wird". Und hier sind wir ganz besonders aufgefordert, in unseren Körper „hineinzuhören", seine Reaktionen richtig zu deuten. Jeder muß für sich selbst feststellen, welche Nahrungsmittel für ihn bekömmlich sind und welche nicht. Eine Rolle spielt dabei sicherlich auch die Menge – lieber fünfmals pro Tag eine Kleinigkeit als einmal „wie ein König". Kleine Happen werden meist besser vertragen als große Portionen, die oft genug Blähungen, Völlegefühl, Durchfall und allgemeines Unwohlsein zur Folge haben.

Als allgemeine Kochratschläge dürfen folgende gelten:

- keine Lebensmittel, die erfahrungsgemäß Unbehagen verursachen
- Garmethoden wie Fritieren und scharfes Braten vermeiden
- Garmethoden bevorzugen, die eine bessere Verträglichkeit erwarten lassen (kochen, dämpfen, grillen, garen im Römertopf, garen mit Alufolie oder Bratfolie).

Als Spitzenreiter unter den „Unverträglichen" dürfen Hülsenfrüchte, Gurkensalat, Kohlgerichte (auch Sauerkraut), Paprika sowie alle fritierten Speisen, stark kohlensäurehaltige Getränke und alles fett Gebackene und Gebratene gelten. Das heißt nicht, daß sie jetzt „Pures Gift" wären, aber wir dürfen davon ausgehen, daß sie die Beschwerden im einzelnen noch verstärken und auch eine gewisse „Krankheitsbereitschaft" in sich bergen. Für uns Grund genug, nicht nur hier, sondern auch im allgemeinen Rezeptteil auf dererlei Zutaten und Garmethoden weitgehendst zu verzichten.

Wie verhält man sich nun im ganz konkreten Fall, am Beispiel einer Magenschleimhautentzündung? Der Arzt wird Ihnen in der Regel eine Tee-Kur verordnen. Über ein bis zwei Tage soll da der Tee (siehe auch unser Kapitel „Widerstandsfähig durch den Winter") zusammen mit Toastbrot und Zwieback sowie Schleimsuppen die Vollkost ersetzen. Dennoch sollte wieder relativ schnell auf eine leicht bekömmliche Vollkost übergegangen werden.

Als Getränke empfehlen sich im ganz allgemeinen Beschwerdebereich Mineralwässer ohne, oder nur mit geringem Kohlensäuregehalt, Kräutertees (z. B. Fenchel), Milch und Sauermilchprodukte wie Joghurt und Dickmilch. Zu vermeiden sind alkoholhaltige und stark coffeinhaltige Getränke. Gerade bei Gallen und Magenleiden wirken sich die Röststoffe des Bohnenkaffees ungünstig aus.

Handelt es sich um leichtere Beschwerden und Störungen im Verdauungsbereich, so können wir mit einem gezielten Einsatz von gängigen Küchenkräutern und Gewürzen unsere Gesundheit schon positiv beeinflussen. Blähungsverhindernd oder blähungsberuhigend (Auflösung und Abgehen von Gasen) wirken zum Beispiel Kümmel, Fenchelsamen, Anis und Koriander. Egal ob als Ganzkörner den Speisen zugegeben, als Pulver in Suppen und Gemüsen oder als Tee, sie sorgen oft recht rasch für Besserung. – Zur Stärkung unseres Magen und Darmbereiches leistet zum Beispiel der Beifuß gute Dienste. Ein Eßlöffel pro Person kleingehackt der Suppe beigegeben (drei- bis sechsmal pro Woche) macht sich schon positiv bemerkbar. Am besten setzt man die „Kur" über längere Zeit hinweg fort. – Sehr gut wirken sich auch ein paar Blättchen Engelwurz – den Speisen

beigegeben – auf unsere Verdauung aus. Ob als „Beilage" zu Gemüsen oder in der Suppe mitgekocht, der Engelwurz zeigt nach mehrmaligem „Einsatz" pro Woche schon seine gute Wirkung – auch auf unser allgemeines Wohlbefinden. Hervorzuheben sei an dieser Stelle noch der Ysop. Kocht man zum Beispiel jeweils einen Zweig zu Fleischgerichten mit (drei- bis sechs mal pro Woche), hat er einen guten Einfluß auf Leber, Galle und auch Lunge ganz allgemein.– Ysop und Engelwurz entfalten übrigens eine größere und bessere Wirksamkeit, wenn sie als Frischkraut mitgekocht werden. Der Ysop hat in der „Hildegard-Medizin" ohnehin einen sehr hohen Stellenwert, einige Hildegardforscher sprechen ihm neben seiner positiven Wirkung bei Nieren- und Gallensteinleiden sogar anticancerogene, also krebshemmende Wirkung zu.
Wie sieht nun eine leichte Vollkost bei Beschwerden im Verdauungsbereich aus?

Frühstück
Ein vernünftig ausgewähltes Frühstück stimmt unseren Organismus behutsam auf seine Tagesleistung ein und regt unsere Organe an. So können wir schon einiges für einen guten Start tun. Und wer die Möglichkeit dazu hat, sollte sein Frühstück in zwei kleine Mahlzeiten aufteilen, die zusammen dann etwa 35 Prozent des Tages-Energiebedarfes decken. Gehen wir von einem Gesamtbedarf von ungefähr 2200 Kalorien/ca. 9000 Joule aus, so können auf das Frühstück rund 800 Kalorien entfallen. Einige Beispiele:

<u>Vorschlag 1</u>

1. Frühstück
2 Tassen Kräutertee
1 Scheibe Vollkornbrot
2 Scheiben Knäckebrot
10–20 g Butter
1 EL Honig, 2 EL Frischkäse

2. Frühstück
1 Scheibe Knäckebrot
1 EL Frischkäse
1 Tomate

<u>Vorschlag 2</u>

1. Frühstück
2 Tassen Kräutertee
(bei Verträglichkeit auch
1 Tasse Schonkaffee)
1 Dinkelbrötchen
1 Scheibe Vollkornbrot
1 EL Brombeermarmelade
1 Scheibe milder Schinken

2. Frühstück
1 Glas Buttermilch
1 Orange

Die Variationsmöglichkeiten sind enorm groß, auch bleibt es jedem selbst überlassen, ob er seinem Brotfrühstück ein Ei oder etwas Käse oder Wurst beigibt. Bei der Brotauswahl sollte man auf alle Fälle Dinkelprodukte zu sich nehmen, da der Dinkel neben seiner Gesundheitsfunktion auch länger anhaltend sättigt als übliches Weizen- oder Roggenbrot. Wer einen sehr empfindlichen Organismus hat und sehr geschwächt ist, der ist mit einer warmen Dinkelsuppe (siehe Kapitel „Suppen") sicherlich besser bedient. Die morgendliche Dinkelsuppe entspricht auch ganz der Weisung Hildegards, den nüchternen Magen mit einer warmen Speise anzuwärmen. Dennoch, auch gesunde Menschen gibt es, die auf ihre Frühstückssuppe nicht mehr verzichten wollen. Ein solches „warmes" Frühstück könnte etwa so aussehen:

1–2 Tassen Kräutertee
1 Tasse Dinkelsuppe (Schrot- oder auch Grießsuppe), entweder mit
1 Ei eingerührt und Kräutern abgeschmeckt – oder süß, mit
1 EL Quittenmarmelade oder Kornelkirschen.
Je 1 Prise Kardamom und Bertrampulver erhöht zudem die Bekömmlichkeit.

Da Dinkelspeisen relativ lange vorhalten, kann bei dieser Frühstücksvariante das 2. Frühstück entfallen.

Mittagessen
Hat man nicht schon zum Frühstück eine Suppe zu sich genommen, so sollte sie die Verdauungsorgane auf unser Mittagessen einstimmen. Ganz gleich, welche Suppe wir essen, sie sollte in ihren Grundzutaten und Gewürzzusammenstellungen auf das Hauptgericht abgestimmt sein. Auch sollten wir uns um eine „appetitliche" Zubereitung bemühen, da wir nicht nur mit der Zunge, sondern auch mit unserer Nase und den Augen „essen". Und wenn uns dadurch „das Wasser im Mund zusammenläuft", so ist die erste „Gesundheitsfunktion" schon erfüllt. Denn unsere Verdauung beginnt bereits mit dem Einspeicheln der Nahrungsmittel, der Speichel enthält wichtige Fermente, die die Speisen für den Magen vorbereiten. Und dieses „Einspeicheln" sollte ruhig und bedächtig vollzogen, die Bissen zudem gut durchgekaut werden. Überhaupt sollte eine Mahl-Zeit, ganz gleich zu welcher Tageszeit, mindestens zwischen 20 und 30 Minuten betragen.

Fleisch, Fisch, Eier, Käse und Milch, unsere wichtigsten Lieferanten des „Grundnährstoffes" Eiweiß, sollten jeweils ein Bestandteil unseres Mittagessens sein. Beilagen wie Salate, Teigwaren, Kartoffel etc. sind darüber hinaus neben ihrem Stärkegehalt Lieferanten von Mineralstoffen und Vitaminen. – In die Reihe der Verdauungshilfen darf der Nachtisch dann eingereiht werden, sei es in Form eines Apfels oder einer kleinen Schale Kompott, wenn er mit etwas Bertram, Kardamom, Anis, Fenchel oder Koriander (auch kandierter Engelwurz) abgeschmeckt wird. Das Mittagessen sollte insgesamt etwa 35 Prozent, knapp die Hälfte unseres Tages-Energiebedarfs decken (ca. 800 Kalorien).

Vorschlag 1
Suppe: Dinkelschrotsuppe mit Petersilie, Liebstöckel und Sellerie
Hauptgericht: Gekochtes Rindfleisch (mager) mit Ysop und Beifuß, dazu „Grüne Soße"
Beilagen: Karottengemüse mit Petersilie, Engelwurz, Kardamom und wenig Pfeffer
Nachtisch: Apfelkompott (Gewürze mitkochen)

Vorschlag 2
Suppe: Kartoffelsuppe mit Karotten, Sellerielaub, Petersilie und Majoran
Hauptgericht: Hähnchenkeule oder -brust gedünstet
Beilagen: Kohlrabigemüse mit etwas Kümmel, Koriander und Petersilie
Nachtisch: Quittenkompott

Abendessen
Wichtig ist, daß das Abendessen nicht so umfangreich ist. Kalorienreiche und sättigende wie auch schwer verdauliche Speisen sollten wir auf alle Fälle meiden, um eine gute Nachtruhe zu gewährleisten. In Relation zu Frühstück und Mittagessen sollte das Nachtmahl etwa 20–25 Prozent des Tages-Energiebedarfs ausmachen, ca. 500 Kalorien. Wer beruflich bedingt auf seine warme Abendmahlzeit nicht verzichten kann, der kann durchaus mit dem Mittagessen tauschen, wenn auch die Portionen dann etwas kleiner ausfallen dürften.

Vorschlag 1
2 Scheiben kaltes Rindfleisch (mager)
10 g Butter
1 Scheibe Mischbrot,
1 Scheibe Vollkornbrot

Vorschlag 2
1 überbackenes Tatarschnittchen
1 Tomate
1 Becher Fruchtjoghurt

Vorschlag 3
1 Teller Dinkelgrießbrei mit Apfel- oder Quittenkompott
1 Scheibe Dinkelbrot mit Frischkäse

Wesentlich für unser Wohlbefinden sind auch die unverdaulichen Bestandteile unserer Nahrung. Dies sind vor allem Vollkorn- und Getreideerzeugnisse, aber auch manche Gemüse und Obstsorten. Daß Rohkost nach Hildegard nicht zu empfehlen ist, wurde an anderer Stelle bereits erwähnt. Wer dennoch nicht darauf verzichten will (und sie auch verträgt), der sollte zumindest darauf achten, die Rohkost vorher zu beizen, durchziehen lassen, oder wie Hildegard sagte „temperieren". Dazu eignen sich Koriander, Kardamom, Anis, Fenchel und auch Kümmelpulver.

Erfahrungen – heute

Daß Streß, Überbeanspruchung im privaten wie auch beruflichen Alltag, wie auch Ärger und Sorgen sehr schnell zu Störungen im Bereich der Verdauungsorgane führen können, beweist der Fall einer 23-jährigen Patientin, die über starke und sehr häufige Beschwerden im Bereich Magen und Bauchspeicheldrüse klagte. Dies ging bis hin zu Übelkeit und Ekel vor dem Essen. Eine 14tägige „Kur" mit täglich einer Messerspitze Pulver aus Fenchel, Galgant, Diptam und Pilosella brachten eine anhaltende Besserung. Dieses Pulver ist unter Hildegard-Medizinern auch unter dem Namen „Sivesan" bekannt. Im Verhältnis 80 Gramm Fenchel, 60 Gramm Galgant, 40 Gramm Diptam und 20 Gramm Pilosella erhält man insgesamt 200 Gramm dieses Pulvers und dürfte so auch für eine längere Behandlung ausreichend sein. Bei aufwallenden Magenbeschwerden brachten der Patientin dreimal täglich eine etwas größere Messerspitze (jeweils nach dem Essen) Linderung.

Sehr gute Erfolge wurden bei Magenschmerzen auch mit einem Zitwer-Pulver erzielt (eine Mischung aus Zitwer, Dinkelmehl, Eßkastanien, Bertram, Galgant und Zimt). Gut eingespeichelt nahm diese Zusammensetzung das Magenweh binnen kürzester Zeit.

Einer anderen Patientin, die durch Beschwerden im Leber-Galle-Bereich kaum mehr etwas zu sich nehmen konnte, brachte eine Dinkelmehlsuppe schon über Nacht gute Besserung. Am nächsten Tag konnte sie bereits einen Dinkelgrießbrei essen, am darauffolgenden Tag schon etwas Brot und Käse, wenn auch auf den speziellen Fall hin reduziert. Die fettarme Galle-Kost wurde durch einen Leber Galle-Tee aus 30 Gramm Fenchel, 8 Gramm Anis, 0,6 Gramm Koriander und 0,6 Gramm Kümmel (alles gemahlen) unterstützt (1 TL auf eine große Tasse Wasser geben, kurz aufkochenlassen und etwa 10 Minuten ziehen lassen, 3–4 mal täglich). Gute Dienste leistete parallel auch etwas Lavendel-Wermut-Wein. Nach rund einer Woche konnte die Patientin bereits wieder die leichte Vollkost zu sich nehmen.

Als erfolgreich hat sich in mehreren Fällen auch schon ein Tee bei hartnäckigen Verdauungsbeschwerden erwiesen. Dieser wurde aus 20 Gramm Kümmel, 10 Gramm Fenchel, 10 Gramm Anis und 10 Gramm Koriander hergestellt (1 gehäufter TL der geschroteten Früchte mit zwei bis drei Tassen Wasser aufkochen und etwa 20 Minuten ziehen lassen).

Unerwartet deutliche Erleichterung brachte in einem anderen Fall von Atemnot mit Husten, Blähungen und Oberbauchbeschwerden eine Meerrettich-Quarksahne. Dafür nimmt man 125 Gramm Magerquark, 125 g süße Sahne und vermischt beides zusammen mit einer halben, frisch geriebenen Meerrettichwurzel. Abgeschmeckt wird das Ganze mit etwas Salz, Galgant, Kardamom und Bertram.

Ähnlich unerwartet positiv wirkte auch Rettichsalat, so unverständlich das für manch einen auch klingen mag. Dabei ist es allerdings wichtig, den fein geriebenen Rettich mit Salz zu beizen, das Wasser abzuschütten und den Salat mit etwas Weinessig, einer Prise Zucker, etwas Öl und Sahne zu „temperieren". Dazu kommen etwas Petersilie und Pfeffer und soviel Galgant, daß sich der Rettich leicht färbt. Gut mischen und durchziehen lassen.

Auch Gebäck ist keineswegs tabu. Als sehr angenehm und nützlich erwiesen sich zum Beispiel für Leber-Magen-Kranke „Anisschnitten". Dafür schlägt man 5 Eiweiß zu steifem Schnee, gibt 150 Gramm Zucker nach und nach dazu, ebenso die Eigelb, und verrührt alles gut miteinander. 1 EL Anis, ½ TL Bertram und die Schale einer halben Zitrone dazugeben. Anschließend 150 Gramm Dinkelmehl vorsichtig auf die Schaummassen sieben und unterheben. Den Teig auf ein mit Mehl bestreutes Blech breiten und etwa 20 Minuten bei 175 Grad backen. Nach dem Erkalten in Schnitten schneiden und bähen.

Diabetes/Zuckerkrankheit

Die Heilige Hildegard von Bingen konnte von der Zuckerkrankheit in unserer heutigen Form noch nichts wissen, nur ahnen – die wissenschaftlichen Untersuchungen und Erforschungen begannen erst mit dem 19. Jahrhundert. Auch wäre dies der falsche Platz, ganz gezielt auf die Probleme eines Diabetikers einzugehen. Wer Diabetiker ist, der hat sich ohnehin mit Tabellen und Broteinheiten (BE) zu befassen, steht oft genug auch unter ärztlicher Kontrolle. Wenn wir an dieser Stelle trotzdem auf den Diabetes eingehen, so liegt der Grund in erster Linie darin, Ihnen diese Krankheit vorzustellen, auf sie aufmerksam zu machen, um sie auch eventuell im Vorfeld zu erkennen.

Der Diabetes ist eine Stoffwechselkrankheit, bei der es durch eine mangelhafte Insulinproduktion der Bauchspeicheldrüse zu einer Erhöhung des Blutzuckerspiegels kommt. Gleichzeitig kommt es auch zu Störungen des Fett- und Eiweißspiegels. Schätzungen gehen heute davon aus, daß nahezu 15 Prozent (!) der Bevölkerung zuckerkrank sind, wovon allerdings nur etwa fünf Prozent als Diabetiker erkannt sind und behandelt werden. Der Rest weiß oft gar nichts von seiner Krankheit, man spricht dabei von einem latenten oder auch verdeckten Zucker. Je nach Eßgewohnheiten und Lebensumständen kann ein solcher verdeckter Diabetes jederzeit zu einem offenen oder manifesten werden. Unterschieden werden in der Regel mehrere Arten von Diabetes, vom relativ unproblematischen Alterszucker über den latenten Zucker bis hin zur offenen Krankheit, die in ernsten Fällen mit regelmäßigen Insulinspritzen behandelt werden muß.

So unterscheiden sich mit der „Ernstheit" der Krankheit auch die Behandlungsmethoden. Man geht davon aus, daß etwa ein Drittel der erkannten Fälle mit einer vernünftigen Diät auskommt, ein Drittel unterstützende Medikamente zu sich nehmen muß und das letzte Drittel nur mit gezielter Insulinbehandlung mit seiner Krankheit leben kann.

Werfen wir einen kurzen Blick auf die Symptome. Manche Erscheinungen lassen sich direkt auf Stoffwechselstörungen zurückführen, andere zum Beispiel auf Zucker- und Wasserverluste (starker Durst, häufiges Wasserlassen, Müdigkeit und Schlappheit). Anzeichen können aber auch durch eine Unterzuckerung zu Tage treten, die sich durch vermehrte Zuckerverwertung bemerkbar machen (Heißhunger, Schweißausbrüche, Leistungsabfall, Konzentrationsschwäche, Kopfschmerzen ect.). Im weiteren Verlauf der ärztlichen Untersuchungen können als Anzeichen für eine diabetisch bedingte Stoffwechselstörung auch Hautveränderungen (häufiges Jucken, Rötungen ect.), Herz- und Kreislaufstörungen (Durchblutungsstörungen), Nierenaktivitätsveränderungen und nicht selten auch Beeinträchtigung der

Seh-Leistungen (auch Netzhautveränderungen und Altersstar) festgestellt werden. Im weiteren Stadium sind dann öfters auch Lebererkrankungen (Fettleber, Leberschrumpfung) und Gallenleiden (Gallensteine) bis hin zu Nervenleiden zu diagnostizieren.

So ist beim Diabetes – wie bei kaum einer anderen Erkrankung – eine genaue Diät erforderlich. Wenn wir die schwereren Fälle hier vernachlässigen (Tabletten, Insulininjektionen), so sie ohnehin in ärztlicher Behandlung sind, können wir kurz auf die Diät eingehen, die für alle Gruppen, ob latent oder offen, lebenswichtig sein kann.

Die Diät eines Zuckerkranken muß vor allem kohlehydratangepaßt und fettarm sein, der Kaloriengehalt der einzelnen Speisen sollte peinlich genau den einschlägigen Tabellen entnommen werden. Dabei ist die Relation zwischen Alter, Körperbau und Sollgewicht entscheidend. Um den individuellen Bedarf an Kohlehydraten festzustellen, ist eine ärztlich überwachte „Einstellung“ des Zuckerkranken notwendig, bei der ständig die Blutzukkerwerte überprüft werden. Und um schubweise Überforderungen des Stoffwechsels zu vermeiden, ebenso der Blutzuckerregelung, sollten die Mahlzeiten auf mindestens sechsmal pro Tag verteilt werden.

So gilt die „Diskretio“ der Heiligen Hildegard in ganz besonderem Maße für diejenigen, die eine Disposition für Diabetes haben (erblich bedingt) oder schon einen latenten Zucker in sich tragen, ohne es zu wissen. Und gerade in diesen Fällen können wir durch das rechte und vernünftige Maß beim Essen und Trinken schon sehr viel für uns tun, und sei es nur, daß wir den latenten Zucker nicht zu einem offenen, manifesten eskalieren lassen. Vorbeugend können also die Ratschläge der „Hildegard-Küche“ durchaus in die alltägliche Küchenpraxis einfließen. Ein Diabetiker dagegen hat die Möglichkeit, die Vorschläge jederzeit seinen ganz individuellen ärztlichen Vorgaben anzupassen.

Um einige Beispiele zu geben, wie auch Diabetiker in den Genuß der „Hildegard-Küche“ kommen können, speziell den so wertvollen Dinkel für sich verwenden können, haben wir einige Rezeptvorschläge zu den sonst eher schwer zu berechnenden Backwaren zusammengestellt. Daß wir hier auf konkrete Tagesmenü-Vorschläge verzichten, hängt damit zusammen, daß es eine ganze Reihe sehr guter Kostempfehlungen und Richtlinien für Diabetiker gibt, die Erkrankte ohnehin kennen und praktizieren.

Wichtig ist aber: Alle Kräuter und Gewürze können ohne Berechnung auf die tägliche Kohlehydratmenge verwendet werden und ermöglichen so eine abwechslungsreiche und in ihrer Wirkung wohltuende und gesundheitsfördernde Ernährung.

Nuß-Mandel-Möhrenkuchen

(10 Stück zu je 1 BE)

Zutaten:
200 g geriebene Möhren, 150 g gemahlene Mandeln oder Nüsse, 75 g feiner Dinkelschrot, 30 g Zucker, 6 Eier (geteilt), ½ Zitrone (Saft und Schale), ½ TL Zimt und Kardamom, 1–2 Tropfen Bittermandelöl, Süßstoff für 90 g Zucker (30 Spritzer) (Nüsse, um die Form auszustreuen)

Zubereitung: Das Eiweiß zu Schnee schlagen, Zukker und Eigelb unterrühren. Die roh geriebenen Möhren zusammen mit dem Dinkelschrot, dem Saft und der abgeriebenen Schale der Zitrone vermischen und unter die Schaummasse heben. Zuletzt die Mandeln dazugeben. Die Nüsse in eine gefettete Kranzform geben, den Teig einfüllen. In vorgeheiztem Backrohr bei 200 Grad rund 15 Minuten backen, dann die Hitze auf 130 Grad zurücknehmen und etwa 35 Minuten fertigbacken lassen. Gesamtzeit: ca. 50 bis 60 Minuten.

Quarkblätterteig für Schnitten und Taschen

(16 Stücke zu je 1 BE)

Zutaten:
250 g Dinkelmehl, 250 g Quark, 250 g Butter, je eine Prise Kardamom, Salz

Zubereitung: Die Butter unter das Mehl hacken und mit dem Quark zu einem Teig verarbeiten, in ein Rechteck formen und eine Stunde ruhen lassen. Den Teig in ein längliches Rechteck ausrollen, vierfach zusammenklappen und nochmals 1–2 Stunden ruhen lassen, am besten über Nacht. Tags darauf dünn ausrollen und daraus die Taschen mit Äpfeln, Käse etc. füllen und im vorgeheizten Rohr rund 35 Minuten backen.

Hefekuchen

(20 Stück zu je 1½ BE)

Zubereitung: Das Mehl in eine Schüssel geben. Eier, Salz, Diätsüße, Fruchtzucker und Zitrone in eine Vertiefung schütten, die aufgelöste Hefe in das Mehl rühren und alles zusammen kurz durcharbeiten. Nun die zerlassene Butter mit dem Teig gut durchkneten. In der Schüssel zugedeckt etwa eine Stunde gehen lassen, nochmals durchkneten und ein weiteres Mal gehen lassen. Dann zu einem Zopf oder auch zu Rohrnudeln formen. Auf ein leicht gefettetes Blech oder in eine Bratreine geben und im vorgeheizten Ofen bei etwa ;80 Grad rund 30–45 Minuten backen lassen.

Zutaten:
500 g dunkles Dinkelmehl,
80 g Butter, 4 Eier,
20 g Hefe, ⅛ l Milch,
1 Prise Salz,
½ Zitrone (Saft und Schale), ½ EL Fruchtzucker,
Flüssige Diätsüße für 80 g Zucker (ca. 25 Spritzer)
½ gestr. TL Salz

Biskuit oder Tortenboden

(10 Stück zu je 1 BE)

Zubereitung: Das Eiweiß zu Schnee schlagen, den Zucker und das Eigelb dazugeben. Das Dinkelmehl gut unterheben und die Masse in eine gefettete Form gießen und im vorgeheizten Ofen etwa 25 Minuten backen. Dieser „Boden" läßt sich dann sehr gut mit Himbeeren und Brombeeren (auch gemischt) belegen. Zudem eignet sich der Teig auch für Biskuitrouladen und gefüllte Schnitten (bei Füllungen „BE" beachten)

Zutaten:
60 g dunkles Dinkelmehl, 3 Eier (geteilt), 30 g Diätzucker (Sorbit),
1 Prise Salz,
6 Spritzer Diätsüße flüssig, Himbeeren, Brombeeren (ca. 500 g),
evl. Gelatine

Windbeutel

(20 Stück zu je ½ BE)

Zutaten:
150 g dunkles Dinkelmehl,
3–4 Eier, 50 g Butter, ¼ l Wasser,
¼ TL Salz, 1 TL Backpulver

Zubereitung: Wasser mit Salz und Butter in kleinem Topf zum Kochen bringen, beiseite ziehen, Mehl auf einmal dazugeben und gut verrühren. Bei mittlerer Hitze den Teig unter ständigem Rühren abbrennen, bis sich am Topfboden eine weiße Haut gebildet hat. Eier verquirlen und nach und nach unterrühren (nach erkalten). Fertig ist der Teig, wenn er glatt ist und Spitzen bildet. Zum Schluß Backpulver zugeben. Die Teigmasse auf ein gefettetes Backblech spritzen und je nach Größe zwischen 25 und 40 Minuten im vorgeheizten Backrohr bei 200 Grad backen lassen. Im geöffneten Rohr nochmals 10 Minuten stehen lassen, die Windbeutel herausnehmen und aufschneiden.

Erfahrungen – heute

Wie bereits angesprochen, können wir auf die Problematik der Erkrankten individuell hier nicht eingehen. Erfahrungen haben jedoch gezeigt, daß die „Hildegard-Küche" unter Berücksichtigung der Vorgaben (Süßstoffe, Diätzucker ect.) gut vertragen wird, gerade was die Gerichte mit und rund um den Dinkel anbelangt. Zur genauen Definition der Broteinheiten (BE) sind jedoch die diversen Tabellen und Angaben zu studieren. Die Angaben zu Weizenmehl, Grieß und Roggen sind auf die Dinkelprodukte jederzeit übertragbar. Wir haben festgestellt, daß gerade der Dinkel die oft auftretenden Schwankungen des Blutzuckers zu einem gleichmäßigen Tagesprofil verringert. Wenn sie gut vertragen werden, sollten auch Tomaten, Rettich und auch die bei Hildegard nicht sehr angesehenen Kohlarten und Gurken auf dem Speiseplan stehen, da sie kohlehydratärmer sind als Wurzelgemüse. Eventuellen Blähungen sollte man durch Kümmel-, Fenchel-, und Koriander-Würzungen vorbeugen.

Der Apothecker-Lüd.

Herzbeschwerden und Hoher Blutdruck

Herz-Kreislauferkrankungen und Hoher Blutdruck haben seit dem letzten Weltkrieg in geradezu erschreckendem Maße zugenommen. Es gibt Schätzungen, die davon ausgehen, daß allein in der Bundesrepublik schon jeder zehnte Mensch an erhöhtem Blutdruck leidet, manchmal sogar ohne es zu wissen. Herz- und Kreislauferkrankungen gehen meist parallel einher, die tödlichen Folgen können Herzinfarkte, Hirnschläge etc. sein. Suchen wir nach den Gründen, so dürfen wir hier ruhig von einer „Zivilisationskrankheit" sprechen, die ihre Ursachen einmal in unserem „modernen" Zeitalter hat, zum anderen in der Tatsache unserer Überflußgesellschaft begründet ist. Das heißt, „Segnungen" durch Automation, technische Erleichterungen – all dies wird als angenehm empfunden, ohne zu erkennen, welche neuen Gefahren sich in der Folge daraus ergeben – Streß, Hektik, Karrierestreben, Erfolgszwang und -druck, das Streben nach einem von den Medien vorgegaukeltem Lebensstandard. Mitverantwortlich ist aber auch die „Freß-Welle", die nach den Kriegsjahren der Entbehrung über unser Land geschwappt ist. Was früher noch Delikatesse war, ist heute ein selbstverständliches Grundnahrungsmittel, gegessen wird, was der Markt produziert. Als Ursachen können wir also sowohl Streß und innere Spannungen wie auch unvernünftige Ernährung und Übergewicht festhalten.

Was kann nun im einzelnen zu hohem Blutdruck (Hypertonie) und den auch daraus resultierenden Herz- und Kreislauferkrankungen führen. Wenn wir an dieser Stelle Streß und Spannungen sowie erbliche Anlagen vernachlässigen, so bleiben als „Hauptübeltäter" vor allem Übergewicht und hoher Kochsalzkonsum. Übergewicht wirkt sich auf Hypertoniker zudem ungünstig aus, da es u.a. auch zu Arterienverkalkung und Verkalkung, Verengung der Blutgefäße führen kann, die möglichen Folgen sind wieder Schlaganfälle und Herzinfarkte. Eine Gewichtsreduktion ist also unerläßlich, da sie sich blutdrucksenkend auswirkt.

Kochsalz, oder auch „Natriumchlorid", ist in bestimmten Mengen (ca. 5 Gramm pro Tag) für den Menschen lebensnotwendig, da der Körper ständig Salze ausscheidet (durch Schwitzen und die ganz natürliche Transpiration der Haut), die wieder ersetzt werden müssen. Schätzungen gehen jedoch davon aus, daß der tägliche Kochsalzkonsum (entscheidend ist das Natrium) zwischen der doppelten und dreifachen Menge des Notwendigen liegt. Die Gründe dafür liegen zum einen in der Angewohnheit des automatischen Salzens und Nachsalzens, zum anderen in der Tatsache, daß vielen Nahrungsmitteln zu ihrem ganz natürlichen Natriumgehalt noch zusätzliches Salz beigefügt wird, so zum Beispiel bei allem Geräucherten, bei Wurst, Käse, Sauerkraut etc.

Übergewicht, Streß oder hoher Kochsalzverzehr – vielleicht sogar alles zusammen – bedeuten nun für den Herz- und Kreislauferkrankten, daß er sich einer vernünftigen Ernährung, einer genau abgestimmten Diät zu unterwerfen hat. Doch was jetzt vielleicht etwas abschreckend klingt, ist in der Realität durchaus gut zu bewältigen, achtet man auf die drei wichtigsten Faktoren: die Natriumzufuhr (Kochsalz), die Fett- und Cholesterinzufuhr und die Energiezufuhr. Und ist das erst einmal gelungen, werden sogar Medikamente so gut wie überflüssig. –

Doch es ist ein neues Stichwort gefallen, „Cholesterinzufuhr". Was heißt das nun? – Oftmals bedeutet ein zu hoher Blutdruck auch einen erhöhten Cholesterinspiegel, das heißt, die Blutfettwerte sind zu hoch. Und wenn beides zusammenkommt, was nicht der Fall sein muß – aber kann – dann ist die Disposition für einen Herzinfarkt und andere bluthochdruckbezogene Krankheiten mit oft genug tödlichem Ausgang besonders hoch. Sehen wir uns also die Diät etwas genauer an.

Eine salzlose Kost ist nicht möglich, davon soll hier auch nicht die Rede sein, ebensowenig wie von der „streng" salzarmen Kost, die höchstens drei Gramm Kochsalz pro Tag zuläßt und nur in besonders schweren Fällen im Krankenhaus verabreicht werden kann, unter strenger Auswahl der Lebensmittel und genauester Berechnungen. Ärztliche Kontrolle ist in diesem Falle schon deshalb angezeigt, da diese Form sehr einseitig und über lange Zeit auch gesundheitsschädlich sein kann. Wir wollen hier von einer „salzarmen Kost" sprechen, die jeder für sich zuhause nachvollziehen kann. Dabei geht man von einem Richtwert von etwa fünf Gramm Kochsalz pro Tag aus. Pauschal gesagt muß bei dieser Diät auf alles Gepökelte, Geräucherte verzichtet werden, ebenso auf Fertiggerichte, Fertigsuppen und -soßen. Zusätzliches Salzen sollte man sich von vorneherein abgewöhnen, für alle Zeiten!

Unter die Gruppe der geeigneten Lebensmittel fallen

- alle Küchenkräuter (frisch, tiefgefroren oder getrocknet) und Gewürze ohne Salzzusatz
- alle Obst- und Gemüsesorten nach Hildegard (frisch, getrocknet oder aufbereitet zu Kompotten und Säften
- alle frischen Gemüse nach Hildegard (Rohkost nur in Ausnahmefällen!)
- alle salzarmen Brot- und Backwaren (Dinkelprodukte selbstgemacht können jederzeit auch salzfrei sein)
- alle pflanzlichen Fette (Olivenöl etc.)
- Milch und Milchprodukte wie Sauermilch, Joghurt, Buttermilch und Frischkäse (Hartkäse nur wenn er natriumarm ist)
- Eier in allen Formen, jedoch ohne Salz und nicht bei erhöhtem Cholesterinspiegel (Blutfett)

- alle natriumarmen Fleischprodukte (Sorten nach Hildegard, ohne Schweinefleisch)
- alle frischen und mageren Fluß- und Seefische nach Hildegard (z. B. Forelle, Renke, Barsche etc.)

Von der Liste der „salzarmen Kost“ bei Herz-Kreislauferkrankungen und Bluthochdruck sind nachfolgende Lebensmittel zu streichen:

- alle geräucherten und gepökelten Fleischwaren
- alle Wurstsorten
- marinierte, gesalzene oder geräucherte Fischgerichte sowie alle Fertigfischgerichte (Geleefisch etc.)
- alle tierischen Fette,
- alle gesalzenen Nüsse und Knabbereien.

Wie wir sehen, bleiben trotz der „strengen Diät“ noch eine ganze Menge guter Sachen übrig, die sich mit etwas Phantasie und Kreativität am heimischen Herd durchaus schmackhaft zubereiten lassen. Prinzipiell können wir auch davon ausgehen, daß sich jede Speise anstatt durch Salz auch durch Kräuter hervorragend würzen läßt, was ohnehin – krank oder nicht krank – die bessere und vernünftigere Lösung ist. Wer parallel an einem zu hohen Cholesterinspiegel leidet, der hat noch ein paar „Minus“ mehr auf seiner Liste, das sind

- alle Innereien wie Herz, Lunge, Bries, Hirn, Zunge und Eigelb (auch Sahne).

Unter den Getränken eigenen sich vor allem Mineralwasser, Frucht- und Obstsäfte, auch Gemüsesäfte und Kräutertees, Weißwein und Bier in Maßen. Zu vermeiden sind unbedingt natriumreiche Mineralwässer, alle Getränke aus Dosen und vorproduzierten Flaschen.

Stehen alleine Herzbeschwerden (zum Beispiel nervöser Natur) im Vordergrund, so sei eine leichte Vollkost empfohlen (siehe auch unser Kapitel über die Gicht). Zu meiden sind in diesem Falle alle Gemüsearten, die erfahrungsgemäß Beschwerden wie Blähungen (auch im Oberbauch), verursachen. Dazu gehören Hülsenfrüchte, Kohlgemüse, oft auch Gurken und Paprika. Beim Obst kann sogar eine sehr kalte und nicht ganz weiche Birne Herzbeschwerden auslösen. Auf der Seite der unverträglichen Speisen sind auch Pflaumen, Zwetschgen und Pfirsiche zu finden. Und trotzdem sollte gerade bei Herzschwäche jeden Tag frisches Gemüse – in gut bekömmlicher Form zubereitet – zu sich genommen werden, da sie reich an Kalium, Magnesium und Vitaminen sind. Noch ein Wort zu den Garmethoden. Wie in allen anderen Fällen auch, so soll mit wenig Wasser oder Öl gedünstet werden, in Alu- oder Bratfolie gegart oder im Römertopf zubereitet werden. Eine geeignete Garmethode ist auch das Grillen. Scharfes Anbraten oder Fritieren sollte auch in Ihrer Küche nicht mehr stattfinden.

Die salzarme Kost

Schauen wir uns einige Menüvorschläge zur salzarmen und cholesterinspiegelnormalisierenden Küche an. Diese Anstrengungen sollen Ihnen lediglich verdeutlichen, daß trotz „Diät" noch ganz schön was „erlaubt" ist.

Frühstück 1
2 Tassen Kräutertee
1 Scheibe Dinkelvollkornbrot (salzarm- oder salzlos)
1 Dinkelbrötchen (salzarm- oder salzlos)
2 EL Kräuterquark (Petersilie, Liebstöckel, Diptam)
1 Messerspitze Galgant
1 Scheibe kalter Rinderbraten
1 Tomate
10–20 g Sonnenblumenmargarine

Frühstück 2
1 Glas Buttermilch
1 Schnitz Melone (oder halbe Honigmelone, klein)

oder

Frühstück 1
2 Tassen Kräutertee
1 Scheibe Knäckebrot (natriumarm)
1 Scheibe Dinkelmischbrot natriumarm)
1 EL Brombeer- oder Kirschmarmelade
1 Schüsselchen Müsli
1 weichgekochtes Ei (nicht bei hohem Cholesterinspiegel)
½ Grapefruit
10–20 g Sonnenblumenmargarine

Frühstück 2
1 Apfel
1 Becher Joghurt

Mittagessen

Vorschlag 1
Suppe
Gemüsebrühe (Basensuppe)
mit Dinkelkörnern und Petersilie

Hauptgericht
Gegrillte Truthahnbrust mit
Selleriegemüse und
Petersiliekartoffeln

Nachtisch
Quittenkompott mit einer
Messerspitze Galgant

Vorschlag 2
Suppe
Spargelcremesuppe mit Petersilie
und Galgant gewürzt

Hauptgericht
Gegrilltes Filet- oder Lendensteak mit Grünem Salat
und Dinkel-Knoblauchbrot
(naürlich auch Hacksteak vom Rind)

Nachtisch
Brombeerquark

Abendessen

Vorschlag 1
Kalte Hühnerbrust (ohne Haut)
auf gemischtem Salat

Vorschlag 2
Kräuterquark (Petersilie, Diptam,
Liebstöckel, Galgant, etc.)
mit Pellkartoffeln

Vorschlag 3
Gekochtes Rindfleisch (mager)
mit Grüner Soße und Dinkelbrot

Vorschlag 4
Dinkelgrießauflauf mit
Quittenkompott

Vorschlag 5
Gemischter kalter Braten (mager)
mit Radieschen und Dinkelbrot

Vorschlag 6
Frühlingssalat mit Dinkelvollkornbrot

Vorschlag 7
Forelle in Kräuterfolie und
Petersiliekartoffel

Sie sehen, es gibt eine ganz schöne Auswahl an Grundzutaten, es ist nur eine Sache der persönlichen „Raffinesse", etwas besonderes daraus zu machen. Und sehr schnell werden Sie sich daran gewöhnt haben, Salz weitgehend durch Kräuter und Gewürze zu ersetzen. – Auf gesonderte Vorschläge zur Gewichtsabnahme sei hier verzichtet, jeder unserer Rezeptvorschläge läßt sich ohne weiteres auch auf eine 1200-Kalorien-Diät übertragen.

Erfahrungen – heute

Die Herzmittel der Heiligen Hildegard basieren vornehmlich auf der Quitte, der Petersilie und den Gewürzen Galgant, Diptam, Bertram, Fenchel und Kardamom. Gute Erfahrungen wurden auch schon mit etwas Enzianwurzelpulver gemacht. So berichtete eine Frau, die des öfteren an Herzschmerzen litt, daß sie diese sehr rasch vertreiben konnte, indem Sie eine Messerspitze Enzianwurzelpulver auf eine Tasse Dinkelsuppe zu sich nahm. Nach zwei Minuten trat bereits eine Linderung ein, nach drei Minuten kehrte auch die gesunde Farbe wieder zurück ins Gesicht und fünf Minuten später ging es schon wesentlich besser. Hildegard hat auch einen Herzsaft ganz konkret beschrieben, eine Abkochung aus Fenchel, Süßholz, Honig, Zucker und Wasser. Angewendet wird dieser Herzsaft heute zum Beispiel im Verhältnis 200 Gramm Fenchel, 40 Gramm Süßholz, 120 Gramm Honig, 80 Gramm Zucker und 1000 Gramm Wasser. – Nach Hildegard beseitigt dieser Saft „den Schleim, der das Herz des Menschen schmerzend macht".

Eine wichtige Funktion übernimmt auch der Galgant, eine dem Ingwer verwandte Wurzel. Als erfolgreich erwies sich zum Beispiel eine Galgant-Lattwerg-Paste (Apotheke), die bei Herzinsuffizienz, Atemnot und Stauungen im Magen und Oberbauch schon gute Dienste leistete. Bei Herzschmerzen und Virusfiebern haben sich auch schon Galganttabletten (3–5 mal täglich im Mund zergehen lassen) bestens bewährt. Auch gibt es einen Galgant-Wein, der zum Beispiel in einem Verhältnis von 20 Gramm Galgant, 2 EL Honig und einem Liter Weißwein zubereitet wird. – Doch die Aufbereitung und Anwendungsvorgaben überläßt man bei Herztabletten, Herzwein und Galgant-Lattwerg-Paste am besten dem Apotheker, der sich mit Hildegard-Medizin befaßt. Für jeden sehr leicht zuzubereiten sind jedoch die Quittenwürfel und der Petersilienwein, die nicht nur als herzstärkendes Mittel sehr erfolgreich sind, sondern eine Reihe weiterer Gesundheitsfunktionen aufweisen. Deshalb seien zum Abschluß dieses Kapitels die genauen Rezepte und ihre Zubereitung genannt.

Der Petersilienwein wird gerne bei Herzbeschwerden, besonders nervöser Natur, verwendet und wirkt beruhigend auf Herz, Kreislauf und stabilisierend auf den Organismus. Die Petersilie ist nach Hildegard überdies ein gutes Mittel gegen Milzbeschwerden und leichte Fieber, wie sie zum Beispiel im Vorfeld und während einer Grippe auftauchen. Und da eine Grippe auch immer das Herz strapaziert und belastet, übernimmt der Petersilienwein hier ein Doppelfunktion: herzstabilisierend und fiebersenkend.

Die Quittenwürfel können jederzeit zu sich genommen werden. Hildegardmediziner empfehlen sie als ein stärkendes, herzerfrischendes Mittel. Zudem leisten sie gute Dienste bei Konzentrationsschwäche und Streßsituationen. Die Quitte selbst (siehe auch unser Kapitel „Quitte“ und die Kommentare zu den Quittenrezepten im Hauptteil) wird aber auch bei Rheuma und Gicht empfohlen. Ganz allgemein gelten die Quittenwürfel als stärkend und stabilisierend auf den Kreislauf.

Quittenwürfel

Zutaten:
1 Kilo dickes Quittenmus,
400 Gramm Zucker,
30 g Galgantpulver,
18 g Bertram,
3 g Kardamom,
100 g Hagebuttenmark (muß nicht sein)

Zubereitung: Alle Zutaten gut miteinander vermischen und eventuell kurz aufkochen lassen. Den Teig etwa einen Zentimeter dick auf ein leicht gefettetes Backblech aufstreichen und einige Tage trocknen lassen. Anschließend in etwa quadratzentimetergroße Würfel schneiden und nochmals mindestens drei bis vier Tage nachtrocknen lassen. Am besten bewahrt man die Quittenwürfel in einer Keksdose auf.

Petersilienwein

Zutaten:
300 g Petersilie,
2–3 EL Weinessig,
500 g Honig,
2 l Weißwein oder
1 l Weißwein und
1 l Madeira (ganz nach Geschmack)

Zubereitung: Die Petersilie samt Stengel kleinhakken und zusammen mit dem Wein, dem Weinessig und dem Honig aufkochen lassen, anschließend etwa 15 Minuten ziehen lassen. Zum Schluß den Madeira-Wein dazugeben und abfüllen, sterilisieren. (Der Madeira-Wein kann selbstverständlich durch Weißwein ersetzt werden.)

Mādragora
Capitulum

Gicht und Rheuma

Die Gicht

War die Gicht in früheren Zeiten noch meist eine „Krankheit der Reichen", tritt sie in unserer heutigen Wohlstands- und Überflußgesellschaft in allen Bevölkerungsschichten auf. Sie zählt ebenso zu den ernährungsabhängigen Krankheiten wie zum Beispiel Bluthochdruck (Hypertonie) und Zucker (Diabetes) und ist somit eine Stoffwechselerkrankung. Wo liegen nun ihre Ursachen im einzelnen? – Sicher ist man sich unterdessen, daß es sich um eine Störung des Harnsäurespiegels im Körper handelt. Entweder ausgelöst durch eine Vermehrung der Harnsäure oder durch eine verminderte Ausscheidung durch die Nieren. Und werden nun bestimmte Grenzwerte überschritten, kommt es zur Bildung von sogenannten Harnsäurekristallen, die sich vor allem in den Gelenken ablagern können, aber auch in den Nieren selbst. Nierensteine sind eine Folge, Gichtanfälle die andere. Die Medizin unterscheidet zwei Formen der Gicht, die Primäre und die Sekundäre, wobei die Primäre Gicht zu den angeborenen, erblich bedingten Krankheiten gehört. Die Sekundäre Gicht hingegen ist in erster Linie die Folge von Überernährung. Und damit ist unser Stichwort gefallen, die Ernährung.

Begünstigt wird diese Stoffwechselkrankheit durch große und übermäßige Fleisch- und Wurstportionen, durch sehr fettreiche Mahlzeiten mit viel Wein und Alkohol. Ursachen können aber, wenn auch nur am Rande erwähnt, Erkältungen und Durchnässungen sein. – Ist man an Gicht erkrankt, so ist dennoch keine „unzumutbare" Diät erforderlich. Oft genügt schon allein eine Gewichtsreduktion, um den Harnsäurespiegel wieder ins Gleichgewicht zu bekommen. Ansonsten ist eine vernünftige Ernährung angezeigt, die schon ausreichen kann, um die Gicht zu vertreiben. Nur in sehr schweren Fällen ist die Behandlung parallel durch spezielle Medikamente angeraten. Dennoch, kein Arzneimittel kann auf Dauer Fehler in der Ernährung ausgleichen, geschweige denn, die Gicht abbauen, wenn nicht die Bereitschaft zu einer Korrektur der Ernährungsweise vorhanden ist.

Ein weiteres wichtiges Stichwort im Zusammenhang mit der Gicht heißt „Purine". Diese Purine sind lebensnotwendige Bausteine im Körper, deren Abfallprodukt die Harnsäure ist. So ist in unserer Ernährung darauf zu achten, die Zufuhr an Purinen zwar zu gewährleisten, sie jedoch in Maßen zu halten und im Krankheitsfall sogar zu reduzieren. Denn, wird eine Gicht nicht behandelt, so kann sie bis hin zu Gichtknoten in Gelenken und Knochen und infolgedessen auch zur Verkrüppelung führen.

Die Purine finden sich vor allem in den Innereien und auch Fertigprodukten (Soßen und Suppen). Alkohol hat zwar kaum Purine, er wirkt sich jedoch ungünstig auf den Harnsäurespiegel aus und kann somit auch einen akuten Gichtanfall hervorrufen (z. B. kann übermäßiger Weingenuß die Harnsäure-Ausscheidung für 1–2 Tage blockieren).

Wie sieht nun eine purinarme Ernährung aus? Oder, besser anders herum gefragt, was ist zu meiden? – Zunächst einmal sämtliche Innereien wie

- Lunge, Herz, Nieren, Leber, Bries, Kutteln, Zunge ect., dann
- Ölsardinen, Sprotten, Sardellen, Gelee-Heringe, Thunfisch in Öl ect.,
- Fleischextrakte, Fertigsuppen, Fertigsoßen und, wie gesagt, der
- Alkohol.

Zu einer Gicht-„Diät" gehören, falls vorhanden, der Abbau des Übergewichtes, eine abwechslungsreiche Kost, eine ausreichende Flüssigkeitszufuhr (ca. 1½ Liter pro Tag) sowie

- Milchprodukte (bei Übergewicht: Magermilchprodukte),
- Eierspeisen wie Omelett, Pfannkuchen ect.
- Obst (frisch)
- Gemüse
- alkoholfreie Getränke.

Generell gilt: höchstens eine Fleischportion pro Tag und nicht mehr als höchstens 150 Gramm. Auf „dunkles" Fleisch, wie zum Beispiel Wild, sollte man zudem verzichten. Parallel ist auf eine geregelte Verdauung zu achten, damit alle verbrauchten Stoffe ausgeschieden werden. Dafür ist eine schlackenreiche Kost angezeigt: Vollkornprodukte, Gemüse, Salate, Obst und natürlich auch Kräuter (Petersilie, Sellerie, Liebstöckel, Bohnenkraut, Wacholderbeeren, Lorbeeren und Lorbeerblätter). Zu meiden wären unter den Gemüsen lediglich große und umfangreiche Mahlzeiten mit Tomaten, Erdbeeren, Rhabarber und Spargel. Es wurden schon Beobachtungen gemacht, daß diese Gemüse einen Gichtanfall auslösen können. Sehr gute Erfahrungen hat man dagegen mit der Schwarzen Johannisbeere (auch Gichtbaum genannt) und der Kornelkirsche gemacht. Und dazu gleich zwei Anregungen: Für Johannisbeermarmelade nimmt man auf ein Kilo Beeren etwa einen halben Liter Wasser, kocht die Beeren auf, bis sie geplatzt sind, gibt ein Kilo Zucker hinzu, läßt das Ganze nochmals kurz aufkochen und füllt die Marmelade heiß in Gläser ab. Die Johannisbeere eignet sich zudem zum Saften, für Grütze und Gelee. – Ein Mus aus Kornelkirschen hat neben seiner guten Eigenschaften gerade bei Gicht auch eine magenstärkende Funktion. Neben den bereits genannten Kräutern zur Entschlackung des Körpers seien hier vor allem noch die genannt, die nach Hildegard sich besonders bei Gicht empfehlen: Bachbunge, Petersilie, Wegerich, Krauseminze, Sellerie und die Quitte. Wobei der Quitte eine ganz besondere Bedeutung zukommt, auch bei der Behandlung von Rheuma.

Normal-Kost für Gichtkranke

Um Ihnen klarzumachen, daß eine Gicht-„Diät" kaum etwas von den Entbehrungen anderer Diäten haben muß – und deshalb auch sehr leicht einzuhalten ist – haben wir Ihnen ein paar kleine Beispiele zusammengestellt.

Frühstück
Genauso wie in unserem vorausgehenden Kapitel über die Beschwerden im Verdauungsbereich, so gilt auch hier: rund 35 Prozent der täglichen Energiemenge sollten auf das erste und zweite Frühstück entfallen. Gehen wir von unserer „Normalkost" (ohne Gewichtsreduktion) aus, so wären das bei einem Tagesbedarf von 2200 Kalorien/ca. 9000 Joule etwa 700 Kalorien.

Frühstück 1
2 Tassen Kräutertee
1 Scheibe Roggenbrot
1 Brötchen
1 Scheibe Schnittkäse
10 g Butter
2–3 Radieschen mit Galgant

Frühstück 2
½ Honigmelone

oder

Frühstück 1
2 Tassen Kräutertee oder Kaffee
1 Scheibe Mischbrot
1 Scheibe Knäckebrot
3–4 EL Kräuterquark mit Petersilie, Liebstöckel etc.
1 gekochtes Ei
10–15 g Butter

Frühstück 2
1 Glas Buttermilch
oder 1 Fruchtjoghurt
1 Orange

Mittagessen
Auch hier gilt, was bereits im vorausgehenden Kapitel gesagt wurde: das Mittagessen sollte nochmals rund 35–40 Prozent des Tagesenergiebedarfes decken. Im Rahmen der „Normalkost" wären das nochmals rund 700 bis 800 Kalorien.

Vorschlag 1
Suppe: Dinkelgrießsuppe geröstet

Hauptgericht: Kalbsschnitzel vom Grill mit Petersiliekartoffel und Bohnengemüse

Nachtisch: Quittenkompott

Vorschlag 2
Suppe: Kräutersuppe mit Petersilie, Liebstöckel, Sellerie etc.

Hauptgericht: Rinderhacksteak mit Kartoffeln und Maissalat

Nachtisch: Grütze aus Schwarzen Johannisbeeren

Abendessen
Die restlichen 600 bis 700 Kalorien sollten zu einer leicht bekömmlichen und leicht verdaulichen Kost zusammengestellt werden, die den Organismus vor der Nachtruhe nicht mehr all zu sehr belastet.

Vorschlag 1
Großer Salatteller (Grüner Salat, Gelbe Rüben, Mais, Grüne Bohnen) mit einem gekochten Ei und Knoblauch-Dinkelbrot

Vorschlag 2
Kräuterquark (Petersilie, Liebstöckel, frischer Thymian, Wegerich) mit Pellkartoffeln

Vorschlag 3
Kräuteromelett mit Grünem Salat

Vorschlag 4
3 Scheiben verschiedene Schnittkäse
½ Bund Radieschen mit Galgant
1 Roggenbrötchen
1 Scheibe Knäckebrot
10–15 g Butter
½ Grapefruit

Gichtkranke, die an Übergewicht leiden, sollten Ihre Mahlzeiten auf etwa 1200 Kalorien/ca. 5000 Joule reduzieren. Damit würden auf das erste und zweite Frühstück 300 bis 400 Kalorien/1500 bis 1800 Joule entfallen, auf das Mittagessen zwischen 400 und 500 Kalorien und auf das Nachtmahl die restlichen 300–400 Kalorien. Diese Reduktionskost kann, bedingt durch die Gewichtabnahme, schon zu einer Heilung oder zumindest Linderung der Gicht führen. Wichtig ist natürlich auch, daß man seine Ernährungsgewohnheiten langfristig etwas korrigiert und nicht nach Abklingen der Beschwerden in alte Sünden zurückfällt.

Erfahrungen – heute

Die Heilige Hildegard schreibt einer ganzen Reihe von Kräutern eine gute und heilende Wirkung bei Gichterkrankungen zu. Besonders hervorgehoben seien hier die Quitte, der Salbei, aber auch Wermutwein, Selleriepulver und Kastanien (wobei gerade die Quitte und die Kastanie sich auch hervorragend zur Rheumabehandlung eignen). So konnte zum Beispiel im Falle eines 35jährigen, der von einem akuten Gichtanfall heimgesucht wurde, durch den Verzehr größerer Mengen Quittenkompottes relativ rasch geholfen werden. – Als ein Fall für viele sei hier kurz die Behandlung einer Patientin dargelegt, die so stark unter Gicht litt, daß sie kaum noch gehen konnte. Neben der strikten Diäteinhaltung nahm die Patientin, die zudem an Übergewicht litt, täglich auf nüchternen Magen ein Likörglas voll Wermutwein (auf einen Liter Wein 70 Gramm Wermut, 100 Gramm Honig, alles aufkochen lassen, absieben und heiß in kleine Fläschchen füllen, sterilisieren). Parallel nahm sie ein bis zweimal täglich 15 bis 20 Minuten nach dem Essen eine Messerspitze vom Pulver aus Fenchel, Galgant, Diptam und Pilosella (Hildegardmediziner nennen dieses Pulver auch „Sivesan"). Dazu kamen drei mal täglich ein Teelöffel Selleriepulver aufs Brot oder mit in den Salat. In der insgesamt dreiwöchigen Behandlungszeit kamen in der ersten Woche an jeweils drei aufeinanderfolgenden Tagen Bäder mit Edelkastanienextrakt dazu. Hierfür hackt man Kastanienlaub, die Schalen der Früchte sowie die Schößlinge grob in kleine Teile, kocht das Ganze auf und läßt es über Nacht ziehen. Am nächsten Morgen wird der Sud abgeseiht und pro Liter mit ½ Liter 96prozentigem Alkohol (aus der Apotheke) versetzt oder 200 g Kochsalz auflösen, statt Alkohol. Nochmals aufkochen lassen, auf einen Liter 200 Gramm Salz geben und heiß in kleine Flaschen abfüllen (auch als Rheuma-Bad nützlich). – In der zweiten und dritten Woche folgten je zwei Kastanienbäder. Nach diesem Zeitraum konnte die Gicht als geheilt betrachtet werden, einschränkend deshalb gesagt, weil es sich auch bei diesen Anwendungen nicht um „Wundermittel" handelt, sondern die entsprechende Ernährungsumstellung natürlich mit erfolgen muß. Gegen permanentes „Sündigen" helfen auch diese Mittel nicht. Bei akuten Anfällen kennt die Hildegard-Medizin übrigens auch Auflagen zur Schmerzlinderung aus Petersilie, Weinraute, Olivenöl und Wermut, also zur äußerlichen Anwendung bei Gichtknoten und Bewegungsschwierigkeiten.

Bei den kurz angerissenen Fällen muß einschränkend gesagt werden, daß es sich dabei um die Sekundäre Gicht, also nicht um die angeborene oder erblich bedingte handelte. Bei der Primären Gicht sind zwar auch Besserungserfolge zu verzeichnen, dennoch gestaltet sich die Behandlung in den meisten Fällen als sehr langwierig.

Das Rheuma

Rheumatische Erkrankungen – genauer gesagt, der Rheumatismus – sind eine Sammelbezeichnung für eine Gruppe von Beschwerden und Krankheiten, die sehr unterschiedliche und nur schwer von einander abgrenzbare Symptome haben. Gemeinsam lassen sie sich eigentlich nur als „schmerzhafte Krankheitszustände im Muskel- und Gelenkbereich" bezeichnen. Innerhalb des letzteren Bereiches wird in infektiöse (z.B. Arthritis) und nichtinfektöse (Arthrosen) unterschieden.

Genauso wie die Gicht gehört auch „das Rheuma", wie der Volksmund sagt, zur Gruppe der Stoffwechselerkrankungen, hat ihre Ursachen also auch in der Ernährung, kann jedoch ebenso wie die verwandte Gicht erblich bedingt sein. Dennoch tut man sich heute schwer, diesen so unterschiedlichen Kreis von Erscheinungsformen unter einen Hut zu bekommen. Bei Hildegard gibt es diese Probleme nicht, sie bezeichnet die gesamte Palette dieser Krankheitsformen als „Gicht". Und so sind auch alle Mittel bei Hildegard für Gicht *und* Rheuma zu sehen, obwohl heute innerhalb der Hildegard-Medizin doch unterschieden wird, wenn es oft auch nur um Nuancen geht. Zahlreicher als die Erscheinungsformen des Rheuma sind heute jedoch schon die entsprechenden Medikamente, wenn sie auch oft nicht dem Menschen entsprechen. Rheuma-Mittel gehören unterdessen zu den am argwöhnischsten und kritischsten beobachteten Arzneimittel – oft ganz zu Recht. – Und Heilerfolge sind keineswegs garantiert, im Gegenteil, so manch einer mußte erkennen, daß sich zwar das Rheuma nicht gebessert hat, die Nebenwirkungen unterdessen aber neue Probleme und Beschwerden aufgeworfen haben.

Zur Vorbeugung und Behandlung des Rheumatismus sei hier auf die Gicht-„Diät" verwiesen, jede Heilung beginnt mit der Reinigung, Entschlackung des Körpers und einem maßvollen Essen unter Berücksichtigung der entsprechenden Vorgaben.

Erfahrungen – heute

Wie bei der Gicht schon erwähnt, treffen wir auf mehrere Heilmittel, die sich auch zur Behandlung von Rheuma eignen: Quitte, Sellerie, Wermut und die Edelkastanie. Und mit wie wenig „Aufwand" man sich schon selbst helfen kann, beweist der Fall eines 60jährigen Mannes, der sich nach eigenen Aussagen „sein Rheuma im Krieg geholt hat". Medikamente, Aufenthalte in Schmerzkliniken, alles konnte ihm die ganzen Jahre über nicht helfen, es stellte sich kaum Linderung ein, von Heilung ganz zu schweigen. Bis zu dem Zeitpunkt, an dem er sich ganz und gar den Empfehlungen der Heiligen Hildegard zuwandte. Seine Rheumamedikamente setzte er von Heute auf Morgen ab und begann eine intensive Quittenkur. Über acht Wochen nahm er dreimal täglich Quitten in jeder Form zu sich, hauptsächlich als Kompott. Nach dieser Kur war sein Rheuma so gut wie geheilt, in der nachfolgenden Zeit konnte er die Quittenrationen herabsetzen, möchte jedoch auch heute keinesfalls mehr auf „seine Quitten" verzichten. „Sie wirken wie ein Schwamm, der alle üblen und schlechten Säfte in mir aufsaugt und sie anschließend abführt". – Unterdessen turnt der einstmals so geprüfte Mann sogar wieder im örtlichen Sportklub. Ein Wunder? – Keineswegs. Sicherlich läßt sich dieses Beispiel nicht auf jeden übertragen, auch die Quitte kann keine Heilgarantie übernehmen. Doch eine Vielzahl von Erfolgen bei Gicht und Rheuma sprechen für diese innerhalb der Hildegardmedizin so hochgeschätzte Frucht.

Das im Kapitel „Gicht" schon erwähnte Kastanienbad leistet gute Dienste bei Rheuma und kann in hartnäckigen Fällen auch mit Farn angereichert werden. Doch Vorsicht, dieses Bad kann das Herz strapazieren und sollte von Menschen mit Herzbeschwerden nicht angewendet werden. – Neben dem Wermutwein (siehe „Gicht") empfehlen Hildegardmediziner oft auch eine Wermutsalbe zur äußeren Anwendung bei Arthritis. Die Zubereitung wurde von Hildegard ganz klar vorgegeben: Man zerstoße Wermutblätter in einem Mörser zu Brei, nehme einen Teil Hirschmark, zwei Teile Hirschtalg und vier Teile vom Wermut-Pflanzenbrei und vermische alles zu einer Salbe. „Ein Mensch, der von schwerem Rheuma (Gicht) geplagt wird, daß sogar seine Glieder zu zerbrechen drohen, der salbe sich am Feuer die schmerzenden Glieder ein und er wird geheilt werden". – Zum Schluß sei noch ein Rheuma-Tee erwähnt. Ihn bereitet man aus gleichen Teilen Wermut, Salbei, Ringelblume und Eisenkraut. Er hat entzündungshemmende wirkung und kann in Mengen von ein bis zwei, manchmal auch drei Tassen pro Tag als gutes Rheuma-Mittel angesehen werden.

Mit leichter Vollkost durch die Woche

Beispiel eines „Wochenfahrplanes“, wie er an einem Krankenhaus praktiziert wird

1. Tag

Mittagessen: Kartoffelsuppe mit gerösteten Dinkelkörnern, Petersilie, Majoran und Sellerie
Fleischbällchen aus Rinderhack in „Grüner Soße“ mit Dinkelspätzle und Grünem Salat
Rote Grütze

Abendessen: Kräuterquark mit frischen Gartenkräutern und Pellkartoffel

2. Tag

Mittagessen: Selleriecremesuppe
Hirschgulasch mit Wacholderrahm, Majoran und Beifuß, dazu Dinkelschrotklößchen
Quittenkompott

Abendessen: Verlorene Eier in Dill-Quark-Soße und Dinkelbrot

3. Tag

Mittagessen: Klare Gemüsebrühe mit Sellerie, Grünen Böhnchen und Kohlraben
Hähnchenkeule oder Hähnchenbrust mit Petersilie, Koriander, Basilikum und Ysop, dazu Möhrengemüse und Petersiliekartoffel
1 Banane

Abendessen: Dinkelgrießauflauf mit Brombeerkompott

4. Tag

Mittagessen: Dinkelschrotsuppe
Kalbsbraten und Kohlrabigemüse mit Fenchel, Petersilie und Kümmel, dazu Brühkartoffel
Obstsalat aus Äpfeln, Orange und Banane

Abendessen: Kalter Rinderbraten (mager) mit Dillquark und Radieschensalat mit Galgant, dazu Dinkelbrot

5. Tag

Mittagessen: Dinkelnudelsuppe
Rühreier mit Tomatenwürfelchen, Petersilie, Quendel und Rosmarin, dazu Grüner Salat
Joghurt mit frischen Brombeeren oder Himbeeren

Abendessen: Fleischsalat aus mageren Rindfleischstreifen, Sellerie, Äpfeln und frischen Gartenkräutern, dazu Dinkelbrot

6. Tag

Mittagessen: Flädlesuppe aus Dinkelflädle mit Petersilie und Liebstöckel
Forelle in der Folie gedünstet mit Dillkartoffeln und Grünem Salat
Dinkelgrießpudding mit Himbeersaft

Abendessen: Kalte Frikadellen mit Meerrettich-Quark-Soße, dazu Dinkelbrot

7. Tag

Mittagessen: Tomatensuppe mit Basilikum, Thymian und Salbei
Rinderbraten mit Fenchelgemüse und Dinkelnudeln
Quittenkompott

Abendessen: Salatschüssel mit Putenfleischstreifchen und Dinkelbrot

Auf die entsprechenden Mengenangaben haben wir verzichtet, da eine leichte Vollkost nicht nur aus der Zusammenstellung „lebt", sondern auch aus den Portionen, die niemals sehr groß sind, das „rechte Maß" ist immer gefordert. Zudem lassen sich die Kombinationen auch gut variieren und sind in reduzierter Form auch für jede Diät geeignet, hält man sich bei der Zubereitung an die individuellen Vorgaben und Mengen.

Mein Wochenfahrplan

Mein Wochenfahrplan

Mein Wochenfahrplan

Mein Wochenfahrplan

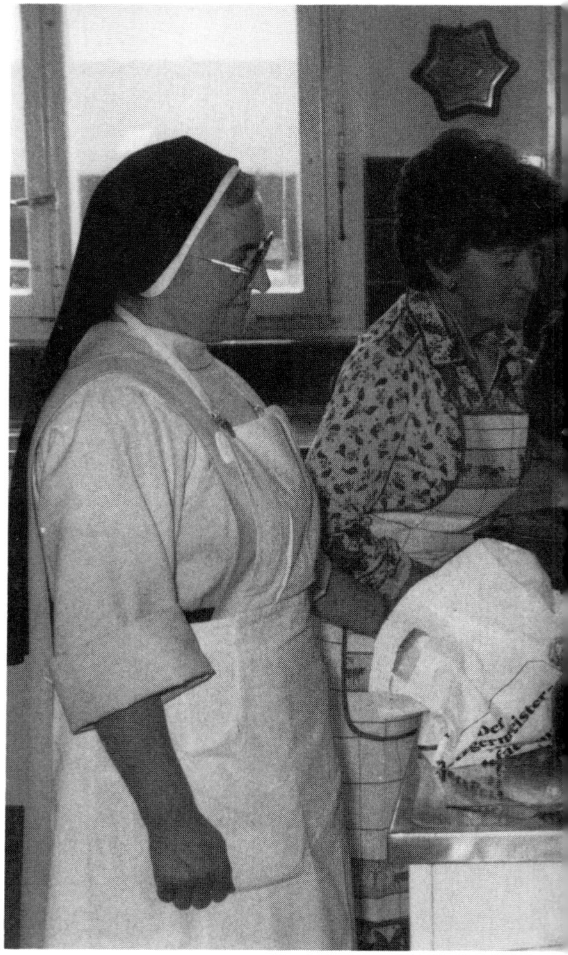

Ein kleiner Kochkurs mit Ellen Breindl

Das Kochen nach den Grundprinzipien der hl. Hildegard von Bingen hat nichts mit einer weltfremden Diät zu tun. Im Gegenteil, in lockerer Folge veranstaltet Ellen Breindl (4 v. l.) Kochkurse und demon-

striert so auf anschauliche Art und Weise, wie einfach und auch delikat die „Hildegard-Küche" sein kann. Unser Kochkurs fand im Sommer 1984 im Kloster von Wil (Schweiz) statt.

Wesentlicher Bestandteil der Gesundheits-Küche nach Hildegard ist neben der geschmacklichen Komponente der Kräuter und Speisen auch ihre bewußt eingesetzte Gesundheitsfunktion.

Wichtig ist neben der richtigen An- und Verwendung der Gemüse und Kräuter auch die Auswahl des Fleisches. In unserem Falle haben wir uns für Lammkoteletts entschieden, die fachmännisch zu einem Kranz geschnitten wurden. – Lammfleisch spielt nach Hildegard neben Rindfleisch eine herausragende Rolle.

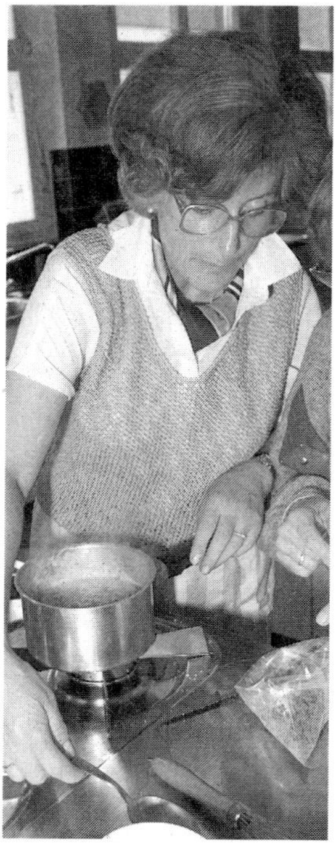

Nach der Arbeit das Vergnügen. – Nachdem zwei Stunden geschnipselt, gekocht und gebraten wurde, läßt man sich den „Hildegard-Schmaus" munden. Selbstverständlich war jeder Teilnehmer schon ein versierter Praktiker.

Neu dagegen war für viele der ganz gezielte und bewußte Einsatz von Speisen, Kräutern und Gewürzen.

So wurden nach dem Essen auch eifrig „Rezepte" notiert. Zum Beispiel, daß der Thymian zum Lamm nicht nur vorzüglich schmeckt, sondern daneben eine gute Wirkung auf den Stoffwechsel des Organismus hat, gegen Husten hilft und bei Erkältungskrankheiten schweißtreibend und fiebersenkend wirkt.

Register

Verzeichnis der Rezepte

Beschwerden und ihre Heilpflanzen

Appetitlosigkeit
Salbei, Basilikum, Liebstöckel,
Atembeschwerden
Minze, Lungenkraut, Alant, Königskerze
Arterienverkalkung
Knoblauch, Quitte
Arthritis
Wermut, Quitte
Arthrose
Wermut, Quitte
Angina
Salbei, Bibernelle
Aufstoßen (Magen)
Bohnenkraut

Blähungen
Kümmel, Basilikum, Fenchel, Liebstöckel
Bronchialkatarrh
Schlüsselblume
Bronchitis
Knoblauch, Veilchen, Fenchel
Blutarmut
Beinwell, Rote Rüben, Wermut
Bluthochdruck
Raute

Darmbeschwerden
Dinkel, Fenchel, Kamille
Darmstörungen
Minze, Salbei
Durchfall
Fünffingerkraut, Salbei, Thymian, Minze
Depressionen
Muskatnuß, Nelken, Zimt
Erkältungen
Minze, Thymian, Eibisch

Fieber
Basilikum, Eibisch, Meisterwurz, Himbeere, Galgant
Gallenleiden
Salbei, Rettich
Gallensteine
Ysop, Diptam
Gicht
Quitte, Bachbunge, Petersilie, Wegerich
Grippe
Meisterwurz, Galgant, Bertram

Halsschmerzen
Eibisch, Basilikum, Akelei, Pfefferminze
Hämorrhoiden
Bachbunge, Wegwarte
Harnverhalten
Rainfarn
Hautallergien (auch Akne)
Quendel
Herzbeschwerden (nervöse)
Galgant, Eßkastanien, Liebstöckel, Baldrian
Herzschmerzen
Petersilie, Diptam, Galgant, Königskerze
Husten
Liebstöckel, Thymian, Rettich, Salbei

Kopfschmerzen
Baldrian, Dill, Wermut, Zitwer
Krampfadern
Edelkastanie
Krampfzustände
Thymian, Fenchel, Raute

Leberbeschwerden
Edelkastanie, Salbei, Hirschzunge
Lungenbeschwerden
Eibisch, Minze, Lavendel
Magendrücken
Dinkel, Raute, Basilikum, Fenchel, Pfefferminze, Liebstöckel
Magenbeschwerden
Edelkastanie, Bohnenkraut, Melisse, Thymian, Fenchel, Wermut
Mandelentzündungen
Liebstöckel
Melancholie
Muskatnuß, Nelken, Schlüsselblume
Milzschmerzen
Kerbel, Petersilie, Ringelblume
Mundgeruch
Fenchel

Nervenschwäche
Baldrian, Salbei, Thymian
Nervöse Störungen
Wermut, Baldrian
Nierenbeschwerden
Raute, Liebstöckel, Basilikum, Löwenzahn

Prostataleiden
Rainfarn
Psoriasis
Quendel, Schwertlilie, Dost

Rheuma
Quitte, Sellerie, Dinkel
Rachenentzündung
Salbei, Dost
Reizhusten
Salbei, Thymian, Eibisch, Alant

Schlaflosigkeit
Baldrian, Betonicakraut, Melisse
Schnupfen
Basilikum, Pfefferminze, Salbei, Rainfarn
Steinleiden
Petersilie, Ysop, Diptam
Stoffwechselstörungen
Dinkel, Thymian
Traurigkeit
Kubeben, Pfefferkraut
Trübsinnigkeit
Muskatnuß, Zimt, Nelke, Lilie

Übersäuerung des Magens
Meisterwurz

Verdauungsbeschwerden
Dost, Liebstöckel, Meisterwurz, Kümmel, Wegwarte
Vergiftungen
Ringelblume
Verstopfung
Wermut, Bachbunge, Eibisch, Fenchel, Liebstöckel
Völlegegefühl
Beifuß, Pfefferminze, Wermut

Wasseransammlungen
Rettich, Liebstöckel, Löwenzahn, Petersilie
Wundheilung
Schafgarbe, Gundelrebe

Kalorien/ Joule-Tabelle zur Hildegard-Küche

Alle nachfolgenden Angaben sind Durchschnittswerte und basieren, falls nicht anders angegeben, auf 100 Gramm der nachfolgenden Speise.

	Kalorien	Joule
Apfel	52	218
Apfelsaft (¼ l)	120	500
Aprikose	60	230
Beefsteak (gehackt)	130	540
Bier (¼ l)	120	502
Blumenkohl	30	125
Bohnen (grüne)	35	140
Butter	776	3250
Butterkäse (50% Fett)	376	1720
Buttermilch (½ l)	180	750
Camembert (50% Fett)	330	1360
Cornedbeef	167	700
Dessert-Wein (5 cl)	80	335
Diät-Pils (¼ l)	75	315
Dickmilch (1,5% F. 200 g)	90	380
Dinkelbrötchen	120	490
Dinkelmischbrot (40 g)	100	422
Ei (ca. 60 g)	90	370
Eigelb (ca. 20 g)	75	31
Eisbergsalat	30	125
Eiweiß (35 g)	20	80
Eßkastanien	210	880
Fasan	113	465
Feldsalat	20	80
Fenchel	50	210
Fette Brühe (¼ l)	20	80
Forelle	105	435
Fruchtcocktail	75	315
Gans	370	1530
Gebundene Suppe (250 ml)	118	496
Gemüsesaft	30	125

Goldbarsch	113	479
Gouda (45% Fett)	400	1667
Grahambrot (1 Scheibe)	100	420
Grieß (Dinkel)	375	1550
Hähnchen	150	600
Hähnchen-Brust	107	453
Hähnchen-Keule	120	502
Hase	127	520
Hecht	90	377
Hefe (1 Würfel)	40	180
Heilbutt	130	550
Himbeeren	40	168
Hirsch	123	517
Honig	300	1275
Hummer	90	370
Joghurt (3,5% F. 175 g)	130	540
Johannisbeeren, schwarz	50	195
Kabeljau	80	325
Kalbsbrust	143	598
Kalbsfilet	107	447
Kalbshaxe	107	447
Kalbskotelett	120	500
Kalbsleber	143	598
Kalbsschnitzel	107	447
Kaninchen	167	700
Karotten	35	145
Kartoffeln	85	355
Kefir (2% F., 200 g)	110	460
Kirschen, sauer	60	252
Klare Fleischbrühe (150 ml)	23	97
Klare Suppe mit Einlage	76	319
Knäckebrot (10 g)	38	160
Kohlrabi	25	110
Konfitüre	250	1125
Kopfsalat	20	60
Kräuterlikör (32%, 2 cl)	50	220

	Kalorien	Joule
Lachs	215	910
Lammfleisch, Filet	120	500
Lammkeule	250	1046
Lammkotelett	370	1548
Leinsamenbrot (40 g)	110	470
Magermilch (½ l)	180	760
Marmelade	250	1050
Meerrettich	75	318
Melone	27	107
Milch (3,5% Fett, ½ l)	320	1340
Mischbrot (Dinkel) 1 Scheibe	110	470
Öl (⅛ l)	1160	4860
Orange	60	250
Pfefferminzlikör (30%, 2 cl)	70	290
Pils-Bier (¼ l)	120	500
Quitte	67	287
Quark, mager	88	370
Radieschen	20	84
Rebhuhn	113	474
Rehkeule	107	446
Rehrücken	133	558
Reis	370	1550
Rettich	20	84
Rinderleber	141	590
Rindfleisch, Brust	270	1130
Rindsfilet	127	530
Rindslende	254	1060
Rindfleisch, mager	173	725
Rotbarsch	113	470
Rote Bete	35	155
Rotwein (⅛ l)	90	370

Sauermilch, 3,5% Fett ½ l	320	1340
Saure Sahne, 10% Fett	125	530
Schellfisch	80	335
Schichtkäse, 10% Fett	100	420
Schichtkäse, 40% Fett	162	678
Schlagsahne, 28% Fett	302	1264
Schmelzkäse, 45% Fett	100	420
Schorle, sauer (⅛ l)	40	180
Schweinfilet	177	740
Seehecht	85	350
Seelachs	90	370
Sellerie	40	160
Semmelknödel (Dinkel) 1 Stück	110	460
Spargel	20	85
Speisequark, 40% Fett	166	696
Spinat	25	95
Suppengrün	40	180
Teigwaren	390	1640
Toastbrot (1 Scheibe)	80	330
Traubensaft (⅛ l)	90	385
Truthahn	230	963
Vollkornbrot, 1 Scheibe (Dinkel)	110	450
Waller (Wels)	175	730
Weintrauben	72	312
Weißbrot, 1 Scheibe (Dinkel)	100	435
Weißwein (⅛ l)	80	330
Wildente	127	520
Wildschwein	113	473
Zander	85	355
Zitronen	25	113
Zucker (braun)	400	1650
Zwieback, 1 Stück (Dinkel)	40	170
Zwiebeln	40	170

Hildegard-Heilmittel im Handel

Nachfolgend eine Übersicht der gebräuchlichsten Hildegard-Heilmittel, wie sie in der Regel in Apotheken geführt werden, die sich mit der Hildegard-Medizin befassen. Diese Aufstellung kann natürlich nicht vollständig sein. Ebensowenig soll sie dazu verleiten, vor Anwendungen der Heilmittel das Beratungsgespräch mit dem Arzt oder Apotheker zu unterlassen. Sie soll vielmehr dem ratsuchenden Leser einen Überblick darüber verschaffen, welche Vielseitigkeit der Heilmöglichkeiten durch Naturheilkräuter gegeben ist

Magenleiden	Magentee	Ambrosiustee
z. Massage mit Mariendisteltinktur	Hanffaser	Cannabis sativa
Herzschwäche, Herzschmerzen	Galgantgranulat	Cardiogran
ergänzend zu den Herzpillen	Herzsaft	Concentratum Cardiale
Frühjahrskur	Wermutelixier	Decoctum Absinthii
Magengeschwüre, -beschwerden	Beifußelixier	Decoctum Artemisiae
Melancholie	Aronstabelixier	Decoctum Ari
Rheuma	Farnbad	Decoctum Filicis
»Vicht«, Spasmen	Wasserlinsenelixier	decoctum Lemnae
einfacher Husten	Andornelixier	Decoctum Marrubii
Rheuma	Krauseminzeelixier	decoctum Menthae crispae
Mundgeruch	Pfirsichblätterelixier	Decoctum Persici
Lungenleiden	Heckenrosenelixier	Decoctum rosae caninae
Magenverstimmung, Völlegefühl	Sclareaelixier	Decoctum Sclareae
chronische Bronchitis	Hirschzungenelixier	Decoctum Scolopendrii
Heiserkeit, Laryngitis	Wollblumenelixier	Decoctum Verbasci
Dysmenorrhoe	Preiselbeerelixier	Decoctum Vitis Idaeae
Muskelzittern, Parkinsonismus	Zitwerelixier	Decoctum Zedoariae
Nagelerkrankungen	Zwergholundermus	Detritus Ebuli
Bronchitis	Bronchialpaste	Electuarium Bronchiale
Altersherz, Rhythmusstörungen	Galgantlatwerge	Electuarum Galgangae
zur Goldkur bei Rheuma, Gicht	Goldmehl	Farina Aureata
Leberschaden, Magenleiden	Edelkastanienmehl	Farina Castaneae
Rheuma	Farn-Kastanienband	Filibal
Gastritis, Sodbrennen	Fenchelgranulat	Foenugran
Ohrenschmerzen	ölige Rebtropfen	Guttae vitis oleosae

Augenmittel, Kopf-schmerzen	einfache Rebtropfen	Guttae vitis simplex
Herzschwäche, -schmerzen, Schwindel		Galganttabletten
Sehschwäche		Goldtopas
Schlaflosigkeit	Kräuter f. Schlafkissen	Herba Betonicae
Schnupfen, Sinusitis	Riechkräutlein	Herbulae Fumantes
Husten, Bronchitis	Wermutöl	Insoleatum Asinthii
Migräne, Kopfweh	Apfelblütenknospenöl	Insoleatum CPM
Schmerzen, Rheuma, Ischias	indischer Jaspis	Lapis Japsis indica
Haarpflege	Pflaumenaschenlauge	Lixivum Crinale
Zahnfleischpflege	Rebaschenzahnpaste	Lixivum dentale
Lebermittel	Edelkastanienhonig	Mel Castaneae 30%
Herzschwäche, -schmerzen, Schwindel	Galganthonig 5%ig	Mel Galangae 5%
Herzschwäche, Konzen-trationsschwäche	Galganthonig 10%ig	Mel Galangae 10%
Herzschwäche, Konzen-trationsschwäche	Galganthonig 20%ig	Mel Galangae 20%
Migräne, Kopfschmerz	Birnenhonig	Mel Piratum
Herzschmerzen, Herz-schwäche	Petersilien-Honigwein	Meluvin
Reizhusten	Pflaumensamen	Nucleoli Pruni
Augenmittel	Veilchenöl	Oleum Violae
zur Goldkur bei Rheuma, Gicht	Goldpaste	Pasta Aureata
Herzschwäche (mit Conc. Cardiale)	Herzpillen	Pilulaeardialis
Rheuma	Selleriepulvermischung	Pulvis Apii comp.
Schwerhörigkeit	Gehörpulver	Pulvis Auditivus
Mutterblutungen	Zimtpulvermischung	Pulvis Cinnamomi comp.
Erbrechen, Schwindel	Mutterkümmelmischung	Pulvis Cumini comp.
Depressionen	Chrysocardpulver	Pulvis Geranii comp.
Hypertonie	Lattichpulvermischung	Pulvis Lactucae comp.
Rheuma	Bärwurzpulvermischung	Pulvis Mei comp.
Nerven, Konzentrations-schwäche	Muskatpulvermischung	Pulvis Muscatae comp.
Schnupfen, Husten, Grippe	Grippepulver	Pulvis Pelargonii comp.
Durchfall, Colitis	Durchfallei-Pulver	Pulvis Piperis comp.
Magenleiden	Engelsüßmischung	Pulvis Polypodii comp.
Constituens	Sivesan Pulver	Pulvis Sivesan
Völlegefühl, Überessen	Zitwermischung	Pulvis Zedoariae digestivus

Magengeschwür	Ingwermischung	Pulvis Zingiberis comp.
Magenschwäche	Kornelkirsche	Pulpa Corni
Wallungen, Sodbrennen	Raute-Fenchelgranulat	Rutafoen
Übersäuerungen	Rautegranulat	Rutagran
Verstopfung	Flohsamen	Semen Psylli
Constituens	große Mischung	Schwedenkräuter
Constituens	flüssig	Schwedenkräuterbitter
Bruchleiden	Bruchkräuter	Specis Consolidantes
Psychosen	Nervenkräuter	Species Balsamitae comp.
Zahnschmerzen	Zahnwehkräuter	Species Dentales
Grippe, Erkältungskrankheiten	Grippekräuter	Species Grippale
Schilddrüsenstörungen	Strumakräuter	Species Levistici
einfacher Husten	Hustenkräuter	Species Marrubii
Nasenbluten	Nasenkräuter	Species Millefolii
Heiserkeit	Stimmkräuter	Species Vocales
Fieber	Akeleisaft	Succus Aquilegiae
Handpflege	Edelkastaniensaft	Succus Castaneae
Rheuma	Krauseminzesaft	Succus Menthae crispae
Insektenstiche	Spitzwegerichsaft	Succus Plantaginis
Prostataleiden, Harnverhalten	Rainfarnsaft	Succus Tanaceti
Melancholie	Fenchelsaft	Succus Foeniculi
Venenentzündung	Brennesselsaft	Succus Urticae
Stimmklärung	Rosenlakritz	Succus Liquiritiae c.01.Rosae ver.et Rosa cent. ∅
Wassersucht	Afrikanischer Kalk	Testes Structionis pulv.
Venenpflege	Mariendisteltinktur	Tinctura Cardui Mariae
Rheuma (zur Goldkur)	Goldplätzchen	Trochisci Auri
Nervenschwäche	Energieplätzchen	Trochisci Muscatae
Magenleiden, Kopfweh	Tannensalbe	Unguentum Abietis
Rheuma, Arthritis	Arthritissalbe	Unguentum Absinthii comp.
Lähmung	Waidtsalbe	Unguentum Isatis
Lähmung, Muskelschwund	Nikolaisalbe	Unguentum Nicolai
Nierenleiden	Rautensalbe	Unguentum Rutae comp.
Geschwüre, Narben	Veilchensalbe	Unguentum Violae
Lähmungen, Muskelschwund	Geiersalbe	Unguentum Vulturis
Gedächtnisschwund	Gedächtnisöl	Urticol
Rheuma	Edelkastanienbad	Vescubal
Herzschwäche	Galgantwein	Vinum Galangae
Leberleiden	Lavendelwein	Vinum Lavandulae

Literaturverzeichnis

Hildegardis »Causae et Curae«, Lipsiae 1903, Bibliotheca Teubner, Neudruck 1980, Hildegardgesellschaft, Basel (lateinisch).

Schipperges, Heinrich: Das Menschenbild Hildegards v. Bingen, Basel und Stuttgart 1955, nach Quellen übersetzt und erläutert: Hildegard v. Bingen-Welt und Mensch (De operatione dei), Salzburg 1965; Hildegard v. Bingen-Heilkunde (Causae et Curae), Salzburg 1957.

Ellen Breindl: Das große Gesundheitsbuch der hl. Hildegard von Bingen; Leben und Wirken einer bedeutenden Frau des Glaubens – Ratschläge und Rezepte für ein gesundes Leben, Pattloch Verlag, Augsburg, 1988

Tacuinum Sanitatis, Das Buch der Gesundheit, herausgegeben von Luisa Cogliati Arano, Originalausgabe Electa Editrice, Mailand 1973; deutsche Ausgabe: Heimeran Verlag, München 1976.

Erna Horn: Köstliches und Curieußes aus alten Kloster- und Pfarrküchen, Moderne Verlags GmbH, 1979.

Quellen: Österreichische Nationalbibliothek, Wien, »Tacuinum Sanitatis«

Bildnachweis

Claus Hansmann: S. 10/11, 13, 43; Erna Horn: S. 14, 16, 18, 19, 20, 40; Günter Kühlwein: S. 58, 83, 126, 158, 162/163, 326–331; Elfriede Laschitz: S. 24; Harald Reiterer: S. 66/67, 106/107, 271/272; Miniaturen aus der mittelalterlichen Handschrift „Taciunum sanitatis", Österreichische Nationalbibliothek, Graz: S. 32, 37, 49, 56, 190, 202, 210, 222; Studio Teubner: Titel, S. 71, 76, 95, 110, 122/123, 130, 138/139, 147, 154/155, 174, 182, 238/239, 242, 254/255; Vera Lenek: S. 287, 297, 303, 311, 319.